12.3
그날 그곳에 있었습니다

계엄의 밤,
국회의사당에서 분투한
123인의 증언

12.3
그날 그곳에 있었습니다

KBS 〈그날 그곳에 있었습니다〉 제작팀·유종훈 PD 지음

계엄의 밤,
국회의사당에서 분투한
123인의 증언

이야기장수

차례

1부 그날 국회 담을 넘은 사람들과 등을 내어준 사람들

012 바람처럼 담장을 넘고 우직하게 절차를 밟아
비상계엄을 해제한 대한민국 국회의장의 그날
우원식(제22대 국회 전반기 국회의장)

026 **그날 그곳에 있었던 시민의 목소리**
박선우 임광현 박찬대

028 "쿠데타가 성공했더라면
저는 살아 있는 사람은 아니었을 겁니다"
김상욱(전 국민의힘 현 더불어민주당 국회의원)

038 **그날 그곳에 있었던 시민의 목소리**
옥형빈 문성민 강영수 박신동 허우진 송화

040 계엄군의 차가운 총구를 맨손으로 움켜쥐고
결연히 맞선 그 사람
안귀령(대통령비서실 부대변인, 전 더불어민주당 대변인)

046 "민주주의를 위해 결단이 필요한 시점이었습니다"
한동훈(전 국민의힘 당대표)

056 전태일 열사의 동생 전태삼, 또다시 계엄의 복판에 서다
전태삼(노조활동가, 고 전태일 열사의 동생)

062　난蘭과 난亂
　　—당신이 그런 생각을 하는 순간 검사 윤석열이 돌아옵니다
　　박은정(조국혁신당 국회의원)

070　**그날 그곳에 있었던 시민의 목소리**
　　김종혁 백혜련 김도영 김원이 류혁

072　그날 밤 시각장애인 국회의원은
　　담을 넘기 위해 틈을 찾아 헤맸다
　　김예지(국민의힘 국회의원)

081　그날 이후 『살아남은 자의 슬픔』을 거듭 읽는 배우의 고백
　　이원종(배우)

088　비상계엄 여섯 시간은 길다 윤석열 정권 3년은 너무 길다
　　조국(전 조국혁신당 비상대책위원장)

096　시인은 비상계엄하의 '수거 대상'이 된
　　아내의 이름을 크게 불렀다
　　고민정(더불어민주당 국회의원) | 조기영(시인)

106　**그날 그곳에 있었던 시민의 목소리**
　　최미정 한준호 이대선 이해민 정희정 황육익

108　그날 밤 비상계엄 최우선 체포조 제보 전화가 걸려왔다
　　안규백(국방부 장관)

115　그날 계엄 경력자 엄마가 딸에게 물려준 눈물겨운 유산
　　한재용(교사) | 김한민영(활동가)

121　"주변에서 다들 '맛이 갔구나' 했죠"
　　김민석은 어떻게 계엄을 예견했는가
　　김민석(국무총리)

128　**그날 그곳에 있었던 시민의 목소리**
　　김병주 부승찬 천준호 박선원

2부 "나라가 어두울 때 가장 밝은 것을 들고 나오는 국민들"을 위하여

- 132 비상계엄으로 인해 퇴직합니다
  홍원기(생산직 노동자)

- 138 케이블타이로 시민을 포박하려 한 계엄군,
  그날의 트라우마를 이겨내고 진실을 알리기로 결심한 기자
  유지웅(뉴스토마토 기자)

- 146 **그날 그곳에 있었던 시민의 목소리**
  라파엘 라시드 박희영 배동호 이해식

- 148 이재명 대통령도 꼭 찾아달라 간청한 그날의 히어로
  '탱크맨'을 찾아서
  김동현(사회운동가)

- 156 뮤지션은 정치색을 드러내지 말라는 억압에 맞서,
  비상계엄의 공포에 맞서
  황인경(밴드 '전기뱀장어' 뮤지션)

- 164 특전사 출신 배우, 계엄군이 된 후배들을 설득하다
  이관훈(배우, 전 707특수임무단원)

- 170 **그날 그곳에 있었던 시민의 목소리**
  박찬익 백영민 이신철 신소현 성경헌

- 172 그날 국회 뒷문, 의결 후에도
  계엄군과 국회 직원들은 싸우고 있었다
  김민기(국회 사무총장)

- 178 **그날 그곳에 있었던 시민의 목소리**
  안도현 강정욱 이광복 조인태 윤경황

180 계엄군 막으려 국회에 바리케이드 친 국민의힘 대변인의 그날
박상수(변호사, 전 국민의힘 대변인)

189 "그날 표결에 참여한 것은 옳은 선택이었습니다"
한지아(국민의힘 국회의원)

196 세월호 세대, 계엄을 막으러 국회 앞으로 가다
송영경(대학생)

202 **그날 그곳에 있었던 시민의 목소리**
홍예린 김예담 박순형 신형목 심지후 이재훈

204 계엄의 밤 국회 출입문을 붙잡은 대학원생의 결심
이재정(대학원생)

211 군은 소극적이었고 시민은 적극적이었다
최진영(직장인)

216 **그날 그곳에 있었던 시민의 목소리**
김혜정 윤현주 석민주 김소원 이용선 이지윤

218 저와 함께 계엄군 버스를 막았던 분을 찾습니다
오종길(식당 자영업자)

225 그날 밤 국회 앞 어떤 부자 상봉
박용진(전 더불어민주당 국회의원)

3부 이 계엄을 막기 위해서는 용기를 모아야 한다

234 윤석열의 '경고성 계엄' 발언은 언어학적으로도 오염되고 타락했습니다
김진해(경희대학교 후마니타스 칼리지 교수)

240 **그날 그곳에 있었던 시민의 목소리**
안덕훈 최보근 권병진 권마로 박건 조예찬 한일환

242 부정선거 의혹 때문에 계엄이라니 기술자도 웃는다
오현옥(한양대학교 정보시스템학과 교수)

249 국가폭력의 가해자들도 결국 트라우마로 고통받는다
이재승(건국대학교 법학전문대학원 교수)

254 **그날 그곳에 있었던 시민의 목소리**
유하영 최희윤 이지훈 황인수 김희정

256 그날 계엄군을 향한 변호사의 외침 '형이 무죄 만들어줄 테니 항명하라'
정구승(변호사)

262 **그날 그곳에 있었던 시민의 목소리**
오일남 박평화 박범수 김경현 한동수

264 국회로 모인 시민들 안심시킨 해병대 의열단 단원들
강구섭 천세승 박지수 배호성 정덕교(해병대 의열단)

276 "아빠, 왜 손들고 있어?" 계엄군과 대치하다 텔레비전에 나온 아빠
안보람(IT 개발자)

282 **그날 그곳에 있었던 시민의 목소리**
황푸하 이형숙 조영주 박승렬

284 그날 농성천막에서 스피커를 꺼내 시민들을 위해 설치한 그 사람
김선영(금속노조 자동차판매연대지회장)

290 그날 그곳에 있었던 시민의 목소리
권영국 권민성 백경진

292 '비상계엄 호외' 발행하기 위해
국회 앞을 취재한 한겨레 막내 기자의 그날
고나린(한겨레신문 기자)

298 김용현의 육사 동기,
계엄 앞에 선 자리와 마주한 풍경이 달랐다
최화식(육군 예비역 준장)

306 그날 그곳에 있었던 시민의 목소리
한교훈 김창규 김규현 이용진 류삼영

308 한 사람의 망상이 빚어낸 끔찍한 소용돌이 속 하루
김성회(더불어민주당 국회의원)

314 '윤석열이 대한민국 보수를 결딴내는구나'
탄식한 청년 보수 정치인의 그날
천하람(개혁신당 국회의원)

320 〈개와 늑대의 시간〉 드라마 작가가 목격한
짐승의 시간, 인간의 얼굴
류용재(드라마 작가)

329 **에필로그**_그날 그곳을 온몸으로 버텨낸 우리 모두에게

1부

그날 국회 담을 넘은 사람들과 등을 내어준 사람들

우원식

68세, 제22대 국회 전반기 국회의장

바람처럼 담장을 넘고 우직하게 절차를 밟아 비상계엄을 해제한 대한민국 국회의장의 그날

1988년 서울올림픽이 열렸다. 국제사회에 '대한민국'이란 이름이 본격적으로 알려지기 시작한 해였다. 정치권에도 새로운 바람이 불기 시작했다. 헌정 사상 최초로 여소야대 국회가 열리고 군부독재의 그림자가 걷힌 자리에서 16년 만에 국정감사가 부활했다. 헌정 사상 처음으로 열린 청문회는 TV 생중계를 통해 국민들의 시선을 사로잡기에 충분했다. 민주주의가 꿈틀대던 그때, 감옥 철창을 나온 한 청년의 정치 여정이 시작됐다. 그로부터 35년 후 그 청년은 국회의장이 됐고 정치인생 가운데 가장 높은 담 앞에 서게 됐다.

당신은 누구십니까?

저는 독립운동가 후손으로 첫번째로 대한민국 국회의장이 된 사람입니다. 국회의장 중에 국회 담을 최초로 넘은 사람이기도 합니다. 민주주의를 지키려고 노력했던 우원식 국회의장입니다.

2024년 12월 3일, 그날은 어떤 날이었나요?

불탄 공장 옥상에서 고공농성을 벌이고 있던 한국옵티칼하이테크 노동자들을 아침에 만났어요. 그리고 마침 그날이 국회에서 김장을 하는 날이었어요. 오전에 국회 텃밭에서 키운 배추로 김장하는 행사가 있었죠. 가서 김장 열심히 하고요. 오후에는 이주호 사회부총리가 면담 하자고 해서 이런저런 현안들을 상의했어요. 저녁때는 키르기스스탄 대통령하고 만찬을 하고요. 한마디로 아주 편안한 날이었습니다.

비상계엄 소식은 언제 어떻게 접하게 됐나요?

저는 몰랐어요. 공관에 들어가서 잘까, 아니면 뉴스를 좀 볼까 그러던 참이었어요. 그때 김민기 국회 사무총장이 전화를 걸어왔죠. "비상계엄이랍니다!" 그래서 "뭐? 무슨 비상계엄이야. 말도 안 되는 소리. 거짓말이야. 혹시 가짜뉴스 본 거 아니야?" 했죠. 그런데 뉴스를 보니까 비상계엄 얘기가 딱 뜨더라고요. 그게 한 10시 31, 32분쯤 된 거 같아요.

TV를 통해 비상계엄을 확인한 순간, 가장 먼저 어떤 생각이 들었나요?

황당했죠. 이게 진짜, 진짜네. 그리고 이어서 딱 생각난 게 '아, 이것 때문에 그랬구나'였어요. 비상계엄하려고 국회를 이렇게 함부로 대했구나. 또하나 든 생각은 '22대 국회의원 선거에서 민주당이 대승하고 여당이 대패하면서 계획을 세운 건가보다, 그러면 최소한 6개월은 준비한 건데 큰일났다! 이거 어떻게 막지!' 그런 걱정이 확 들었어요. 그리고 국회가 비상계엄을 해제할 권한이 있으니 '나는 빨리 국회로 가야겠다' 이 생각뿐이었죠.

사전에 어떤 징후를 느낀 적은 없었나요?

그해 8월경 김민석 더불어민주당 최고위원이 비상계엄에 대해 얘기했어요. 하지만 비현실적인 얘기잖아요. 대한민국의 민주주의가 얼마나 발전해 있는데 무슨 비상계엄이냐 싶었죠.

제가 홍범도장군기념사업회 2대 이사장이었는데, 그때 이사였던 한 분이 군인 출신이거든요. 육사 교수부장을 지낸 분인데, 그분이 저한테 전화해서 이런 말을 하기도 했어요.

"김용현은 굉장히 위험한 사람입니다. 그 사람이 장관이 됐다는 것은 어떤 위험이 초래될지 모른다는 사인일 수 있습니다. 경계하십시오."

또 김민기 사무총장도 비상계엄에 대해서 저한테 얘기를 많이 하던 사람이었어요. 농담으로 "혹시 비상계엄 터지면 의장님 이리로 숨어야 합니다"를 얘기하던 분이었어요. 그래서 비상계엄에 관해서 한번 살펴보는 기회는 우리가 이미 가졌죠. 비상계엄 시 우리 국회가 어떤 권한을 가지고 어떤 절차를 거쳐야 할지는 한번 보자, 이렇게 얘기했어요.

계엄을 하게 되면 국회가 계엄을 해제할 수 있는 권한이 있다, 또 계엄을 선포한 쪽에서는 국회에 지체 없이 통보하게 돼 있고요. 비상계엄 해제를 안건으로 삼아서 국회가 의결할 수 있다. 그리고 국회법 해설에 따르면 국회의장이 직권 상정할 수 있는 여러 가지 요건들이 있는데, 그중에 계엄 해제 요구안도 직권 상정 요건이 된다, 이런 정도에 대해서는 우리가 확인하고 있었죠. 그런 상태에서 12월 3일을 맞이했습니다.

비상계엄 가능성을 낮게 봤음에도 계엄 관련한 논의를 사전에 했는데, 특별한 이유나 배경이 있었나요?

국회와 윤석열 대통령의 관계가 너무 나빴으니까요. 윤석열 대통령이 국회를 완전히 무시했어요. 제가 2024년 6월 5일 국회의장에 취임했어요. 관례적으로 대통령이 전화로 축하 인사를 하거든요. 근데 전화가 없어서 '어? 이상하다, 어떻게 대통령이 전화를 안 하지?' 그러고 있었죠. 그 다음날이 6월 6일이잖아요. 현충일에 대통령과 만나게 돼 있었죠. 그때라도 축하한다고 하면 되는데, 전혀 모르는 사람처럼 무표정한 얼굴로 손만 내밀어 인사하고 지나가더라고요. 굉장히 무시당한 느낌이었어요.

게다가 11월 4일로 예정된 2025년도 예산안 국회 시정연설에도 오지 않았어요. 시정연설은 내년에 국가를 어떻게 운영할지 국민의 삶을 어떻게 책임질지 어떤 계획을 갖고 있는지 보고하는 거예요. 대통령의 당연한 의무죠. 여기에 안 오는 건 국회를 무시하는 것을 넘어서 국민을 무시하는 거다, 당시 제가 국회의장석에서 아주 단호하게 한마디 했어요. 그렇게 6개월 동안 국회를 완전히 무시했죠.

그러다 비상계엄을 맞았는데, 국회로 어떻게 이동했나요?

경호팀이 있다는 생각을 처음엔 못 했어요. 우리 처한테 "당신 운전해야겠어. 얼른 나랑 같이 가자" 했더니 "여보, 여기 경호팀 있어" "아, 맞아. 맞아. 경호 있지" 이런 대화를 나눴죠. 보통 당직하는 사람이 한 사람 남이요. 마침 경호관 한 사람이 그날 당직이었고 경호대장이 그날 당직이 아닌데도 그때까지 있었어요. 그래서 제가 그쪽으로 전화해서 집 앞 상황을 좀 봐달라고 했어요. 저는 당연히 국회의장을 제압하러 와 있을 거다, 이렇게 생각했죠. 그래서 뒤에 쪽문이 있어서 그쪽으로 나가기로 하고, 그것도 막혀 있으면 쭉 둘러보고 뒷담으로 넘어가야겠다는 생각을 했어요. 그런데 경호팀이 CCTV를 보더니 아무도 없다는 거예요. 그래서 경호대장하고 경호관하고 저하고 셋이 같이 나왔죠. 가는 내내 여러 사람들한테 전화가 오더라고요. 그때부터는 전화를 안 받았어요. 누가 추적하는 거 아닌가? 누가 쫓아오는 거 아닌가? 가다가 잡히면 꼼짝 못 하는 거니까요. 보통은 한남동에서 국회까지 차로 오면 한 삼십 분 남짓 걸립니다. 그날은 10시 37분, 38분에 출발해서 도착한 게 55분이니까 굉장히 빨리 왔죠.

국회에 도착했을 때의 상황은 어땠나요?

10시 55분경에 도착해서 보통 진입하는 3문, 그러니까 의원회관 들어가는 쪽에 있는 문으로 들어가려고 했죠. 그런데 도착하는 순간에 경찰 버스가 후진으로 3문을 딱 막더라고요. 경찰은 국회를 지키라고 국회경비대를 둔 거지, 국회 문을 막으라고 경비대를 둔 게 아니란 말이에요. 화가 나서 한마디할까 하다가 생각해보니까 내가 계엄군 피해서 왔는데 경찰하고 싸우다 잡혀가면 꽝 아니에요. 그래서 마음을 접고 그냥 담을 넘어가야겠다, 담 넘어갈 수 있는 데를 한번 살펴보자, 하고서 천천히 봤죠.

막상 담을 넘어가려니 어렵더라고요. 쇠로 일직선으로 만들어져서 발 디딜 데가 없거든요. 그래서 조금 가다보니까 식물원 쪽, 거기 문이 높지 않고 문에는 문양이 있으니까 발 디딜 데가 있잖아요. 그쪽으로 넘어갔죠. 김성록 국회경비대 의장경호대장(경감)이 먼저 넘어갔어요. 그다음에 제가 넘어가는데 경호대장이 사진을 찍었죠. 그래서 월담하는 사진이 남아 있고요, 덕분에 어렵지 않게 넘어갔습니다. 제가 오늘도 자전거 타고 왔는데 평상시에 운동을 좀 하거든요. 그런 도움을 많이 받은 거지요.

담을 넘을 때 어땠습니까?

1980년 비상계엄 당시 저는 군대에 있었어요. 제대한 게 1980년 7월이었고요. 그 다음해인 1981년 5월에 시위하다가 구속돼서 감옥살이를 했는데요. 학생운동하는 과정에 담 넘고 하는 일들이 많았죠. 근데 국회의장이 돼서 국회 담을 넘을 거라고는 생각을 못 했어요. 40여 년 만에 벌어진 비상계엄에서 내가 비상계엄을 해제하기 위해서 대뜸 담을 넘긴 했는데요, 담 넘을 때 참 슬프더라고요. 우리가 그동안 싸워서 지켜왔던 민주주의, 정말 어렵게 어렵게 한 발 한 발 디뎌온 민주주의인데, 이걸 한 방에 이렇게 해칠 수 있나? 이 사람이 도대체 뭐하는 사람인가? 어떻게 생겨먹은 사람인가? 비상계엄을 통해서 군사력을 동원하겠다는 이 사람은 뭐고? 우리 헌법이 이렇게 허약해서 담을 넘을 수밖에 없는 상황이구나. 슬프더라고요. 담 넘을 때 마음은, 되게 슬펐어요.

국회 담장 높이는 1미터였다. 67세에, 야밤에, 그것도 담을 넘을 거라고는 상상조차 하지 않았다. 물론 비상계엄이 현실이 될 거란 상상도 못 했지만. 20대 청년 시절, 군경을 피하려 담을 넘는 일이 부지기수였다. 우원식에게는 그때나 지금이나 담을 넘는 일이 어렵지 않았다. 민주주의를 지켜야 했다. 목적은 그때나 지금이나 같았다.

담을 넘어 국회 집무실에 도착한 시간은 언제였나요?

그때 사진을 보니까 국회에 들어온 게 11시 한 5분쯤 됐을까, 아마 그 전후였을 거예요. 들어와서 바로 국회의장 집무실로 들어갔죠. 사실은 밤에 처음 다니는 길이어서 조금 헤매긴 했어요. 도착하니 우리 비서실장도 있었고 입법차장도 있었고 의사국장도 있었어요. 그리고 몇몇 비서관들이 있었죠. 그래서 회의를 시작했어요.

'해뜨기 전에 비상계엄을 끝내야 한다. 군대가 국회에 진주해왔고, 여기에 계엄군들이 들어와 있는 상태에서 아침이 밝고 사람들이 출근을 시작하면 엄청난 충돌이 생길 가능성이 있기 때문에 오늘밤에 끝내야 한다. 지금부터 해야 할 일이 뭔가? 절차를 어떻게 밟아야 되는가?'

이게 회의 의제였죠.

첫번째로 논의한 사안은, 원래 비상계엄을 선포한 쪽에서 비상계엄을 지체 없이 통보하게 돼 있어요. '통보가 왔는가?' 체크했죠. 통보가 와야 안건이 있는 거니까. 그런데 통보를 안 했다는 거예요. 이건 계엄법 위반이거든요. 그것부터 논의를 시작했고요. '안건은 오지 않았지만 안건이 오지 않았다는 사실 자체를 공지하고, 국회의장이 의사정리권을 갖고 있기 때문에 의사정리권으로 이 문제를 해결할 수 있다, 의장이 선포하면 된다' 그렇게 정리했습니다.

두번째 문제는 비상계엄을 해제해야 하는데, 이 해제를 결의안으로 할 거냐 법률로 할 거냐, 어떻게 해야 하는가였어요. 한 번도 해본 적이 없으니까. 이것에 대해서는 정명호 의사국장이 1964년 6.3사태 때 있었던 비상계엄 해제 결의안을 찾아왔어요. '그때 했던 전례대로 따르자, 결의안을 내자!' 결정해서 두번째 문제도 해결했습니다. 그다음에 할 일은 국회의원들한테 빨리 모이라고 알리는 일이었고요.

집무실에서 나와 곧바로 본회의장으로 향했나요?

그때 이미 계엄군들이 국회 안으로 들어오고 있을 때였어요. 그래서 저는 당연히 저를 잡으려 할 것이라고 생각했어요. 국회의장을 제압해서 회의를 못 열게 해야 이 계엄이 성공하는 거니까요.

본회의장은 의원들이 좀 모인 다음에 들어가야지, 모이지 않은 상태에서 들어가면 제가 바로 잡혀갈 수 있잖아요. 그래서 여기서 두 개 층을 더 올라가서 5층에 본회의장으로 가장 빨리 갈 수 있는 엘리베이터가 있는 바로 앞에 방, 그러니까 농해수위원회의 전문위원 방이에요. 거기 들어가서 숨었죠. 그리고 우리 직원들은 의장이 거기 숨으니까 모든 방에 불을 다 켰어요. 그날 국회 전체에 불이 다 켜진 이유는 제가 숨은 데를 감추기 위해서 우리 직원들이 불을 다 켜서 그래요.

계엄군의 위협으로부터 국회의장의 위치를 노출시키지 않기 위해서 직원들이 애를 많이 썼는데, 경호를 담당하고 있는 김성록 대장(담 넘는 사진을 찍은 사람)은 국회 내부에서 어떤 역할을 담당했나요?

우리 김성록 대장은 경찰 출신이에요. 경찰 지휘를 받는 사람이란 말이에요. '그런데 나는 국회의장을 경호하기 위해서 와 있는 사람이니까 국회의장 경호하는 일만 하겠다' 이렇게 생각하고 김대장은 걸려오는 전화를 다 끊어버렸다고 하더라고요. 그리고 5층 방에 숨어 있을 때 문 앞에 선 채로 영화 〈서울의 봄〉 등장인물의 모델이 된 김오랑 중령(배우 정해인이 연기한 오진호 소령의 모티브가 된 실존인물. 1979년 12.12 군사반란 당시 정병주 육군 특전사령관의 비서실장이었던 김오랑 중령은 12월 13일 새벽 12시 10분경 정사령관을 불법 체포하기 위해 사령부에 난입한 반란군측 병력과 교전하다 현장에서 사망했다)을 생각했대요. 죽을 수도 있다는 생각으로 임한 거죠. 저희 경호관들이 그때부터 저를 지키느라고 고생들을 많이 했어요. 정말 철저히 저를 지키려고 노력했던 이분들께 굉장히 고마움을 가지고 있어요.

본회의장에 들어간 당시 마주한 광경 중에 인상깊었던 순간이 있었나요?

다 서 있었죠. 의원들이 몇몇 그룹으로 나뉘어 서로 이야기하고 있었고요. 제가 단상에 오르던 그때 국민의힘 김상욱 의원이 저한테 오더니 저를 확 끌어안았어요. "의장님, 민주주의 꼭 지켜주세요" 그러면서 눈물을 흘리더라고요. 고맙기도 하고 계엄을 꼭 막아야겠구나 생각했습니다.

비상계엄 해제 절차는 어떻게 진행했나요?

정식으로 개의한 상태는 아니니까 속기가 되고 그런 건 아닙니다만 일단 제가 절차를 시작해야 하잖아요. 그래서 잠시 있다가 바로 시작했어요. '비상계엄을 하면 지체 없이 국회로 통보하게 되어 있는데 두 시간이 다 되도록 통보하지 않은 건 비상계엄을 한 대통령 쪽의 귀책 사유다, 그러니 우리는 절차를 시작한다!' 이렇게 선언했어요. 법률용어로 보면 '즉시'는 '즉시'인데 '지체 없이'는 3일까지 끌 수 있대요. '지체 없이'를 어떻게 해석하느냐는 국회의장의 권한이니까 본회의장 안에서는 "국회의장 권한입니다. 그렇게 결론 내고 절차를 시작하겠습니다" 얘기했어요.

개의 시점은 교섭단체와의 협의를 통해 정했나요?

국회법 72조 단서에 따라서 개의를 하기 위해서, 또는 개의의 시간을 변경하기 위해서는 교섭단체 간 협의가 필요해요. 그래서 첫번째

본회의장으로 가장 빨리 갈 수 있는 엘리베이터가 있는 바로 앞에 방, 그러니까 농해수위원회의 전문위원 방이에요. 거기 들어가서 숨었죠. 그리고 우리 직원들은 의장이 거기 숨으니까 모든 방에 불을 다 켰어요. 그날 국회 전체에 불이 다 켜진 이유는 제가 숨은 데를 감추기 위해서 우리 직원들이 불을 다 켜서 그래요.

로 국민의힘 추경호 원내대표한테 전화했죠.

'비상계엄이라는 도대체 말도 안 되는 일이 벌어졌다. 그러니 국회는 비상계엄을 해제해야 한다. 이것은 국회법 계엄법에 있는 절차이기도 하고 헌법이 정해놓은 절차다. 그래서 즉시 돌입해야 한다. 국회의원들이 모일 시간이 필요하니 한 시간 여유를 주겠다'고 했어요. 그랬더니 추경호 대표가 "한 시간 갖고 부족하지 않습니까? 시간을 좀더 주십시오"라고 해서 "지금은 비상사태여서 안 됩니다. 한 시간입니다" 그렇게 얘기하고 전화를 끊었어요.

협의는 합의랑 달라서 통보도 협의예요. 더불어민주당 박찬대 원내대표는 이미 본회의장에 들어와 있었고요. 박대표는 더 빨리 합시다, 하는 입장이었고요. 국회의장은 보통 평상시에 회의할 땐 아무리 빨리 해도 국회의원들이 모일 시간으로 네 시간은 줍니다. 왜냐하면 어느 국회의원이 만약 부산에 있다 하면 올라올 시간은 줘야 하잖아요. 국회의원 한 명 한 명이 헌법기관인데, 도저히 올라올 수 없는 시간을 정해서 의결을 하면 그 사람의 의결권을 박탈하는 것이기 때문에 그것도 절차위반이 될 수 있어요. 그래서 교섭단체 간 협의를 하게 돼 있는 겁니다.

12시 28분에 통화해서 한 시간 안에 국회의원들에게 모이라고 알렸으니, 그게 1시 반입니다. 그렇게 정했는데 12시 33분에 계엄군이 유리창을 깨고 들어왔다는 연락이 왔어요. 그래서 제가 즉시 추경호 원내대표한테 다시 전화를 했어요. 근데 통화가 안 됐어요. 본회의장 안에서는 빨리 하자고들 난리고. 다시 추경호 원내대표에게 전화를 했습니다. 그게 12시 38분이에요. '사정이 변경됐다. 계엄군이 유리창을 깨고 들어와서 본청 안으로 진입했다. 더 급해졌기 때문에 삼십 분을 앞당긴다' 그랬더니 시간을 좀더 달라고 그러더라고요. '우리 의원들이 못 들어가고 있다, 국회의장님이 국회 문을 좀 열어달라' 그래서 제가 추경호 대표한테 '내가 할 수 없다, 너희가 여당이니까 경찰하고 얘기해서 문을 열게 하고 들어와라' 그렇게 얘기했습니다. 그래서 개의 시점이 1시로 바뀐 겁니다.

개의 시점을 앞당긴 다음에는 절차가 어떻게 진행됐나요?

문제는 또 안건이에요. 우리가 그 결의안대로 진행하자고 얘기했는데, 안건 제출이 안 돼 있어요. 그래서 국회 직원들하고 민주당이 협의해서 안건을 빨리 내야 진행할 수 있기 때문에 민주당이 안건을 정리해서, 의원들의 동의를 받아 제출한 게 12시 45분인가 그래요. 그걸 굉장히 빠른 속도로 정리한 다음에 USB에 담아서 국회 전광판 위에까지 올려야 하거든요. 그때 서면으로 하자 전광판으로 하자 그런 얘기들이 많이 오갔는데, USB로 올리는 게 제일 빨라요. 근데 계엄군이 막고 있으니까 어려움이 있었어요. 진선희 입법차장이 USB 갖고 들어와서 그 안건을 상정한 시간이 12시 56분이에요. 1시까지 기다리는 그 사 분이 지옥 같았습니다. 지옥 같았어요. 제 핸드폰으로는 국민으로부터 문자메시지도 엄청나게 쏟아져들어왔고, 의원들 항의도 엄청났고 저도 마음은 급하고요. 아마 제가 평생에 먹을 욕을 그때 다 먹지 않았을까요.

절차의 중요성을 계속 강조했는데, 그 상황에서도 절차를 엄수해서 진행한 이유가 있었나요?

상대가 검사만 했던 사람이잖아요. 법만 다뤄왔던 사람. 그러니까 법적으로 절대로 하자가 있어선 안 되겠다고 생각했어요. 제대로 해도 어떻게 대응할지 모르는 상황이잖아요? 요만큼이라도 빈틈이 있으면 이 비상계엄 해제는 그냥 무너질 가능성이 높다고 생각했어요. 그래서 제가 제일 긴장해서 준비한 게 절대적으로 절차에 티끌만큼이라도 흠이 있으면 안 된다고 생각했거든요. 해석까지를 포함해서요. 이후 헌법재판소 탄핵 심판 과정을 보면 윤석열 대통령이 막 억지를 써가면서 시간을 끌고 온갖 말도 안 되는 논거를 대면서도 버티잖아요. 그리고 재판 받다가도 그 절차의 빈틈을 활용해서 결국 석방까지 되고요. 본인한테도 가장 중요한, 그래서 목숨을 걸었을 만한 비상계엄을 하는데, 국회에 조금이라도 빈틈이 있었으면 어떻게 됐을까요. 정말 아찔하죠.

계엄 해제 요구 결의안이 가결되던 순간, 의사봉을 두드리는 순간은 어떻게 기억하나요?

아, 이제 됐구나, 드디어 국회가 비상계엄을 해제하는구나 싶었어요. 한편으로는 앞으로 어떤 일이 벌어질까 걱정도 되고요. 그렇지만 결국 민주주의를 지키는 비상계엄 해제 의결까지 왔구나 그런 안도감이 컸어요. 이제부터 제대로 해보자 하는 결의도 좀 있었고요. 그런 마음으로 비상계엄 해제 결의를 했죠. 굉장히 세게, 의사봉을 쳤습니다.

2차 비상계엄 가능성이 거론되기도 했는데요?

네, 2차 비상계엄에 대한 걱정이 컸어요. 2차 계엄을 막기 위해서 내가 우선 해야 할 일은 국회 밖을 나가지 않는 일이라 생각했어요. 그날부터 국회에서 자기로 했죠. 아침에 일어나서 피해 현장도 살펴보고요. 2차 비상계엄을 어떻게 막을지 논의하다가, 이번 비상계엄 때 헬기가 와서 계엄군들이 쳐들어왔으니까 헬기부터 못 내리게 막자 싶어서 여러 가지 아이디어를 냈어요. 처음에는 국회 앞마당 잔디밭 뒤에 쇠기둥을 박아가지고 쇠줄을 치자는 얘기도 나왔는데요. 근데 계엄군들이 내려오다가 거기 걸려가지고 만약에 큰 사고라도 나면 안 되잖아요. 그래도 우리 젊은이들인데. 그래서 뭘 할 거냐 한참 생각을 모으다가 실행한 게 안에 차를 집어넣자는 거였어요. 큰 차, 승용차, 버스 이렇게 집어넣어서 도저히 헬기가 못 내리게 만들자. 그래서 국회 앞뒤 마당에다가 처음으로 다 차를 배치시켰어요. 아주 희한한 장면으로 남아 있는 거죠.

12월 3일 국회로 출근했던 우원식은 열흘 뒤에야 퇴근길에 올랐다. 12월 14일 윤석열 대통령 탄핵소추안이 가결되고 나서야 집무실을 떠날 수 있게 된 것이다. 떠나기 전, 그는 창문 밖을 다시 한 번 천천히 돌아봤다. 여기서 매일 창문 너머로 국민들의 함성을 듣고 응원봉 불빛을 지켜보았다. 나라가 어두우면 가장 밝은 것을 들고 나오는 것은 국민이라는 말을 매일 실감했다고 했다. 사회운동가 출신답게 치열한 현장에서 정치를 시작했던 우원식은 이렇게 일흔이 가까운 나이에 또하나의 높은 담을 넘었다.

그날 그곳에 있었던 시민의 목소리

박선우(24세, 한림대학교 미디어스쿨 22학번 대학생)
국회 가는 길에 집 근처 사는 친구한테 저희 어머니 전화번호를 줬어요. "나, 아침까지 연락 안 되면 엄마한테 얘기 좀 해줘라" 했는데 그게 제일 기억에 남아요. 그때는 진짜 집에 못 돌아오는 줄 알았거든요. 왜냐하면 계엄의 역사나 독재에 맞선 민주주의가 얼마나 많은 피로 쓰였는지 저는 아니까요. 친구한테 나중에 제 안부를 부모님께 알려달라고 한 행동은 당연한 거였죠. 부모님은 아무것도 모르고 주무시고 계실 텐데 그 당시엔 굳이 걱정시키고 싶지 않았고요. 왜 눈물이 날까요? 국회 가면서 저는 정말 못 돌아올 수도 있겠다는 생각을 했거든요. 우리 가족들, 사랑하는 사람들 다시 못 볼 수도 있겠다는 생각으로 목숨걸고 간 건데, '계엄이 아니라 계몽이다' '아무 일도 안 일어나지 않았느냐' 이런 얘기들을 들으면 화나는 걸 넘어서 울컥울컥해요.

임광현(56세, 더불어민주당 국회의원)
시민들 10여 명이 '국회의원님이 담을 넘어가셔야 한다. 빨리 가서 계엄 해제해야 한다'면서 경찰들을 막아줬죠. 막아서는 경찰과 몸싸움을 하면서 저를 밀어올려주고 넣어줬기 때문에 국회로 들어갈 수 있었습니다. 지금 생각하면 너무 감사하죠.

박찬대(60세, 더불어민주당 국회의원)

이재명 당대표가 집에서 무사히 나왔는지 확인했어요. 의결 전에 체포되면 굉장히 위험하고, 의결 정족수가 찰 때까지는 은신하고 계셔야 했으니까요. 그러면서 과연 우리가 계엄을 해제해나갈 수 있을까? 헬기와 장갑차가 온다는데, 어떻게 우리가 이것을 막아낼 수 있겠는가…… 생각했죠.

나중에 이재명 대표님 유튜브 방송을 봤어요. 집에서 출발해서 국회로 오는 과정중에 국민들께서 국회를 지켜달라, 시민과 함께 막아야 한다고 하는 그 방송을 할 때 나중에 보니까 조그맣게 들릴 듯 말 듯 흐느끼는 소리가 있더라고요. 김혜경 여사의 울음소리였던 거예요. 지금 국회로 남편을 데려다주러 가는 것 아닙니까? 마지막 길이 될 수도 있는 길이지만 감히 말리지 못하는 그 마음을 생각했어요.

그렇게 국회 본회의장에서 우리 의원들이 모여서 계엄을 해제하기 위해서 목숨을 걸고 싸웠지만, 사실 그것을 가능하게 해줬던 것은 우리 눈에 보이지 않는, 이름도 없고 빛도 없었던 당직자들, 보좌관들, 그리고 시민들 덕분이죠. 이재명 대통령님이 많이 하신 말이 생각나더라고요. '정치는 정치인이 하는 것 같지만 국민이 한다.' 그분들이 바깥에서 울타리를 쳐줬기 때문에 우리가 마침내 해낼 수 있었던 것이죠.

| 김상욱 | 45세, 전 국민의힘 현 더불어민주당 국회의원 |

"쿠데타가 성공했더라면
저는 살아 있는 사람은 아니었을 겁니다"

시절인연時節因緣이란 말이 있다. 모든 인연은 맞는 때와 조건이 갖춰질 때 비로소 시작된다는 말이다. 그날 그곳에서 김상욱의 새로운 인연이 시작됐다. 물론, 그때 당시 그는 그 인연이 어떤 파장을 불러올지 상상조차 하지 못했다.

정치에 입문하게 된 동기가 궁금합니다.

변호사로서 열심히 일하던 중에 지역에서 제일 규모가 큰 법무법인을 운영했습니다. 그러면서 많은 분들과 소통하고 경험을 얻었죠. 당연한 이야기겠지만 공인으로서 국가와 사회에 봉사하고 싶다는 마음 때문에 시작하게 됐습니다. 특별한 건 없습니다. 특별한 사람은 아니라서요. 그냥, 일반인입니다.

비상계엄은 언제 어떻게 알게 됐나요?

지인들과 저녁 자리를 마치고 이동하면서 유튜브를 보고 있었어요. 갑자기 '긴급'이라고 올라오더라고요. 계엄 소식을 듣자마자 국회로 들어왔죠. 이건 계엄 사유가 없는 계엄이지 않습니까? 계엄이라고 하는 것은 말 그대로 민주정을 중단하고 군정을 하겠다는 얘기입니다. 그래서 전시 또는 준전시 상황에서 발동할 수 있게 돼 있는 건데, 준전시도 엄격 해석의 대상입니다. 전쟁에 준하는 것이 준전시 상황이잖아요. 우리나라는 전혀 그런 상황이 아니었지 않습니까? 그렇기 때문에 계엄의 사유가 없는 불법 계엄이죠. 잘못된 계엄은 해제해야만 하고 해제할 수 있는 곳은 국회밖에는 없어요. 그러면 헌법 수호 의무가 있는 국회의원은 당연히 국회로 바로 모여야 하는 사안이라고 생각했습니다.

본회의장에 도착했을 때의 상황은 어땠나요?

국회의석 과반이 모이기 전이었어요. 제가 '민주당은 의석도 많은데 왜 과반을 못 모으냐'고 화를 냈다고 하더라고요. 당시 제가 화를 냈는지도 몰랐어요. 그런데 나중에 최민희 의원님이 말씀하셔서 기억이 났어요. '아 맞네. 그때 그런 말 했었지.' 그때 장면들마다 기억이 정확하진 않아요. 다만 그때 심정은 뚜렷하게 기억이 나죠. 반드시 계엄을 풀어야 한다. 계엄을 풀려면 국회의원들이 모여야 한다. 그리고 계엄군들이 언제든 들어올 수 있다. 그러면 시민들이 다치신다. 저는 어차피 죽을 각오를 하고 국회로 들어간 상태였기 때문에, 이런 상황에 대해서 너무나 화가 났고 국민들께 죄송했습니다. 그날 제가 욕을 좀 많이 했다는 얘기를 나중에 들었습니다.

국회의원 김상욱은 그날 국회로 향한 과정이나 본회의장 도착 시간, 상황이 정확하게 기억나지 않는다고 했다. 화를 많이 냈고, 거친 표현을 한 것 또한 나중에야 동료 의원들이 얘기해줘서 알게 됐다고 했다. 평소 잘 하지 않았던 욕설과 거친 표현들이었다. 비상계엄이라는 충격적 현실 앞에서 국회가 제 역할을 하지 못할까, 이대로 민주주의가 무너질까 초조했고 불안했다. 평소엔 머리가 먼저였지만 그날은 가슴이 먼저였다.

당시 본회의 개회가 지체됐고 빨리 진행해달라고 고성을 지른 의원들이 있었다고 전해졌는데, 그때 어떤 행동을 했나요?

우원식 의장님 오시자마자 제가 의장석으로 쫓아올라갔어요. 저도 모르게. 그때 울컥하는 마음이 들더라고요. "의장님, 나라를 구해주십시오" 하고 말씀드렸어요. 의장님이 저를 바라보시면서 결연한 표정을 보여주셨습니다. 그래서 저는 의장님을 믿었고요. 의장님께서 절차를 지키기 위한 시간이 필요하다는 말씀도 하셨어요. 긴박하지만 절차에 하자가 생겨버리면 계엄 해제 표결이 무효화돼버릴 수도 있지 않습니까? 그런 부분들을 우려했기 때문에, 그때부터는 마음은 급하지만 의장님을 믿고 협조하고 따라가는 상황이었습니다.

표결이 무사히 이뤄졌을 때 어느 정도 안도감이 들었나요?

뭐 느낌 이런 걸 생각할 겨를도 없고요. 걱정이 많았습니다. 해제 표결은 했지만 계엄군이 물러가야 하고 대통령이 국무회의를 열어서 그걸 받아들여야 하는 것이잖아요. 어차피 법을 무시하고 반헌법 불법 비상계엄을 한 거라서 국회 표결도 무시해버리고, 또 트집을 잡아 문제 제기를 하면서 그대로 계엄을 유지할 수도 있고요. 또는 제2의 비상계엄을 할 수도 있었습니다. 그래서 표결 후에도 긴장을 놓지 않고 아침 해가 뜰 때까지 국회 본회의장 근처에서 계속 대기하고 있었습니다. 본관 밖으로 나가는 것 자체가 위험하다고 생각했어요. 국회의 계엄 해제 표결을 받아들인다는 담화가 새벽 4시에 있었나요. 저희는 그 얘기를 듣고도 계속 긴장을 놓을 수가 없었습니다.

2차 계엄 가능성이 높다고 판단했나요?

저는 매우 높다고 봤습니다. 왜냐하면 저는 변호사 출신이라서 계엄 실패는 곧 계엄을 일으킨 사람이 내란죄에 부쳐진다는 걸 당연히 알고 있었거든요. 내란죄 처벌은 사형과 무기징역밖에는 없습니다. 가담한 사람들도 다 중형입니다. 가담자 입장에서는 일단 쿠데타를 일으켰는데 성공 못 하면 본인들이 다 끝나는 거거든요. 뒤가 없는 겁니다. 이러니 가담한 군 장성들 입장에서는 전쟁이라도 일으켜서 다시 비상계엄의 명분을 만들려고 하지 않겠는가. 이미 비상계엄을 일으킨 사람들입니다. 이미 쿠데타를 일으킨 사람입니다. 무슨 일을 못 하겠습니까? 그렇기 때문에 가능성이 상당히 높다고 보고 긴장하고 있었습니다.

만약 계엄 해제가 이뤄지지 않았다면 어떤 일이 벌어졌을까요?

대한민국 건국 후에 계엄군이 국회 본회의장에 들어온 적은 한 번도 없었습니다. 이번에 처음 있는 일입니다. 국회 경내에 계엄군을 투입한다는 것 자체가 의도가 명백한 일인 거죠. 국회의원들을 위해해서 계엄 해제를 못 하게 하겠다는 명백한 의사 표시인 겁니다. 다른 목적이 있을 수가 없죠. 잡혀갔으면 당연히 죽임을 당했을 거라고 생각합니다. 왜냐하면 그건 친위 쿠데타였기 때문입니다. 군을 동원한 친위 쿠데타였고요. 친위 쿠데타는 당연히 숙청 과정을 거치죠. 쿠데타를 하는 이유는 독재입니다. 독재를 위해서는 정치적 반대 세력을 빨리 죽이고, 또 자신의 쿠데타를 방해했던 사람들을 빨리 죽여버려야지 자신의 권력이 위협받지 않죠.

만약 계엄이 성공했다면 국민의힘 의원들 중에 당사로 가거나 또는 계엄에 동조했던 분들은 권세를 누렸겠죠. 하지만 국민의힘 의원 중에 저처럼 계엄이 잘못되었다고 앞장서는 사람은 더 철저하게 차단했겠죠. 말 그대로 배신자가 되는 거잖아요. 쿠데타로 권력을 잡은 사람 입장에서는 그 쿠데타의 정당성을 가장 본질적으로 훼손하는 사람이 여당 국회의원이고, 계엄에 반대했다는 것을 용인하지 않았겠죠. 그러다 보니까 뭐 당연한 얘기겠지만, 만약에 쿠데타가 성공했으면 전 지금쯤 살아 있는 사람은 아니었을 것 같습니다.

계엄 해제 이후 대통령 탄핵을 강하게 주장했는데, 당내 분위기는 어땠나요?

12월 7일이 첫 탄핵 표결일이었는데 그날 점심때 제가 제일 가깝게 지냈던 선배, 국민의힘 중진 의원께서 둘이서 밥을 먹자고 하시더라고요. 그때 하셨던 말씀이 '김의원, 네가 국민을 위하는 마음을 알겠다. 진짜 국민들을 위한다면 탄핵이 아니라 하야를 선택할 수 있도록 해주는 것이 국민께 충성하는 거다. 12월 7일 오전, 대통령이 모든 운명을 당에 맡기기로 했고 당은 바로 하야를 시킬 거다. 그러니 시간이 걸리고 혼란이 커지고 헌법재판소의 결과까지 지켜봐야 하는 탄핵보다는 하야의 길로, 그래서 더 빨리 대통령이 내려오게 하는 데 네가 협력하면 좋겠다'는 말씀을 하셨어요. 일리가 있는 말이라고 생각해서 "일단 알겠습니다"라고 했죠. 12월 7일 표결 때는 일단 대통령이 즉시 하야한다면 그게 더 빠른 길이라고 생각했어요.

국민의힘은 이탈표를 우려해 본회의장 보이콧을 선택했는데, 그 선택도 옳다고 생각했나요?

그건 제가 동의할 수 없었습니다. 왜냐하면 국민들께서 염려하고 불안해하며 거리로 나와 있는데, 이에 대한 책임을 져야 할 여당에서 저한테 했던 얘기를 국민들께도 해야만 하는 거죠. 일단 여당 의원들이 국회 본회의장에 와서 국민들께 사과도 드리고, 또 계획도 말씀을 드리는 게 맞다고 생각했습니다. 그런데 그렇게 하지 않는 것에 대해 상당한 문제의식을 가졌고요. 게다가 대통령은 하야하지 않았죠. 그래서 제가 즉시 하야하지 않으면 탄핵에 적극적으로 나서겠다고 선언했어요. 그 다음주부터는 대통령이 스스로 물러나지 않겠다는 확신이 들었기 때문에 동료 의원들을 열심히 설득했습니다. 같이 탄핵에 동참해달라고요. 그런데 권성동 원내대표가 집권하면서 국민의힘 당내 분위기가 많이 바뀌었습니다. 그래서 탄핵에 동참하기로 했던 의원들이 다 생각을 바꿔서 탄핵에 동참하지 않는 상황이 돼버렸어요. 상당히 우려스러웠죠. 물론 비공식적으로 의원들 간에 나오는 이야기이기는 하지만, 좀 위험한 생각들이 그때부터 국민의힘 안에서 많이 대두됐습니다.

구체적으로 어떤 위험한 생각이었나요?

일단 12월 14일 탄핵 표결만 막으면 회기 내에 다시 못 올리기 때문에 한 달은 시간을 번다, 그리고 한 달이면 진영이 결집한다, 진영이 결집하면 탄핵을 막을 수 있고 대통령을 지킨다, 그리고 그때 극단의 소요 사태가 생기면 그때는 정상적으로 계엄을 하면서 질서를 바로잡을 수 있다는 얘기를 하는 분들이 생겨나기 시작했습니다. 저는 그래서 정말 위험한 순간이구나, 12월 14일에 탄핵을 못 하면 대한민국 민주주의가 무너지는구나, 또다시 진짜 계엄이 올 수 있다, 그리고 자칫하면 준내전 상태가 될 수도 있겠다고 봤습니다. 정치가 국민을 위하지 않는구나 하는 생각이 들어서 너무나 큰 충격을 받았습니다.

정치의 목적은 권력 정치와 권력 수호에 있지 않습니다. 그건 잘못된 정치입니다. 정치의 목적은 국가를 지키고 국민을 위하는 데 있습니다. 권력은 국가와 국민을 위해 봉사하라고 부여된 권한에 불과한 것이지, 권력을 가진 사람이 자신의 권력을 지키기 위한 건 절대 아닙니다.

탄핵안 통과를 위해서는 국민의힘 당내에서 최소 8명이 찬성해야 했는데, 어떤 노력을 했나요?

첫째는 국민의힘이 탄핵안 표결 보이콧을 못 하게 막아야 했고요. 그리고 두번째는 용기를 내서 탄핵 표결에서 탄핵에 찬성하는 표결을 하도록 만들어야 하는 거죠. 당시 당내에서 상당한 압박감이 있었거든요. 저한테도 이런 얘기를 많이들 했습니다.

'당은 같이 움직이는 거다. 동료가 비를 맞고 있으면 우산 같이 쓰고 손 같이 잡고 있는 게 당이다. 우리가 비록 비상계엄이란 잘못을 저질렀지만, 탄핵을 막기로 했으니 다 같이 동참해야 한다' '어떻게 동료를 다치게 할 수가 있느냐'라고 말이죠. 추경호 원내대표와 원내지도부에서 강력하게 저를 설득했습니다. 다른 의원들도 그런 말들 때문에 움직일 수가 없는 상황이었습니다.

이런 상황에서는 욕받이가 필요한 거죠. 그러니까 보이콧을 막

일단 12월 14일 탄핵 표결만 막으면 회기 내에 다시 못 올리기 때문에 한 달은 시간을 번다, 그리고 한 달이면 진영이 결집한다, 진영이 결집하면 탄핵을 막을 수 있고 대통령을 지킨다, 그리고 그때 극단의 소요 사태가 생기면 그때는 정상적으로 계엄을 하면서 질서를 바로잡을 수 있다는 얘기를 하는 분들이 생겨나기 시작했습니다. 저는 그래서 정말 위험한 순간이구나, 12월 14일에 탄핵을 못 하면 대한민국 민주주의가 무너지는구나, 또다시 진짜 계엄이 올 수 있다, 그리고 자칫하면 준내전 상태가 될 수도 있겠다고 봤습니다. 정치가 국민을 위하지 않는구나 하는 생각이 들어서 너무나 큰 충격을 받았습니다.

고 욕받이 역할을 감당하면서 분위기를 바꿀 사람이 필요하고, 의원들 개인의 양심에 호소할 사람이 필요했던 겁니다. 그래서 고민하다가 다음날부터 피켓 시위에 나섰습니다. 탄핵 표결 직전까지 계속해서 피켓 시위를 하면서 국민의힘 동료 의원들을 설득하는 과정에 나섰습니다. 그 시위가 12월 14일 표결까지 이어진 겁니다.

피켓 시위를 했을 때 국회의원들의 반응은 어땠나요? 의원님의 마음은요?

추웠습니다. 제가 2층 본관 입구 앞에서 피켓 시위를 했는데, 처음엔 국민의힘 의원들이 2층 본관으로 오지를 않았습니다. 저는 그래서 내심 성공했구나 생각했습니다. 상당히 나를 많이 의식하고 있구나, 압박을 느끼고 있구나 싶었죠. 왜냐하면 국회 밖에서 많은 시민들이 탄핵 표결에 동참하라고 행동하고 계셨거든요.

시간이 좀 지나고 나서는 2층으로 지나다니는 국민의힘 동료 의원들이 여럿 보였죠. 상당히 불쾌하게 생각하는 분도 있었고, 반대로 눈빛으로 또는 분위기로 '네 마음 안다. 같이 할게' 이런 느낌을 주는 분들이 있었습니다. 그래서 '아, 희망이 있구나. 희망이 있겠다! 그래, 8표 만들 수 있겠다!' 너무나 간절해졌습니다. 그때 민주당 의원들과 조국혁신당 의원들께서 고생한다고 자꾸 인사하러 오시길래 오지 말아달라고 했어요. 왜냐하면 저는 국민의힘 의원들을 설득해서 8표를 만들어야 하는데, 민주당 조국혁신당 의원들이 와서 인사하면 도리어 국민의힘 의원들이 움직일 수 있는 명분을 잃어버리게 되거든요. 철저하게 "나는 혼자 있어야 하니 혼자 있게 도와주십시오" "국민의힘 의원들을 만나야 합니다" 외쳤습니다. 저는 국민의힘 의원들 안에서 8표의 탄핵 찬성표를 만드는 데만 집중했습니다.

2차 탄핵안이 가결되면서 개인적으로 공격을 많이 받았다고 알려졌는데요.

배신자로 낙인찍히고 엄청난 공격을 받았죠. 그건 지금까지도 이어지고 있습니다. 그런데 사실 2025년 4월 4일 대통령 탄핵이 이루어지기 전까지 개인적으로는 다른 생각을 할 여지가 전혀 없었습니다. 대통령 탄핵이 이루어져야 끝이 나는 것이니까요.

2024년 12월 14일 대통령 탄핵 표결이 국회에서 이루어지고 난 이후에 제가 우려했던 것은 진영 논리가 다시 가능하면서 진영 간의 갈등이 되살아나 사회에 혼란이 생기지 않을까 하는 것이었습니다. 그래서 그때부터 기회 닿는 대로, 특히 국민의힘 지지자분들께 "극우와 보수는 다른 개념입니다. 건강한 보수주의자라면 국가의 원칙인 헌법을 지키는 데 누구보다 모범이 되어야 하고, 비상계엄 쿠데타에 누구보다 분개해야 합니다"라는 얘기를 계속 드렸고, 사회의 혼란과 진영 갈등이 생기지 않아야 한다는 메시지를 계속해서 냈죠.

> 누구도 스스로 욕받이가 되기를 원하지 않는다. 김상욱은 탄핵안 통과에 필요한 단 8표를 위해 스스로 욕받이를 자처했다. 그 선택은 대통령의 탄핵으로 이어졌다. 건강한 보수의 길을 외치며 끝까지 당내에서 싸웠지만, 결국 당을 떠나야 했다. 그의 새로운 시절인연은 이제 시작이다.

그날 그곳에 있었던 시민의 목소리

옥형빈(40세, 의류업체 운영, 전 국회의원 비서관)
다행히도 현장에는 이미 군인, 경찰들 못지않은 수의 시민분들이 같이 계셨기 때문에, 그래서 무섭지가 않았던 것 같아요. 나중에 생각해보니 그렇더라고요. 그 '동료 시민'들 때문에 무섭지도 않았고 춥지도 않았다고.

문성민(32세, 금천구 환경미화원)
다음날도 아침 6시에 출근해야 했어요. 6년간 일하면서 단 하루도 결근한 적이 없었지만, 계엄이라니 이건 진짜 좀 아닌 것 같다는 생각에 화가 많이 나더라고요. 그래서 오토바이를 타고 국회로 달려갔죠.

강영수(34세, 노무사)
집에서 편하게 쉬는 차림으로 있다가 옷을 입고 나가야 하잖아요. 그런데 오늘 군인들한테 잡혀가지고 얻어맞을 수도 있겠다는 상상을 했어요. 그러니까 추리닝 입고 맞기는 싫은 거예요. 면바지에 구두 신고 코트도 걸치고 가방 들고, 차려입고서 국회 앞으로 갔어요.

박신동(24세, 영상 마케터)

그냥 단순하게 나갔어요. 무섭긴 했지만 뭐 어떻게든 되겠지 싶었습니다. 최소한의 안전장치인 헬멧을 쓰고, 현장을 기록할 캠코더를 들고 여의도로 갔습니다. 혹시라도 체포, 구금되더라도 이름 석 자는 남기고 싶다는 생각에 헬멧에 제 이름 스티커를 붙였죠.

허우진(34세, 무역업체 운영)

그곳은 너무 비현실적인 공간이었어요. 별 상상의 나래를 모두 펼쳤습니다. 갑자기 총소리가 터지면서 사랑하는 사람이 맞는 생각도 했고요. 잠옷 위에 패딩을 입고 갔는데, 계엄군이 막으면 동네 주민인데 산책 나왔다고 하자 그런 상상도 했어요.

송화(35세, 의류업체 운영)

제 부모님도 시부모님도 말리는 분들이 아니세요. 대신에 '조심히 다녀와라' '위험한 짓 하지 마라' 그런 말씀만 해주시고요. 모든 시민이 분노하고 있던 때라 우진이네 부부도 나갔겠지 하는 마음에 전화 한 통 넣어서 그렇게 말씀하신 것 같아요.

안귀령　36세, 대통령비서실 부대변인, 전 더불어민주당 대변인

계엄군의 차가운 총구를 맨손으로 움켜쥐고 결연히 맞선 그 사람

계엄군과 실랑이를 벌이던 안귀령이 반사적으로 누군지도 모를 계엄군의 총구를 움켜쥐었다. 쉴새없이 셔터를 누르던 사진기자 중 한 명의 카메라 앵글에 그 순간이 담겼다. 영국 BBC는 2024년 가장 인상적인 이미지 12 장면 중 하나로 그 장면을 꼽았다. 트럼프가 선거 유세중 총격을 당한 후 주먹을 쥐고 올린 사진과 함께 선정된 장면이다. BBC는 "안귀령의 굳건한 결단력과 나아가 그의 옷에서 반짝이는 강철 같은 빛은 영국 화가 존 길버트의 19세기 수채화인 잔 다르크 초상화를 떠올리게 한다"고 선정 이유를 밝혔다. 하지만 안귀령은 그날의 사진과 영상을 다시 보지 않는다고 했다. 그날 밤 이후로 잠을 깊게 못 잔다는 이야기는 많은 이들에게서 반복됐다. 안귀령도 마찬가지였다. 계엄 당일 밤을 거의 새운 이후로는 주로 선잠을 자고 새벽에도 자주 깨서 뉴스를 확인했다. 한동안 잠을 길게 못 잤고, 군인에게 쫓기는 꿈도 자주 꾸었다.

계엄군의 총구, 잡기가 쉽지 않았을 텐데요. 잡았을 때 느낌이 기억나나요?

총구가 차가웠습니다. 그날은 날씨도 추웠고, 총뿐만 아니라 분위기 자체가 서늘했죠. 총뿐만 아니라 그냥 그날 상황이 저도 사람인데 무섭고 두렵고 공포스러웠죠. 그런데 일단 막아야 한다는 생각밖에 없었습니다. 군인들이 본청 안으로 들어와서 계엄 해제 요구 결의안 통과를 막는다면 진짜 다음은 없다, 우리나라는 어둠 속에 들어가겠구나, 이런 생각이 들었어요.

총을 붙잡은 것에 대해 비판하는 시민들도 있는 것 같아요. 위험한 행동으로 보였다는 의견도 있고요.

저도 군인 무섭다는 거 알고, 총 무섭다는 것도 아는데요. 계엄군에게 팔이 붙잡혔고 밀려나지 않기 위해서 제가 할 수 있는 일들을 해야 했어요. 그리고 사실 그때의 그 총은 나라와 국민을 지키기 위해서 가지고 들어온 게 아니잖아요. 나중에 언론을 통해서 그 계엄 상황에 최소한의 소극적인 대응만 한 군인들도 있었다는 이야기를 접하고 가슴 아프긴 했는데, 그렇게 국민들끼리 서로 대치하게 만든 사람이 잘못이죠. 그 원인을 탓해야 한다고 생각합니다.

윤석열은 사상자가 발생한 것도 아니고 그지 경고용이었을 뿐이라고 하잖아요. 현장에서 총구를 맞닥뜨렸던 당사자로서 어떻게 생각하나요?

말도 안 되죠. '두 시간짜리 내란이 어디 있냐'고 강변하던데, 내란이 두 시간으로 그칠 수 있게 만들었던 게 본인입니까? 시민들이 몸으로 막아내고, 국회의원들이 국회에서 계엄 해제 요구안 통과시키고,

그래서 내란이 두 시간 만에 끝날 수 있었던 거지, 본인이 처음부터 두 시간짜리를 기획했던 게 아니잖아요. 정말 말도 안 되는 이야기라고 생각해요. 윤석열은 망상에 갇혀 살고 있는 것 같아요.

계엄 해제 요구 통과는 어디서 들은 건가요?

본청에서 바리케이드를 쌓다가 그 앞에 모여 있던 사람들이 박수 치면서 환호하길래 아, 가결이 됐구나 그때 알았습니다. 그런데 다행이다 싶으면서도 개운하진 않았던 것 같아요. 왜냐하면 국회에서 계엄 해제 요구안을 통과시켰는데, 그러면 윤석열이 선포해야 하잖아요. 다들 기억하시겠지만 한참을 기다려도 발표를 안 하더라고요. 본청 안에서는 군인들이 완전히 철수하지 않고, 어느 한곳에 대기하고 있다는 제보도 돌았고요. 그래서 다들 안에서 그냥 기다렸습니다.

해제 요구안 가결 이후에 몇 시간 있다가 윤석열이 계엄 해제를 선포했잖아요?

그때도 역시 개운하진 않았어요. 반국가세력 운운하면서 갑자기 비상계엄을 선포하고, 그리고 한참 뒤에 국무회의 의결 정족수 평계를 대면서 계엄 해제 선포를 미루는 듯한 모습을 보였으니까요. 그렇기 때문에 우리나라는 지금 어떻게 되는 거지, 어디로 가는 거지 그런 생각을 했습니다.

그날 밤 가장 기억에 남는 장면이 있다면 무엇일까요?

국회에 들어왔을 때 헬기 소리와 군홧발 소리가 들리던 게 잊히지가 않아요. 너무 비현실적인 일이라고 느꼈고 사실 지금까지도 믿기

총구가 차가웠습니다. 총뿐만 아니라 그냥 그날 상황이 저도 사람인데 무섭고 두렵고 공포스러웠죠. 그런데 일단 막아야 한다는 생각밖에 없었습니다. 군인들이 본청 안으로 들어와서 계엄 해제 요구 결의안 통과를 막는다면 진짜 다음은 없다, 우리나라는 어둠 속에 들어가겠구나, 이런 생각이 들었어요.

안귀령_ 대통령비서실 부대변인, 전 더불어민주당 대변인지가 않아요. 어떻게 우리나라에 이런 일이 있을 수 있지, 라는 생각이 들었고, 그래서 그날 이후로 근본적인 질문을 계속해보고 있어요. 민주주의란 무엇인가, 인권이란 무엇인가. 민주주의가 우리나라에서 아직 완성된 게 아니구나, 단 한 사람의 폭주로 인해 이리도 쉽게 무너질 수 있는 거로구나. 끊임없이 돌보고 지켜내기 위해서 노력해야 하는 거구나. 이런 생각을 거듭하고 있습니다.

계엄 전에는 우리나라의 민주주의가 완성되었다고 생각했었나요?
완성됐다기보다는 그냥 당연한 것으로 느꼈던 것 같아요. 왜냐하면 제가 1989년생이라서 민주화 운동을 직접적으로 겪은 세대가 아니거든요. 태어나면서부터 당연하게 하고 싶은 말 하고, 쓰고 싶은 글 쓰고 살다보니, 민주주의를 뺏길 수 있다고는 생각해보지 못했어요.

그래서 과거에 어른들이 진짜 외로우셨겠다는 생각도 했어요. 그날 밤 청년들도 국회로 많이 모였지만, 과거 계엄 사태, 독재 정권 시절을 겪은 어르신분들도 많이 나오셨잖아요. 굉장히 아픈 기억일 텐데, 그걸 딛고 다시 한번 청년들에게 이 민주화된 세상을 잃게 하고 싶지 않아서 나오신 거잖아요. 정말 감사드린다는 말씀을 드리고 싶었습니다.

비상계엄이 있었던 그날에 대해 마지막으로 남기고 싶은 말이 있나요?
그날 계엄 해제가 신속하게 이루어지지 않았다면, 아마 저는 여기서 여러분을 만나지 못했을 거예요. 그 어두운 밤, 국회에서 무장한 군인들을 보는데 제가 잃어버릴지도 모르는 것들에 대한 생각이 막 스쳐지나가더라고요. 부모님 생각도 나고, 친구들 생각도 들고, 이 밤을 잘 넘기지 못하면 이 모든 게 다 끝장날 수도 있다는 생각이 들더라고요. 그날 시민들의 힘으로 계엄 선포를 막아내지 못했다면 다 잃었겠죠. 그래서 시민분들께 정말 감사드린다는 말씀 드리고 싶습니다.

> 안귀령은 시민들께 고맙다는 말을 거듭했다. 정치를 시작한 지 오래되지 않은 정치인으로서 큰 빚을 졌다는 말도 했다. 그날 밤을 생생하게 고백한 탓인가, 그 고맙다는 말이 늘 듣는 정치인의 인사로만 들리지 않았다.

| 한동훈 | 52세, 전 국민의힘 당대표 |

"민주주의를 위해
결단이 필요한 시점이었습니다"

누구나 그 선택의 결과를 다 아는, 수학 같은 일이 있다. 1+1=2라는 뻔한 답처럼. 정해진 답을 알고도 피할 수 없는, 외면할 수 없는 일도 있다. 부끄럽지만 도망칠 수도 있었을 텐데 그는 상식적인 선택을 했다. 그 결과 한동훈은 정치권의 중심에서 변방으로 밀려났다. 그는 지금 그날의 선택을 후회하고 있을까?

그날로 돌아가볼게요. 당대표로서 어떤 하루를 보냈나요?

많은 시민들과 비슷하게 저도 그냥 평범한 보통의 하루를 보냈어요. 그날 오후에 '서울 여성 아카데미'라는 당내 행사에서 여성 정책을 주제로 스피치를 했고요. 저녁에는 경제와 복지를 담당하고 있는 젊은 교수님들과 토론을 했습니다. 우리 당의 복지 정책에 대해서 의미 있고 꽤 재미있는 대화를 오랫동안 나눴어요. 그래서 평소보다 좀 늦게까지 식사 자리가 이어졌고 그렇게 돌아오는 차에서 비상계엄 발표를 보게 됐죠.

그때가 언제였나요?

제가 9시 반 정도에 모임을 끝내고 집으로 돌아오는 차 안에서 10시에 대통령 긴급 담화를 한다는 보도를 봤어요. 밤 10시에 예고 없이 그렇게 담화를 하는 경우는 대단히 드문 일이거든요. 그래서 제가 대통령실 고위 관계자에게 전화를 했는데, 통화가 안 됐어요. 그래서 문자로 이거 뭐냐고 물었는데 "비상 사탭니다ㅠ" 이렇게 답이 오더라고요. 그래서 '어? 이거 뭐지?' 하면서 조금 싸한 느낌을 받았죠. 그래서 다시 어떤 내용이냐고 물으니까 "최악" 이렇게 답이 오더라고요. 아, 이거 굉장히 심각한 상황이구나 생각했죠.

긴급 담화의 내용을 듣고 어떤 생각이 들었나요?

대통령이 야당과 정적을 반국가세력으로 사실상 규정하고 반국가세력을 일소하기 위해서 비상계엄을 선포한다, 이게 핵심이었지 않습니까? 좀 초현실적인 얘기죠. 사실 야당은 굉장히 많은 잘못을 해왔어요. 탄핵을 몇십 번 하고. 이런 건 전례가 없었거든요. 그렇지만 그건 정치와 사법 시스템으로 풀어야 할 문제지, 비상계엄이라는 수단을 동원해서 일거에 해소한다? 이것은 사실 믿어지지 않을 정도의 발상이죠. 이 계엄이 위헌, 위법일 수밖에 없는 이유고요. 거기에 대해서는 1초도 고민하지 않았습니다.

대통령과의 개인적인 인연 때문에 망설여지지는 않았나요?

그런 생각은 전혀 들지 않았습니다. 왜냐하면 비상계엄 아닙니까? 국민들이 죽어나갈 수 있는데요. 공적 임무를 담당하는 사람은 국민이 먼저여야 해요. 저는 공적인 일을 담당하고 공적인 판단을 하면서 어떤 경우에도 사적인 문제를 결부시키지 않았다고 생각합니다. 제가 나중에 이런 얘기를 한 적이 있어요. 난 우리 아버지가 계엄해도 막는다고요. 계엄은 그래야 되는 겁니다. 계엄은 그만큼 민주주의 사회에서 정말로 중요하고 심각한 문제입니다. 이걸 막는 데서 누구랑 친하니 이런 문제는 결부되지 않습니다.

첫날 제대로 확실히 막지 못하면 다음날 새벽이 되면 성난 군중이 몰려올 것이고, 군인들과 충돌이 일어날 수밖에 없잖아요. 유혈 사태가 날 겁니다. 그리고 주식시장은 열리지 않을 거예요. 저는 그때 그런 상황만은 어떻게든 막아야 한다고 생각했습니다.

민주주의를 지키기 위해서는 선명한 결단이 필요한 시점이 있어요. 그리고 그 시점이 늦어지면 결국 민주주의가 흔들리는 상황이 되는 경우가 있다고 봅니다. 2024년 12월 3일 10시 반이 바로 그때였습니다.

가장 먼저 한 행동은 무엇이었나요?

야당이 반대하는 건 당연한 거잖아요. 그런데 집권여당의 대표가 집권여당이 배출한 대통령이 선포한 계엄을 즉각적으로 강력하게 반대하는 것이, 이 계엄을 저지하는 데 큰 역할을 할 수 있다고 봤어요. 시점이 중요했어요. 대통령이 비상계엄을 했다는 언론의 보도 바로 아래에 집권여당 대표가 '이건 잘못된 것이다. 이걸 막겠다'는 입장을 붙여주는 게 필요하다고 봤어요.

그래서 제가 비상계엄 직후에 바로 메시지 준비를 시작했습니다. 메시지를 쓸 때는 이런 점을 고려했습니다. 우선 간결할 필요가 있었고, 저는 메시지 발표 시간이 중요하다고 봤어요. 곧장 붙어야 했습니다. 그리고 우리 당에서 계엄을 지지하는 목소리가 나오면 안 된다고 생각했어요. "대통령의 계엄 선포는 잘못된 것입니다. 국민과 함께 막겠습니다." 이게 제 첫 메시지였거든요. 공보팀에서 언론인들이 모여 있는 카톡방에다가 공지사항을 올려요. 이게 10시 46분 정도에 공지됐더라고요. 제 첫 메시지가 대통령의 계엄 메시지랑 거의 동시에 뉴스에 올라가는 상황이 된 거죠.

입장문을 발표한 직후 어디로 향했나요?

처음에는 차 안에서 계엄 관련한 헌법 규정, 계엄법 그리고 계엄에 관한 판례들을 봤습니다. 다 봤어요. 그만큼 얼마 없습니다. 계엄이라는 게 전례가 많지도 않잖아요. 제가 법률가로서 오래 일했는데도 계엄 관련한 법률은 그때 처음 봤어요. 대한민국은 저같이 숙련된 법률가도 계엄 관련한 법률을 볼 필요가 없는 나라였습니다. 그래야만 하는 거고요.

그걸 다 보고 나서 '이걸 막을 방법이 도대체 뭐냐?' 생각했을 때 답은 의원 과반수로 하는 계엄 해제 요구 결의였습니다. 그렇다면 결국은 국회죠. 그런데 일단 여의도 쪽 국회로 가는 길이 막혀 있다는 얘기가 있더라고요. 그리고 저는 국회의원이 아니잖아요. 의원들을 대동하고 가서 표결을 시켜야죠. 그럼 일단 당사로 기지고 결정했습니다. 국회에서 우리 당사까지는 멀지 않거든요. 딱 11시에 당사에 도착했습니다.

국민의힘 당사에 도착했을 때의 상황에 대해 설명해주시죠.

그때가 11시 2, 3분 정도였을 것 같아요. 우리 당사 1층에 기자

한 분이 계시더라고요. 채널A의 홍지은 기자셨는데, 제가 메시지를 발표했지만 음성과 영상으로 호소드리는 것과는 또 차이가 있지 않겠어요? 그래서 제가 홍기자님한테 저를 좀 찍어달라고 했어요. 홍기자님한테는 단독보도 욕심이 충분히 들 수도 있겠지만, 상황이 이러니까 이건 그냥 전 언론사에 공지를 좀 해달라고 말씀드렸는데 홍기자님이 그 말씀을 들어주셔서 그 영상이 언론인들 방에 올라갔고 바로 방송됐죠.

"대통령이 비상계엄을 선포했습니다. 국민과 함께 자유민주주의를 지키겠습니다. 비상계엄을 반드시 막아내겠습니다. 국민께서는 안심해주시기 바랍니다. 반드시 저희가 위법 위헌적인 비상계엄을 막아낼 것입니다."

입장문 발표에 이어 영상메시지를 빠르게 올렸는데, 이유가 있었나요?

1980년과 2024년 상황의 차이는 결국 언론 환경의 차이, 그리고 개인화된 SNS 같은 새로운 매체의 등장이 관건 아니겠어요? 그렇다면 이 상황을 신속 정확하게 전파해서 군경으로 하여금 '아, 함부로 지시를 따르다가는 인생 망하겠네!'라는 생각을 갖도록 하는 게 필요하다고 봤어요. 그리고 국민들의 민주시민 의식에 기대한 면도 있고요. 저는 국민들이 막아줄 수 있다고 봤어요. 그러려면 국민들께 호소드리고 상황을 정확하게 알리는 게 필요한데, 영상을 통해 알릴 필요가 있었죠.

당사와 국회가 가깝다고 했는데, 걸어서 이동했나요?

언론에서 대부분 보도된 내용이니, 말씀드리죠. 이 상황에 대한 대화도 있었고, 그리고 당장 어떤 전략을 취할 것인가에 대한 이견이 분명히 있었어요. 그렇지만 제가 당대표였기 때문에 저는 '가는 게 맞다'고 결정하고 거기 있던 의원님들과 우리 당직자들과 함께 국회로 걸어가게 된 거죠. 가는데, 서로 대화가 없었어요. 당사에서 국회까지 한 십 분 걸어야 하는데요. 그 길을 걸을 때 중계된 화면을 봐도 그렇고, 제 기억 속에서도 그렇고 서로 아무 말을 안 했어요. 뭔가 착잡한 느낌도 있었고, '이 시간 이전과 이후가 분명히 우리 인생에서 달라지겠구나' 이런 생각들을 조금씩 했던 것 같아요.

국회를 향해서 서로 의지하며 그냥 걸었던 거죠. 공포도 전염되고 또 용기도 전염되잖아요. 옆에서 같이 걷는 사람들로부터 저도 힘을 얻었던 기억이 나요. 그리고 국회 앞에 나와 계셨던 분들이 국민의힘 지지자만 계셨겠어요? 오히려 민주당 지지자가 더 많으셨을 가능성도 높죠. 저를 비난하며 소리지른 분이 계셨어요. 근데 다른 분들이 그분에게 뭐라고 하더라고요. '이 계엄을 막기 위해서는 용기를 모아야 한다.' 이런 분위기가 분명히 있었던 것 같아요.

본회의장에 도착했을 때 어떤 상황이었나요?

우리가 들어가니까 민주당 의원들이 좋아했죠. 그런데 우리가 처음에 한 15명이 들어갔고, 나중에 세 분 정도 더 오셨는데요. 그 정도에서 더이상 늘어나지는 않았죠. 제가 그때 민주당 의원들을 세어보니까 90명 정도 계셨던 것 같아요.

참석 인원을 늘리기 위해서 계속 연락을 했나요?

'국회가 봉쇄돼서 못 간다'는 분들에게 제가 옆에서 전화 바꿔서 그랬어요. 아니 그럼 민주당 의원들은 지금 날아서 들어오냐고. '담을 넘어야만 한다, 지금 상황에서는. 그리고 우리가 지금 그걸 보여줘야 한다.' 또 이런 분들도 계셨어요. '앞에 민주당 지지자들이 막아서 못 들어간다'고. 저는 그분들한테 이렇게 말씀드렸어요. '그 민주당 지지자라는 사람한테 계엄 막으러 간다고 하면 업어서 들여보내줄 거다. 그러니까 지금은 무조건 들어오셔야 한다.'

결국은 18명에서 늘어나지 않았습니다. 안타깝게 생각합니다. 저는 본회의장에 있었던 우리 국민의힘 의원들이 18명이 아니라 40명만 됐어도 그 이후에 국민의힘의 상황과 국민의힘에 대한 국민의 신뢰 정도가 크게 달라졌을 거라고 생각해요.

본회의장에서 함께한 18명의 국회의원들에게 전하고 싶은 말이 있을까요?

당연한 일을 한 겁니다. 그렇지만 우리 당에서 그렇게 당연한 일을 하는 게 쉬운 일은 아니었을 겁니다. 그러니까 고맙게 생각하는데요.

나중에 제가 겪게 되는 일종의 배신자 프레임이 있어요. '왜 우리가 배출한 대통령이 한 일을 너희들이 막아?'라는 생각에 기반한 아주 단순한 프레임이에요. 단순한 프레임이지만 위력적인 프레임입니다. 제가 거의 정계은퇴를 할 지경에 몰릴 정도의 상황까지 갔잖아요. 그때 본회의장에 함께 있었던 국민의힘 의원분들도 이런 프레임에 갇혔다는 걸 많이 느끼셨을 거예요. 게다가 40명, 60명쯤 되면 상관없는데 우리는 18명이 딱 갇혀 있고, 민주당은 수가 쫙 올라가고 그런 상황이잖아요. 외적으로 볼 때, '민주당과 같은 스탠스에 서 있는 거 아니야?'라는 식의 공격도 가능하고요. 그러니까 부담이 굉장히 컸을 겁니다. 고맙게 생각합니다, 끝까지 남아 계셨던 분들. 그렇지만 다시 말하지만 할 일을 한 겁니다.

체포 대상 정치인 명단에 있었다는 걸 알았을 때 어떤 생각이 들었나요?

한동훈 체포조가 움직이고 있다는 얘기를 들은 사람들이 계속 전해주었어요. 처음엔 '말이 되냐' 했는데 복수로 계속 얘기가 들려오더라고요. 저는 여당 인사 중에서 저만 잡으려고 하는 줄은 몰랐어요. 게다가 저는 국회의원이 아니니 국회의원 불체포 특권이 없잖아요. 주변에서 피해 있으라고도 했는데 그럴 순 없죠.

사실 제가 제일 걱정했던 시점은 1시부터 4시 반까지 사이였어요. 당연히 2차 계엄이라든가 군이 들어올 거라고 생각했어요. 포기할 분이 아닙니다. 그래서 제가 계엄 해제 이후에도 새벽 4시 반까지 2차 계엄이라든가 아니면 군이 그대로 들어오는 것에 대비해서 국회 본회의장에 남아 있었던 거예요. 만약에 또 2차 계엄을 하면 우리는 거기서 바로 해제 결의 들어가고, 잡으러 들어오면, 뭐 우리가 어떻게 하겠습니까? 잡혀 나가는 걸 보여주겠다는 거예요. 그런 생각이었어요.

대통령 탄핵에 찬성했는데, 후회는 없나요?

계엄을 막으면서 제가 당대표직을 유지하기 어려울 거라고 생각했어요. 왜냐하면 우리 당 지지층이 갖고 있는 탄핵에 대한 트라우마가 있습니다. 그리고 이재명 대표를 비못한 민주당에 대한 반감이 있어요. 탄핵안을 통과시킨 것에 대해서 굉장히 실망하실 수밖에 없죠. 그리고 그 실망의 화살 끝이 저한테 돌아올 수밖에 없는 구조예요. 그걸 제가 모르지 않았고요. 근데 어떻게 안 막습니까? 그 길을 안 갈 수는 없었어요. 사실 정치라는 게 그런 것 같아요. 죽는 길인 줄 알고도 가야 할 때가 있어요. 그리고 저한테 그게 찾아온 거고. 저는 거기에 대해서 크게 억울하지는 않아요.

비상계엄을 지나온 국민께 드리고 싶은 말씀이 있을까요?

저를 포함해서 정치인의 어떤 실력이 대한민국과 시민의 실력에 미치지 못한다는 것을 저는 많이 느꼈습니다. 우선 제가 제일 부족하기도 하고요. 국민들에게 굉장히 죄송하다는 생각을 했습니다. 결국 제가 계엄을 막는 데 앞장서긴 했지만 계엄을 한 대통령을 배출한 정당에서 책임을 지고 있던 사람으로서 깊은 책임감을 느꼈고요. 그리고 우리 지지자들 입장에서 굉장히 너무너무 마음이 아프시겠구나 싶어 죄송했습니다. 그 마음을 이해해요. 하지만 제가 생각했던 방향들, 제가 했던 일들에 대해서 점점 공감해주시는 분들이 많아질 거라고 생각해요. 그 과정에서 상처가 서로 치유되지 않을까 생각합니다.

> 2024년 12월 14일 국민의힘 의원총회에서는 물병을 바닥에 던지는 의원도 있었다. 한동훈이 서 있는 연단을 향해 달려들듯 뛰어나오는 의원도 있었다. 의총이 끝난 뒤 한 기자가 한동훈에게 '다시 돌아가도 탄핵에 찬성할 거냐'고 물었다. 그는 '그렇다'고 답했다. 그때 그의 머리에서는 '여기서 내 정치는 끝났다' '날개를 여기서 잠시 접는다'는 생각이 스쳤다고 했다. 그러나 이 인터뷰를 위해 처음 만났을 때, 그는 자신을 '정치인'이라고 소개했다. 그의 정치는 현재진행형이다.

어떻게 안 막습니까? 그 길을 안 갈 수는 없었어요. 사실 정치라는 게 그런 것 같아요. 죽는 길인 줄 알고도 가야 할 때가 있어요. 그리고 저한테 그게 찾아온 거고. 저는 거기에 대해서 크게 억울하지는 않아요.

| 전태삼 | 75세, 노조활동가, 고故 전태일 열사의 동생 |

전태일 열사의 동생 전태삼,
또다시 계엄의 복판에 서다

인터뷰를 위해 마이크를 준비하는 PD에게 그가 미안하다는 듯 말했다. 귀가 잘 안 들린다고. 일흔을 넘긴 노인이었다. 그의 형은 스물두 살에 세상을 떴다. 형이 살았던 날의 3배 이상을 살고 있는 셈이었다. 그의 운명을 결정지은 형의 이름은 전태일, 그는 이소선 어머니의 둘째아들이다.

12월 3일 비상계엄이 선포됐습니다. 무엇을 하고 계셨고 어떤 생각이 드셨습니까?

계엄령 선포라는 말을 딱 듣는 순간, 지나간 날들이 봇물처럼 펑 터져버렸어요. 너무 경악스러워서 어떻게든 정신을 차리자 하는데, 제일 먼저 떠오른 장면이 1980년 5월 4일의 고려대학교였어요.

그때 고려대학교 학생들이 어머니를 초청해서 강연이 열렸어요. 그런데 그 강연을 했다고 전두환에 의한 계엄포고령 1호 위반으로 어머니가 전국에 지명수배된 거죠. 어머니는 검거된 이후 수도경비사령부에서 군사재판을 받았어요. 연락을 받고 가보니 왜소한 어머니가 오랏줄에 묶여가지고 나오다가 털썩 주저앉아버렸어요.

그런 세월들을 지나왔는데, 2024년 12월 3일 다시 계엄령 선포를 듣게 되니 몸이 움직이지를 않았어요. 아, 우리가 또 계엄령이 선포된 세상에 살아야 하나 싶었습니다.

계속 뉴스를 보신 건가요? 국회 앞으로는 언제 어떻게 오셨나요?

정신을 차리고 보니 국회의장이 국회의사당 담장을 넘었다는 뉴스가 들렸어요. 우원식 의장은 1980년대 계엄령에 맞서서 우리와 함께 싸우다가 체포되는 바람에 춘천교도소에서 같이 수용 생활을 했어요. 1983년 12월 22일인가 23일인가에 크리스마스 특사로 나왔는데요. 우원식 의장과 같이 춘천교도소에서 삼청교육 받던 일이나 서로 다른 감방에서 통방을 하던 기억들이 막 그냥 한꺼번에 밀려오는 거예요. 그런 기억들이 교차하는데 우원식 의장이 계엄령 해제를 요구하며 방망이를 두드리는 뉴스를 보고 비로소 안도하다가 혼자 택시를 타고 허겁지겁 국회로 달려갔어요. 보니까 젊은이들이 국회의사당 양쪽 여의도 길을 다 막고 서서 국회의사당을 보호하듯이 앉아 있더라고요.

요즘 젊은 사람들은 계엄에 대해 모르잖아요. 전태삼 선생님이 알고 있는 계엄이란 어떤 것이었나요?

계엄령 속에서 우리가 겪었던 지나온 날들은 너무 무서웠죠. 내가 청계노조 조직부장이라 출근하려는데, 우리집에 와서 검정보자기를 딱 씌워가지고 끌고 가는 거야. 갔더니 옷을 싹 벗겨요. 그리고 꿇어앉으라고 하고는 곤봉을 가져다가 딱 끼워놓고는 한 번 밟고 지나가. 그러더니 군복을 입히고 노란 갱지를 주면서 살아온 경로를 전부 기록하라고 책상을 팡 치면서 나가는 거야. 그 지하실이 계엄이야. 그 상처에 평생 갇혀가지고 살아요.

전태삼은 박정희의 유신 철권 통치 시절 어머니가 머리를 감는데 들이닥쳤던 경찰들을 기억했다. 머리채에 비눗물이 묻어 있는 상태였는데, 경찰 중 한 사람이 손을 감아채고, 뒤에 두 사람이 날개 꺾듯이 꺾어가지고 끌고 가서 차에 태우던 장면을 잊지 못한다. 김재규가 박정희를 살해하며 유신은 끝났지만 두 모자의 세상은 변하지 않았다. 모자는 전두환에 의한 계엄령으로 다시 옥살이를 해야 했다. 전태일 전태삼 형제의 어머니였던 이소선 여사의 계엄포고령 위반 사건은 2021년과 2024년 재심을 통해 각각 무죄를 선고받았다. 징역을 산 지 40여 년이 흐른 후였다. 재판부는 "당시 계엄 포고는 헌법과 법률에서 정한 요건을 갖추지 못한 채 발령됐고, 그 내용도 영장주의와 죄형법정주의의 명확성의 원칙에 위배된다"고 판결문에 적시했다. 또한 "헌법상 보장된 국민의 기본권을 침해하므로 계엄 포고는 위헌이자 무효"라고 밝혔다. 정작 이소선 여사는 재심 결과를 보지 못했다. 어머니는 2011년 세상을 떠났다.

계엄이 해제됐다는 소식을 들었을 때 상황을 구체적으로 설명해주세요.

내가 계엄보다도 더 놀랐던 것이 있어요. 그 국회의사당 여의도 길 있잖아요. 거기를 지키고 있는 사람들, 늘어앉아서 계엄용 차가 못 들어오게 막는 것을 볼 적에 너무 놀라웠어요. 어쩌면 그렇게 구김살 없이 환하고 밝은 학생들이더라구. 여학생들 같기도 한 그 순수한 사람들이 이리 양쪽을 지키고 쭉 앉아 있었어요. 아, 그 순간에 우리에게 미래가 있구나. 그날 저녁에도 국회의사당에 많이 모여들었지만 계속해서 쉬지 않고 탄핵할 때까지 모여들었잖아요. 오는 사람들이 전부 어쩌면 그렇게 구김살 없이 해맑고, 응원봉 든 맑은 눈동자들이 얼마나 밝게 빛나던지.

우리가 그 끈질긴 역사의 시련 속에서도 굴하지 않고 지켜왔던 정의, 민주주의가 이런 것이로구나. 그들이 나에게도 큰 의지와 용기와 힘을 줬어요. 구김살 없이 계엄령 반대를 외치는 이 목소리들이 어찌나 그렇게 맑고 경쾌하고, 서슴없고, 가차없고, 머뭇거림이 없던지. 그 소리에 우리의 지난날들을 이제는 이양할 수 있겠다, 넘겨줄 수 있다는 생각을 하니까 여의도에 서 있는 것이 행복했습니다. 나는 여의도 자체가 그냥 행복했어요. 이 사람들이 물러서라 한다고 물러설 리가 없고, 이 사람들을 막는다 해도 막을 길이 없다는 거죠.

그날 현장에는 언제까지 계셨나요?

아침 7시 45분까지 있었어요. 거기 있었던 사람들이 우리가 이 자리를 지켜야 한다면서 그때까지 안 가고 지키고 있는데, 정말이지 길가에 핀 봉선화 같고 민들레 같았어요.

더 하고 싶은 말씀이 있으신가요?

20대 30대 젊은이들, 심지어 10대들에게 나는 희망의 꿈을 모두 쏟아붓고 싶습니다. 지나간 삶 자체를 이 사람들에게 유산으로 주고 싶어요. 계엄령 속에서 가장 뚜렷하고 밝은 것은 응원봉이었습니다. 거침없이 반짝거리며 빛나는 응원봉이 이 나라의 희망이었습니다. 정말 그분들에게 다시 한번 고맙다, 잘했다는 말을 전하면서, 제가 그들의 삶을 너무너무 응원하고 싶어요.

전태삼은 형님인 고 전태일 열사가 응원봉을 든 이들을 보면 어떤 생각을 했을 것 같은지 묻는 질문에 형과의 추억을 꺼내들었다. 어릴 적 남대문 교회 근처에 살았는데, 서울에 홍수가 나면 가전제품이며 오리, 닭, 염소가 막 떠내려가는데, 그게 신기해 청계천 검정다리 위에서 형하고 구경을 했더랬다. 결국 그 청계천에서 형은 노동자로 살다가 근로기준법을 준수하라 외치며 스스로를 불살랐고, 어머니와 동생도 청계천을 떠나지 못한 채 평생을 살았다. 집회 현장을 가득 메운 여성들을 볼 때면 전태삼은 그 시절 청계천을 가득 메운 여공들이 떠오른다고 했다. 그때를 말하는 그 목소리에 선명한 기억이 묻어 있었다.

구김살 없이 계엄령 반대를 외치는 이 목소리들이 어찌나 그렇게 맑고 경쾌하고, 서슴없고, 가차없고, 머뭇거림이 없던지. 그 소리에 우리의 지난날들을 이제는 이양할 수 있겠다, 넘겨줄 수 있다는 생각을 하니까 여의도에 서 있는 것이 행복했습니다. 나는 여의도 자체가 그냥 행복했어요.

| 박은정 | 53세, 조국혁신당 국회의원, 전 법무부 감찰담당관 |

난蘭과 난亂— 당신이 그런 생각을 하는 순간 검사 윤석열이 돌아옵니다

2024년 5월, 22대 국회의원실에는 축하 난蘭이 도착했다. "국회의원 당선을 축하합니다. 대통령 윤석열"이라는 문구와 함께 빨간색 리본이 달려 있었다. 상당수 야당 의원들은 수령을 거부했다. 당시 정치권의 분위기를 상징하는 장면이었다. 그런데 조국혁신당 박은정 의원은 달랐다. 난에는 죄가 없다며 '잘 키워서 윤석열 대통령이 물러날 때 축하 난으로 대통령실에 돌려드리겠다'고 약속했다. 그로부터 7개월 뒤, '난亂'이 일어났다.

정치에 입문하게 된 계기를 간략하게 설명해주세요.

저는 24년 동안 검사로 일했습니다. 검사로 재직하는 동안 당시 윤석열 검찰총장을 감찰하고 징계 청구를 했어요. 검찰총장 재직 시절에 권력을 사유화한 이유로 제가 그 비위를 감찰했고요. 그런데 윤 전 총장이 대통령이 된 이후에 보복수사를 하고 저는 검사직에서 해임을 당했습니다.

그후 조국혁신당에서 영입 제의가 있었고, 윤석열 전 대통령과 싸움을 좀 해야겠다는 생각으로 국회의원이 되었어요.

비상계엄은 언제 알게 됐나요?

집에서 텔레비전을 보고 있었는데, 10시 23분쯤에 비상계엄이 선포됐습니다. 바로 헌법을 찾아보고 비상계엄을 해제하는 것만이 이 충격적인 국가비상사태를 중단시킬 수 있는 길이라 판단하고 서둘러 옷을 입고 국회로 향했습니다.

갑작스러운 상황이었는데, 빠른 판단으로 국회로 향하셨습니다.

전 별로 놀라지는 않았어요. 윤석열 대통령은 전쟁도 일으킬 수 있는 사람이라고 생각했기 때문에 비상계엄을 선포하는 것에 대해 별로 놀라지 않았어요. 윤석열 검찰총장을 감찰하고 다시 제가 보복수사를 받고 하는 일련의 싸움에서 제가 항상 취했던 태도는 무슨 일이 터지면 흔들리지 않고 빨리 해야 할 일을 찾는 게 가장 효과적이라는 것이었어요. 그러니까 감정적으로 격분한다거나 화를 낸다거나 하는 건 문제해결에 전혀 도움이 안 됐어요. 어떻게 하면 가장 빨리 효과적으로 사태를 해결하고 조치할 수 있을까에 대해서만 생각했죠. 비상계엄 해제만이 가장 시급한 일이었기 때문에 양말 신고 옷 입고 그냥 국회로 뛰쳐나갔어요.

'전쟁도 일으킬 만한 사람이다' '비상계엄을 선포할 만한 사람이다'라고 생각하게 된 이유가 있을까요? 검찰에서 가까이 지켜본 윤석열이라는 인물은 어떤 사람이었나요?

윤석열이라는 사람이 정치에 나서고 대통령이 되는 것을 보면서 저는 국가가 매우 위험한 상황에 빠졌다고 생각했어요. 전쟁을 일으킬지도 모른다는 생각을 하고 있었습니다. 왜냐하면 윤석열은 국정을 제대로 운영하지 않을 것이기 때문에 자신의 무능함을 감추기 위해서 국민의 시선을 밖으로 돌릴 것이고, 북한이라든가 외부의 적들을 설정하고 충분히 전쟁까지 일으킬 만한 인물이라고 생각했거든요. 저는 이점을 매우 우려했습니다.

비상계엄이라는 것은 군 통수권자로서 국가의 모든 권한을 최대한으로 남용한 것이죠. 윤석열 총장은 검찰 재직 당시에도 검찰권이라는 권한을 가장 남용해서 중대 비위를 저질렀고, 제가 그것을 감찰했습니다. 그때 그 사람이 대통령이 되어서 대통령 권력을 군 통수권자로서 최대한 남용한 것이 위헌 위법한 비상계엄이었다고 생각합니다.

국회에는 언제 도착했나요?

택시 영수증에 11시 29분이 찍혀 있습니다. 이 시각이 조지호 경찰청장이 아무리 비상계엄이 선포된 상황이라 하더라도 국회를 봉쇄하는 것은 위헌 위법한 것이 아닌가, 경찰 내부적으로 검토하고 잠깐 문을 열어둔 시간이었어요. 37분까지 국회가 열려 있었습니다. 그래서 국회 정문 앞에서 보좌진들을 만나고 함께 움직였는데, 일부는 보내주고 일부는 또 막고 그랬거든요. 우리 보좌진들이 막 항의하면서 경찰들과 계속해서 실랑이하다가 정문을 겨우겨우 통과해서 국회 본청으로 걸어간 기억이 납니다.

국회 본회의장 상황은 어땠나요?

사람들이 쭉 줄 서서 국회의원이 들어갈 때마다 굉장히 환호했던 기억이 나요. 국회의원 정족수가 과반이 넘어야 하기 때문에 얼마나 많은 국회의원들이 들어왔는가, 그게 굉장히 중요한 관심사였죠. 본회의장에 들어갔을 때는 국회의원들이 다들 흥분한 상태였어요. 과반을 체크하려면 숫자를 세야 하잖아요, 150명이 되었는지. 근데 숫자를 세려고 보니 다들 흥분한 상태여서 150명이 되었는지 안 되었는지 서로 막 헷갈리는 거예요. 되었다고 했다가 아니라고 했다가. 아직은 좀더 와야 한다고 해서 안 온 국회의원들한테 문자를 보내고 빨리 전화해서 오라고 하고 난리였죠.

위기감이 가장 고조됐을 때는 언제였나요?

바깥에서는 보좌진들과 국회 직원들이 '무장한 군인들이 국회에 들어왔다' '정문을 통과했다' '헬기가 지금 국회 운동장에 도착했다'는 등의 상황을 실시간으로 사진 찍어서 보내줬어요. 헬기가 도착했을 때, 그때는 정말 '아, 끝났구나' 생각했어요. 여기서 우리는 더 버틸 수가 없다, 이제 다 끌려간다 이렇게 생각했거든요.

또 밖에서 무장 군인들이 투시경을 쓰고 있다는 얘기를 들었거든요. 그러면 이곳이 단전될 수 있겠다고 생각했어요. 그러면 전자로 의안이 올라오지 않을 거고, 국회의원들은 깜깜한 상태에서 무장 군인들한테 잡혀가게 되는 거죠. 그때는 우리가 묶여 끌려가는 장면까지도 상상했어요.

계엄 해제 결의안이 통과된 순간, 본회의장 분위기는 어땠나요?

사람들이 박수 치고 그랬지요. 그런데 저는 윤석열이라는 사람을 알기 때문에 2차 3차 계엄을 할 거라고 생각했어요. 이 계엄 해제에 대해서 눈 하나 깜짝하지 않을 거라고. 이게 국회에서 해제됐다고 하더라도 포기하지 않을 사람이거든요.

언제든 무장 군인들이 다시 지시를 내리고 들어올 수 있다고 생각했어요. 그래서 그날 밤을 꼴딱 새웠어요. 국회의원들은 비상계엄 해제를 하고도 본회의장을 나가지 못했어요.

탄핵 심판정에서 만난 윤석열은 어떤 모습이었나요?

제가 탄핵 심판정 방청석에 있었는데 윤석열과 거리가 가까웠어요. 그래서 눈을 마주치기 위해서 계속 쳐다봤어요.

저는 윤석열 검찰총장이 공직자로서 매우 부적합하고, 대통령이 되어서는 안 되는 인물이라고 생각했어요. 본인도 그 사실을 알았을 텐데, 대통령 직무에 대해서 뭘 잘해보겠다는 게 아니고 대통령이 제일 높은 사람이니까 올라갔을 거거든요. 특수부 검사, 권력을 지향하는 검사 출신의 특성입니다.

본인도 대통령 직무를 잘 수행하지 못하리라는 걸 알았을 텐데 왜 대통령이 됐냐고, 왜 이런 파국을 만들고 국민들을 불행에 빠뜨렸냐고 묻고 싶었어요. 그런데 한 번도 눈을 안 마주쳤어요. 윤석열이란 사람이 원래 그래요. 자기가 껄끄러운 사람은 절대로 눈을 마주치지 않고 인정하지 않아요.

탄핵 심판 탄핵소추단으로 활동하면서는 제가 4년 전에 못다 한 윤석열에 대한 징계를 하는 거잖아요. 이번에 파면을 시킴으로써 이제야 비로소 징계를 마치는 느낌이 들었습니다.

정치 입문의 목적은 윤과의 싸움이었다. 탄핵 심판의 소추위원이 된 것도 '남은 싸움이 있다면 내가 할 수 있지 않을까'란 생각 때문이었다. 4년 전, 검사 박은정은 외로웠다. 고독한 싸움이었다. 시민사회도, 언론도 누구 하나 그의 목소리에 귀를 기울이지 않았다. 권력을 사유화하고 권한을 남용했던 검사 윤석열은 대통령이 돼서도 마찬가지였다. 그러나 이번에는 의원 박은정의 목소리에 힘이 실렸다.

같은 일이 반복되지 않으려면 어떤 점을 개선해야 할까요?

저는 '살아 있는 권력을 수사한다' '사람에게 충성하지 않는다' 이런 말을 하는 검사에게 동의하지 않습니다. 그것은 자신을 과장하는 말이에요. 꾸미는 말이죠. 검사에겐 그런 과장이나 자아 비대가 필요가 없어요. 검사는 그냥 평범하게 주어진 직무를 수행하고 공소장으로 말하면 됩니다. 공소장에 쓴 사실들에 대해서 입증하고 재판하고 처벌하면 그걸로 족해요. 거들먹거리면서 국민들의 영웅이 될 필요가 없습니다.

저는 국민들께서 또다른 국민적인 영웅이 될 검사가 나타날 것이라고 기대하지 않으셨으면 좋겠어요. 그런 영웅 검사는 나타나지 않습니다. 필요하지도 않고요. 그런 생각을 하는 순간, 윤석열 검사가 다시 돌아올 수 있습니다.

난의 꽃말은 '지조와 절개'다. 승진이나 영전과 같이 좋은 일이 있을 때 난을 보낸다. 사악한 것을 쫓아내고 맡은 직위에서 고고한 향기를 내며 주위 사람들을 덕화시키길 바라는 의미가 담겨 있다고 한다. 2025년 4월 11일, 박은정은 선물로 받았던 '축하 난'을 '파면 축하 난'으로 꾸며 SNS에 사진을 공개했다. 파란색 리본으로 꾸며진 난에는 "파면을 축하합니다. 국회의원 박은정"이라는 문구가 적혀 있었다. 약속을 지켰다. 이날은 윤석열이 헌법재판소의 파면 결정 일주일 만에 한남동 관저에서 퇴거한 날이었다.

저는 '살아 있는 권력을 수사한다' '사람에게 충성하지 않는다' 이런 말을 하는 검사에게 동의하지 않습니다. 그것은 자신을 과장하는 말이에요. 꾸미는 말이죠. 저는 국민들께서 또다른 국민적인 영웅이 될 검사가 나타날 것이라고 기대하지 않으셨으면 좋겠어요. 그런 영웅 검사는 나타나지 않습니다. 필요하지도 않고요.

그날 그곳에 있었던 시민의 목소리

김종혁(63세, 전 국민의힘 최고위원)
계엄 2년 전에 당시 여당 비대위원들이 대통령실에 가서 저녁을 먹은 적이 있어요. 그때 대통령이 술에 취해서 본인한테는 비상대권非常大權(국가비상사태나 위기상황에서 대통령이 비상조치를 취할 수 있는 권한)이 있다, 그리고 본인이 싹 쓸어버리겠다, 그런 얘기를 해서 정말 깜짝 놀랐거든요. '내가 총살을 당하는 일이 있어도 싹 쓸어버리겠다'라는 말이 기억나요.

백혜련(58세, 더불어민주당 국회의원, 전 검사)
지휘관들이나 사회 지도층이라는 사람들이 너무 무책임하고 비겁하다는 생각을 했습니다. 내란 국조특위에서도 장관과 지휘관들은 뻔뻔하게 답변을 거부하고 회피했지만, 중간관리자들이나 일선에 있던 사람들은 대체로 진술하고 증언했거든요.

김도영 (34세, 목수, 정의당 경기도당 노동위원장)
윤석열 정권에 의해서 우리 건설노동자들은 사실 계엄보다 엄청난 시대를 1~2년 겪었거든요. 고용 한파도 있었고, 임금체불도 있었고, 그리고 단협을 준수하지 않는 사용자들의 태도가 분명히 존재했기 때문에 그동안 억누르고 참았던 감정들이 계엄이라는 얘기를 들었을 때 한 번에 터지는 느낌이 들었습니다.

그날 국회 앞에 자녀를 데리고 온 분을 보고 위대하다는 생각이 들었어요. 고등학생인지 대학생인지 좀 어려 보이는 여성분들도 모자를 눌러쓰고 패딩을 입고 왔는데, 제가 건설현장에서 일하다보니 항상 가방에 핫팩이 있거든요. 그분들에게 핫팩을 드리니까 "고맙습니다. 너무 추워요" 그러시더라고요. 중학생 정도로 보이는 학생들도 있길래 핫팩을 줬어요. 그날 저에게 가장 인상깊었던 것은 거기 계신 분들의 모습 전체였어요. 누가 강제로 시키지도 않았는데, 나라가 위기에 빠질 수도 있겠다는 생각 하나로 달려오신 분들이니까요.

김원이(57세, 더불어민주당 국회의원)
예전엔 해마다 12월이면 몸싸움, 농성이 벌어지던 동물 국회 시절이 있었습니다. 그때 그 경험을 가진 보좌관들이 어느 구역을 막아야 상대방이 침탈하는 것을 막을 수 있는지를 너무 잘 알고 있죠. 그래서 그 시절을 기억하는 10년 차 이상을 소집했습니다.

류혁(57세, 전 법무부 감찰관)
'아빠 오늘 그만둬야겠다, 사표 내야겠다, 도저히 납득이 안 된다' 이렇게 얘기하고 옷을 챙겨입었거든요. 그랬더니 애가 걱정이 됐죠. "아빠, 처단한다는데요" 이러더라고요. 계엄포고령에 그런 내용이 있었잖아요. 웃으면서 그럴 일 없다고 하고 집을 나왔죠.

| 김예지 | 45세, 국민의힘 국회의원 |

그날 밤 시각장애인 국회의원은
담을 넘기 위해 틈을 찾아 헤맸다

김예지 의원은 시각장애인이다. 어렸을 적 시력을 잃었다. 피아노를 꾸준히 쳤다. 대학은 일반전형으로 시험을 쳤고, 학부에서 피아노를 전공했다. 언뜻 정치와는 접점이 없는 이력이었지만, 의회에 들어온 이후 누구보다 정치에 진심이었다. 정치 입문 당시 장애인의 의지를 언급한 이해찬 당시 민주당 대표를 향해 '선천적 장애인의 의지를 보여주겠다'며 직격했고, 전국장애인차별철폐연대 집회에 참석해서는 '오해와 혐오는 성숙한 반응이 아니다'라며 이준석을 겨냥했다. 2024년 12월 3일 국회로 향한 것도 지금까지 해왔던, 그다운 자연스러운 정치의 연장이었다.

당신과 당신 곁에 있는 분을 소개해주세요.

저는 국민의힘 국회의원 김예지이고, 1980년 12월 13일에 태어났습니다. 제 곁에 이렇게 엎드려서 잘 쉬고 있는 강아지는 저의 새로운 안내견이고, 이제 만난 지 2주밖에 되지 않았습니다. 이름은 태백입니다. '태백산맥' 할 때 태백이고요. 원래 안내견학교에서 이름 지어질 때는 자음 순서대로 그냥 짓기 때문에 큰 의미가 없었지만, 저와 만나고 우리나라를 위해 큰일을 하자는 뜻에서 클 태太에 넋 백魄이라는 한자 이름으로 의미를 부여해주면서 같이 힘차게 일을 시작했습니다. 태백이는 혈기왕성한 두 살입니다. 그래서 사람을 아주 좋아하는데, 국회에는 많은 기자분들도 계시고, 또 외부에서 많은 손님들이 오세요. 그 분위기를 너무 좋아하지만 태백이가 자제해야만 하는 부분도 있어서, 제가 조금 긴장하고 있는 상황이에요. 한 달 좀 넘으면 지금보다 훨씬 많이 적응할 것 같습니다.

비상계엄 선포는 어떤 경로로 알게 되었습니까?

저희 직원들이 같이 모여 있는 카카오톡 단톡방이 있습니다. 직원 한 명이 관련 기사를 올렸어요. 처음에는 가짜뉴스인가? 믿기지 않았죠. 그때 TV를 틀었더니 음성이 들리더라고요. 대통령이 직접 계엄을 선포하는 그 음성을 들었습니다. 그래서 저희 직원이 올린 기사가 어디서 잘못 날아온 오보가 아니라 진짜구나, 깨달았습니다. 사실 흔히 들을 수 있는 단어는 아니지 않습니까? 비상계엄이라는 단어는 제가 태어나서 생각이라는 것을 하기 시작한 이후 역사책이나 영화에서 말고는 실제로 처음 들어본 말이었기 때문에 굉장히 긴장되었고 실화인가, 이런 의문이 들었죠.

비상계엄 선포는 전 국민이 즉시 알아야 하는 정보잖아요. 당시 이 정보에 대한 접근성은 어떠했다고 생각하나요?

저는 안 보이기 때문에 우선 소리로만 접했는데, 대통령이 비상계엄을 선포하는 내용을 듣고서 '재난인가? 아니면 전시 상황인가?' 그런 생각을 먼저 했던 것 같고요. 저는 일단 음성으로 들을 수 있었지만, 나중에 비상계엄이 해제되고 민원을 하나 받았습니다. 청각장애인이었는데, '비상계엄 상황을 전하는 뉴스에 수어 통역도 없고 문자도 없고 아무런 정보를 받을 수가 없었다'고 하시더라고요. 그게 사실 입 모양만 보고 판단하기는 굉장히 어려운 내용이잖아요. 그렇다보니까 계엄 소식이 전해지는 그 순간 저들의 알권리가 이미 없어졌다는 것을 알게 되었습니다.

재난안전기본법이라는 것이 있습니다. 재난안전기본법에서는 어린이, 노약자, 장애인을 정보 취약 계층으로 보고 있습니다. 재난 취약 계층으로도 보고 있고요. 그래서 국가적 재난이 발생했을 때 그분들이 마땅히 알 수 있게 해야 한다는 근거가 법조문 어딘가에 있는 것으로 기억하는데요. 우선은 그것이 안 지켜졌다, 계엄의 옳고 그름을 떠나 어떤 상황에서든 누구나 알아야 했던 아주 기본적인 정보였는데 그것이 모두에게 알려졌던 것은 아니다, 이 사실 하나만 봐도 우리가 개선해야 할 것이 아주 많다고 생각했습니다.

바로 동료 의원들하고 소통했을 것 같은데요. 기억에 남는 내용이 있나요?

그때는 저희 당내외 상황이 매우 긴박하게 돌아갔어요. 그래서 긴밀하게 소통을 하지는 못했어요. 저는 불안함을 느끼는 시민들의 민원을 많이 받고 있었어요. 특히 지체장애인분들이 만약 대피까지 해야 하는 비상 상황이라면, 대피에 대한 대책을 국가가 마련해주어야 하는 것 아니냐 이런 민원도 있었고요. 저 또한 처음 겪는 일이다보니 위로해 드리고 안심을 시켜드리기 위해 노력하면서도 저 나름대로의 불안함도 있었습니다.

집에서 바로 국회로 향하신 건가요?

맞습니다. 머리도 그냥 출근했다가 퇴근했던 그대로. (웃음) 언제 어떤 일이 일어날지 모르니까 간편하게 입고 나왔던 것 같습니다. 계엄 상황에서 우선 '현장'에 가야겠다는 생각이 먼저였고요. 비상계엄 해제를 국회에서 할 수 있는데, 저도 그 역할을 할 수 있는 일원이기 때문에 당연히 '일터'로 가야겠다 싶었죠.

사실 제가 조금 늦게 도착했는데요. 저는 그 밤에 이동하려면 장애인 복지콜이라고 부르는 장애인 콜택시를 불러야 하는데, 차량이 여의도에 접근할 수 있을지 없을지도 사실 미지수였어요. 게다가 복지콜은 일단 신청하고 나서 최소 한 시간에서 길게는 세 시간까지 기다려야 접수가 되거든요. 복지콜을 부르고 마냥 기다릴 수도 없었죠. 그래서 출퇴근을 도와주는 직원에게 전화했는데, 다행히 안 자고 그 상황을 인지하고 있었어요. 11시 30분경에 여의도에 도착했고, 다른 남자 직원 두 분이 국회 근처에서 합류해 총 4명이 팀을 이루어서 여러 가지를 도모했습니다.

국회 도착 이후에 어떤 시도들을 했나요?

우선은 들어갈 곳을 찾았습니다. 문자메시지니 텔레그램 방을 통해서 어떤 분들은 당사로 가고, 어떤 분들은 본회의장으로 들어갔다고 소식이 나뉘긴 했는데요. 어쨌든 계엄을 해제하기 위해서는 표결을 해야 할 것이고, 본회의장으로 가는 게 맞다는 생각을 했어요. 그래서 먼저 정문으로 갔고요. 이미 많은 시민들이 계엄 해제를 외치고 있어서,

그 사이로 들어가는 게 쉽지 않았어요. 양해를 구해가면서 정문 앞까지 가서 국회의원 출입증을 보여주면서 "저 지금 본회의장 가서 표결해야 합니다. 문을 열어주세요!"라고 요청했죠. 저는 열어주실 줄 알았거든요. 근데 굉장히 무모한 요청이었던 것 같습니다. 안 열어주시더라고요.

그러던 중에 다른 의원들이 담을 넘고 있다는 뉴스를 체크하고 있었기 때문에 어느 담이 좋을까 가보는데, 이미 경찰 병력이 담 근처로 접근하는 것을 막기 시작했어요. 그래서 난감해하다가 본회의장에 있는 의원하고 통화했습니다. 그때 한동훈 대표님이 '지금 상황이 어떻게 될지도 모르고, 앞이 안 보이는데 담을 넘어 내려오는 건 굉장한 위험 부담이 있으니 일단 그 밖에 있는 것이 좋겠다'고 하셨어요. 물론 그후로도 저는 사실 틈이 있으면 어떻게든 넘어가보려고 포기하지 않고 직원들과 계속 국회 담 둘레를 쭉 걸었어요. 하지만 경찰 차벽도 있었고, 병력이 지키고 있었고, 그게 아니면 너무 높아서 아예 기어오를 수조차 없는 담이라서 좌절했습니다.

의원님을 가로막은 담 앞에서 좌절감과 함께 또 어떤 생각이 들었나요?

제가 강조하는 말 중에 '배리어프리barrier-free'가 있습니다. 장애물과 장벽이 없다는 뜻인데요. 장애인들은 기본권을 누리며 살아갈 수 있는 환경이 사회에 제대로 안 갖추어져 있다보니 일상에서 넘어야 할 장벽들이 많아요. 일을 하거나 하다못해 집 밖에 나가서 무언가를 사오는 아주 간단한 일상에서부터 장벽이 있죠. 저는 '배리어프리'한 사회를 만들기 위해서 내가 국회에 와서 일하고 있다고 믿으며 살고 있던 사람이기 때문에, 그 순간 깨달았어요.

'이 장벽이 어떤 사회적, 심리적 장벽이 아니라 진짜 벽이었구

저는 '배리어프리'한 사회를 만들기 위해서 내가 국회에 와서 일하고 있다고 믿으며 살고 있던 사람이기 때문에, 그 순간 깨달았어요. '이 장벽이 어떤 사회적, 심리적 장벽이 아니라 진짜 벽이었구나! 이 배리어를 내가 넘지 못하는구나. 입법기관에 와서 배리어를 허물려고 하는 나조차도 이 국회의 벽을 넘을 수 없어서 계엄 해제 요구안 표결에 참여하지 못하는구나……'

김예지_ 국민의힘 국회의원

나! 이 배리어를 내가 넘지 못하는구나. 입법기관에 와서 배리어를 허물려고 하는 나조차도 이 국회의 벽을 넘을 수 없어서 계엄 해제 요구안 표결에 참여하지 못하는구나……' 이런 좌절감과 함께 '그래서 더 힘써야겠구나. 이렇게 벽 앞에서 그대로 좌절하지 말고, 또다른 사회의 배리어들과 맞서는 동료, 후배들을 위해서 내가 더 싸워야겠구나!'라는 생각을 굳힌 계기가 됐죠.

> 김예지는 그날 그곳에서 헬기 소리를 들었다고 했다. 공항에서 비행기 소리를 듣는 것 같은 굉음으로 기억하고 있었다. 앞이 보이지 않았기 때문에 소리에서 오는 공포는 다른 이들과 분명 달랐을 터다. 다행히 유튜브를 통해 실시간으로 올라오는 상황 속보가 헬기 소리를 설명해주면서 불안을 약간이나마 덜 수 있었다.

오랜 시간 포기하지 않고 계속해서 국회 진입을 시도했던 것 같은데요. 몇시까지 있었나요?

새벽 3시 넘어서 계엄이 해제되는 걸 확인했습니다. 대통령께서 '해제합니다'라는 이야기를 해야 완벽하게 끝나는 절차였는데, 그게 언제일지 모르는 상황에서 불안한 마음으로 집에는 못 가고, 국회 근처 차 안에서 밤을 새우다가 대통령 이야기를 듣고, 그때야 집에 갔습니다. 집에 가서 씻고 다시 나왔어요.

다음날 국민의힘 당사 분위기는 어땠나요?

다들 긴장한 상태였고, 어떻게 이런 일이 있을 수 있는가 당혹감 속에서 정말 정신이 없었어요. 그 와중에 저는 장애인분들의 민원을 듣고, 내가 이것을 어떻게 해결해야 하는가 고민을 많이 했던 날이었습니다. 안타까운 것은 12월 3일 비상계엄이 있던 그날은 UN이 정한 세계 장애인의 날이었습니다. 아이러니하죠. 장애인의 날이었는데, 그날 장애인들은 모두가 다 알아야 했던 비상계엄 선포를 몰랐던 거죠. 그래서 다른 나라의 재난 상황에는 어떻게 알림을 전하는지 알아보고, 어떤 방안이 필요할지 찾아봤어요. 이미 저희가 가지고 있는 시스템으로 할 수 있는 부분은 많습니다. 예를 들어 뉴스나 기상예보를 보면 중요한 실황 중계나 국가 행사 도중에 계속해서 수어로 생방송 중계를 합니다. 그렇기 때문에 시스템이 아예 없진 않았지만, 다만 준비가 안 되었다는 걸 알게 되었어요. 법안의 근거를 마련해야 하는가 하는 고민을 지금도 하고 있습니다.

12월 4일 SNS에 국민들께 사과하는 취지의 글을 올린 것이 화제였습니다.

그때 많은 의원님들이 담을 넘어서 들어가셨습니다. 시각장애인으로서 장벽에 부딪혔지만, 저는 결국 계엄 해제 표결의 의무가 있는 국회의원으로서의 역할을 다 하지 못했다는 사실에 굉장히 죄송한 마음이 들었습니다.

또하나, 저는 늘 '배리어프리'한 사회를 만들어가자고 외쳐왔습니다. 그것을 위해서 열심히 의정 활동을 한다고 자부해왔고 앞으로도 그러겠다는 약속을 드리지만, 정작 제가 그 장벽으로 인해서 제 역할을 하지 못했다는 사실에 회의감이 들어서 SNS로 짧은 글을 올렸습니다. 저는 휠체어를 사용하지 않지만, 만약 국회에 휠체어를 사용하시는 의원님이 있고 그날 밤 담을 넘으려 했다면 어떻게 넘을 수 있었을까, 하는 의문도 제 글을 보고 인식하게 되었다는 말씀도 하시더라고요.

12월 7일 국민의힘 의총에서 김예지 의원은 탄핵 반대 당론에 대해 반대 발언을 했다. "저는 죄송하게도 당론을 따르기가 힘들 것 같습니다. 이것은 정말 당에서 어떤 조치를 하셔도 다 달게 받겠다는 마음으로 드리는 말씀입니다"라는 짧은 발언이었다. 계엄은 잘못되었다는 그날의 판단을 도저히 접을 수 없었다고 했다. 김예지 의원에게 보수정치란 무엇이냐고 물었다. 그는 보수는 '지키는 것'이라고 답했다. 다만, 특정 누군가를 지키는 것이 아니라 모두의 기본적인 권리를 지키는 것이 보수라고 했다. 그 답을 듣고 나서야 그가 보였던 그날의 행적이, 탄핵 표결에 안내견의 안내를 받으며 입장하던 모습이 이해되기 시작했다.

이원종

59세, 배우

그날 이후 『살아남은 자의 슬픔』을 거듭 읽는 배우의 고백

『살아남은 자의 슬픔Ich, der Überlebende』, 그의 책꽂이 맨 앞에는 이 시집이 꽂혀 있다. 그는 '12.3 이후에 가장 많이 읽은 시'라고 소개했다. 독일어 원제의 직역은 '나, 살아남은 자'. 20세기 서양 연극사를 대표하는 독일 희곡작가이자 연출가였던 베르톨트 브레히트는 두 차례의 세계대전에서 살아남았기에 오늘날 수많은 작품을 남길 수 있었다. 동독에 정착한 사회주의자였던 까닭에 우리나라에선 1989년까지 금서였다. 서정시를 쓰기 어려운 시대를 살았던 브레히트의 시를 이원종은 왜 읽고 또 읽는 걸까?

12월 3일은 어떤 날이었나요?

그날 제 기억에 눈과 진눈깨비가 날렸어요. 낮에 촬영을 했습니다. 매주 화요일은 tvN 〈웰컴투 불로촌〉이라고 제가 농사짓고 사는 일상을 소박하게 담아내는 프로가 있었는데, 그 프로그램을 마치고 날씨가 안 좋다고 좀 투덜투덜했던 기억이 나고요. 그리고 늘 하던 대로 담당PD랑 같이 상암동 일대에 있는 간단한 소줏집 맥줏집 이런 데서 술 한잔을 했죠. 평소에는 집에 들어가면 10시, 11시 보통 이렇게 되는데 그날은 좀 일찍 들어갔어요. 한 9시에서 9시 반 사이 집에 도착했고요. 그러고는 유튜브를 보고 있었어요. 이것저것 보다가 제가 가끔 보는 이동형 작가의 〈이이제이〉 영상 몇 개를 챙겨 볼까 해서 보고 있었죠. 약간 졸리기도 하고 그랬어요. 그러다가 갑자기 생방송을 한다고 알림이 뜨더라고요. 클릭해봤더니 '내란이, 계엄이 터졌다'는 거예요. '얘들 무슨 코미디를 하나?' 싶어서, 거실에서 TV를 보고 있던 아내한테 "계엄령이 났다는데 맞아?" 그랬더니 "조용히 해봐" 그러더라고요. 굉장히 심각한 목소리였어요.

비상계엄 선포 장면을 직접 본 다음에야 상황을 인식하게 됐나요?

무슨 일이 일어나긴 났구나, 싶었습니다. 그때 가장 빠르게 든 생각이 KBS나 MBC, SBS 이런 공중파 뉴스를 이젠 믿을 수 없겠다는 것이었어요. 왜냐하면 계엄이 선포됐던 1980년에도 그러지 않았어요? 아무 일도 없는 것 같았잖아요, 다른 지역에서는. 그러니까 공중파에서 내보내는 것은 지금부터는 다 가짜일 것이라고 가정했어요. 그래서 CNN도 찾아보고요. BBC도 찾아봤죠. 모두 속보로 전하고 있었어요. 이게 사실이라고? 등골이 오싹했죠. 그러다가 다시 정보를 얻기 위해서 〈이이제이〉 채널을 봤는데, '이재명 대표가 생중계를 한다. 그걸 보시라'고 권하더라고요. 그래서 그걸 틀어봤죠.

유튜브를 통해 본 이재명 대표의 모습은 어땠나요?

'국회로 와달라, 국민이 살려줘야 한다, 우리 힘으로는 역부족이

다' 이런 메시지들이 나오고 있었어요. 그래서 집사람한테 "국회로 오라는데?" 했더니 첫마디가 "너는 그 사람이 하라는 대로 다 하는 사람이야?" 그러더라고요. '당신이 거기 가서 뭘 하나. 개인의 힘으론 아무것도 할 수가 없다. 그리고 가정을, 가족을 지킬 생각부터 해야지. 이게 전쟁도 아니고, 지금부터 천천히 잘 생각해야 한다'고 했어요. 집사람한테 욕도 바가지로 먹었죠. '당신이 뭐라고 거기 가냐, 국회의원이냐 장관이냐. 당신 약간 과대망상이다!'

아내가 가지 말라고 만류했을 때, 어떤 생각이 들었나요?

일단 겁이 났어요. '아, 끌려갈 수도 있겠구나.' 지금 당장은 아니더라도 이제 배우 생활은 끝나겠구나 싶었고요. 왜 싸울 때 누가 말려주길 바라잖아요. 속으로는 그랬던 것 같아요. 아내가 좀더 강하게 말려줬으면 하는 바람이 있었죠. 그래서 내심 이렇게 억지로 잡히는 것처럼 머물면서 아주 소극적으로 집에 현찰이 얼마나 있는지, 라면이나 이런 비상식량은 얼마나 있는지 천천히 체크해봤죠.

그러다가 국회로 향한 건 언제였나요?

딸들에게 잘 자라 하고 아빠도 좀 자야겠다고 방에 들어왔는데, '어떻게 되는 건가? 어떻게 해야 하나?' 이 생각뿐이었어요. 1시인가? 집사람을 보니까 자는지 안 자는시 정확하게 모르겠는데, 이제는 가도 되겠다 싶어가지고 돈을 챙겼어요. 두꺼운 파카를 입고 여의도로 출발했죠.

가족들 몰래 여의도로 향하게 됐는데, 택시를 탔나요?

술기운이 남아 있을 것 같아서 운전은 못 하겠고 택시를 타고 가기로 했습니다. 카카오택시를 부를까 하다가 '아, 지금부터는 어떤 기록도 남기면 안 되겠다'는 생각이 들어서 빈 차를 기다렸죠. 마포대교를 넘어서 2시쯤에 여의도에 들어간 것 같아요. KBS 본관이 익숙하니까 본관 정문 앞에 내렸죠. 가장 안전한 데가 그래도 방송국 정문 앞이 아닐까 하는 생각이 들어서 거기서 내린 거예요. 근데 그 시간 KBS 정문 앞엔 사람은 없었어요. 그래서 켄싱턴 호텔이 있는 방향으로 쭉 걸어갔어요. 이쪽에 지인들이 좀 있는데 전화해보니까 아무도 안 받아요. 지금 여기서부터는 제 부끄러운 과거인데, 솔직히 굉장히 겁났거든요. 국회 앞으로 못 가겠더라고요.

구체적으로 어떤 두려움을 느꼈나요?

'군인을 동원했다는 것은 그냥 무력으로 다 없애버리겠다는 거 아닌가? 어차피 그러려고 계엄을 선포한 거니까, 그러면 다 죽겠구나…… 일단 여의도에 있는 사람부터 죽는 거 아닌가?' 이런 생각이 들었어요. 제가 충청도 출신인데 충청도 말로 좀 뒤물렸죠. 앞으로 나서지 못하고 여의도 국회의사당 가까이 못 가겠더라고요. 200~300미터 거리를 계속 유지하면서 주변만 왔다갔다했던 것 같아요, 거의 한 시간 이상을. 그게 개인적으로 꽤 오랫동안 제가 가지고 있던 부끄러움입니다. 그날 다시 집에 들어온 것이 새벽 5시쯤이었던 것 같은데, 그사이 두세 시간 정도 여의도에 있었던 이원종을 바라보는 나는 대단히 부끄러웠어요, 스스로한테. 그 이후 남들한테 얘기도 못 하고 12월 3일에 대한 얘기는 입을 닫고 살았어요.

여의도에 간 것만으로도 용기 있는 일 아닐까요?

그건 아닌 것 같아요. 빗대자면 예전에 나라를 잃었을 때 만주 같은 데서 총 잡고 직접 독립운동한 투사 같은 분들이 그날 여의도에 모이신 분들이잖아요. 그날 국회 정문 앞 아니면 울타리에서 국회의원들이 담을 넘도록 밀어주신 분들, 가만있지 않고 나섰던 성정을 가지신 분들이 독립운동에 가담하는 거예요. 그런데 '나한테 총부리가 향했을 때 과연 나는 스스로의 양심을 지켜낼 수 있을까?'라는 질문을 던져보면 전 자신감이 없었어요. 그날 여의도에서 배회한 시간을 대입해보면 결코 긍정적인 답은 안 나오는 것 같아요.

「살아남은 자의 슬픔」이라는 시가 있어요. 시집 이름도 『살아남은 자의 슬픔』이에요. 제 책꽂이 맨 첫 칸에 꽂혀 있는데, 최근에도 가장 많이 본 시 중에 하나입니다. 우리가 살아남아서 슬프고 창피하고 면목이 안 서는 삶을 계속 살아가게 되는 건 아닐까? 계엄이 성공했더라면 아마 그런 삶을 살아가야 하는 사람들이 대다수겠죠. '살아남은 자의 슬픔'을 겪으면서 나머지 평생을 비굴하게 살아야 할지도 모른다는 생각을 했어요. 그러니 이제라도 나머지 삶을 좀 잘살아야겠다는 다짐과 함께요. 그런 거라도 해야 아이를 낳은 아빠로서 덜 창피하지 않을까 싶네요. 아, 잠깐 멈출까요? ……미안합니다.

인터뷰 요청에 응하기까지 고민이 많았을 텐데, 용기를 낸 이유는 무엇인가요?

어차피 털어버리지는 못해요. 그런데 남기는 놓아야겠다는 생각이 들어요. 왜냐하면 기억은 시간이 갈수록 내 편의대로 조작되는 것 같아요. 그때는 그게 최선이었다고 나 스스로에게 여러 번 되뇌었던 기억이 나요. '여기 온 것만으로도 대단한 거 아니야?' 이렇게 막 포장하고. 또 이런 생각들이 점점 시간이 갈수록 나를 잠식할 수도 있다는 두려움이 있었어요. 이러다 1년 후쯤에는 내가 아마 적극 가담자로, 국회 앞에서 총부리를 부여잡고 누구 엉덩이를 밀어주고 했던 사람 중 한 명으로 변색될 수도 있어요. 그런 위험성을 느꼈어요. 그래서 인터뷰를 오케이하고 이 자리에서 부끄러운 모습을 보이기 위해서 왔습니다. 아이고, 이제 만회할 수 있는 어떤 기회가 조금이라도 있으면 만회하면서 살겠습니다.

> 2025년 1월 5일 이원종은 윤석열 전 대통령 탄핵 촉구 집회에 참석해 공개적으로 탄핵 지지 발언을 했다. 4월 29일 문화예술인 123인은 이재명 더불어민주당 대선 후보에 대해 공개적 지지를 선언했다. 이번에도 이원종은 맨 앞에 섰다. 지역 곳곳을 직접 뛰어다니며 후보 지지 유세를 펼쳤고 밤샘농성과 유튜브 방송에서도 선거운동을 도왔다. 왜 그렇게 열심히 하느냐는 질문에 그는 그날 그곳의 부끄러움을 감내하는 과정이라고 했다.

우리가 살아남아서 슬프고 창피하고 면목이 안 서는 삶을 계속 살아가게 되는 건 아닐까? 계엄이 성공했더라면 아마 그런 삶을 살아가야 하는 사람들이 대다수겠죠. '살아남은 자의 슬픔'을 겪으면서 나머지 평생을 비굴하게 살아야 할지도 모른다는 생각을 했어요. 그러니 이제라도 나머지 삶을 좀 잘살아야겠다는 다짐과 함께요. 아, 잠깐 멈출까요? ……미안합니다.

| **조국** | 60세, 전 조국혁신당 비상대책위원장 |

비상계엄 여섯 시간은 길다
윤석열 정권 3년은 너무 길다

두꺼운 얼음이 바다를 뒤덮었다. 꽁꽁 얼어붙어 길이 보이지 않을 때 새로운 길을 내는 배가 있다. 쇄빙선icebreaker. 2024년 2월 조국은 새 당을 만들면서 '검찰 독재 윤석열 정권'을 깨는 쇄빙선 역할을 하겠다고 선언했다. 그로부터 10개월 뒤, 얼음은 더욱 두꺼워졌고 아무런 길도 보이지 않는 그날이 왔다. 쇄빙선이 필요한 순간이었다.

일찍이 윤석열 대통령이 계엄을 할 것이라는 의혹을 제기한 이들이 있었지만, 당시에는 근거 없는 문제 제기라고 여겨졌습니다. 그럼에도 혹시 미심쩍다고 느낀 지점이 있으셨나요?

제가 이상하게 느낀 것은 두 가지 점이었는데요. 윤석열 대통령이 검찰총장 시절에 간부들과 술 마시면서 '내가 5.16 시기에 군인이었으면 쿠데타 일으켰다'고 호언장담을 한 적이 있습니다. 모두 경악했죠. 두번째는 국방위에서 김용현 국방부 장관과 문답을 하면서 느꼈습니다. 제가 매우 특이하게 생각했던 것은 김용현은 이전의 국방부 장관과 매우 다른 태도를 보입니다. 보통 의원들이 질문하면 장관들이 "죄송합니다"라거나 "받아들이겠습니다" "검토하겠습니다" 정도의 얘기를 하기 마련입니다. 김용현 장관은 질문하면 아주 공격적인 답변을 했어요. 그리고 의원들에게 역공을 했습니다. 그런 장관을 제가 본 적이 없었어요. 그래서 김용현 장관의 태도가 이상하다, 왜 이렇게 자신만만 기세등등할까 이런 생각을 갖고 있었어요. 윤석열과 김용현, 두 사람은 충암고등학교 선후배 아닙니까? 아주 긴밀한 관계인 걸로 알고 있는데요, 윤석열 대통령은 검찰총장 시절에 쿠데타를 일으키고 싶다는 얘기를 공공연히 했고, 고교 선배인 김용현을 국방부 장관에 앉혔던 거죠. 이 의미가 뭘까에 대해서 저와 국방위원들 모두 이상하게 생각하고 있었던 건 사실입니다.

비상계엄 소식을 듣자마자 가장 처음 한 행동은 무엇이었나요?

과거의 경험을 보면 계엄 후 보통 국회의원들 집 앞으로 군인들을 보내 체포했습니다. 그래서 저는 순간 집 바깥에 군인이 있나 없나를 확인했습니다. 체포하러 왔으면 다른 경로로 이동해야겠다 싶었으니까요. 군인이 온 게 아닌가 여러 번 확인했는데 1층에 군인이 없더라고요. 그래서 1층으로 가서 차를 타고 바로 여의도로 왔습니다. 제 배우자가 매우 두려워했어요. 제 배우자는 저랑 세대가 같으므로 군사계엄이라는 게 뭔지를 아는 거죠. 의원들은 대부분 잡혀가고 심지어는 유혈 사태가 벌어질 수도 있다는 생각이 드니까, 제 배우자는 깜짝 놀라서 두려움에 떠는 상태였고요. 저는 무조건 가야 한다 말하고 차 타고 달려왔죠.

국회로 들어오는 과정은 어렵지 않았나요?

정문은 봉쇄되어 있더라고요. 저희 보좌진들이 한쪽에 문이 열려 있다고 알려주길래 갔더니 경찰이 없었어요. 저는 담장을 넘지 않고 쪽문으로 들어올 수 있었습니다. 진입하자마자 여러 카메라가 있었고 제가 일단 입장부터 발표해야 할 것 같아서 '지금 이건 불법 쿠데타다. 그리고 위헌이다. 즉각 해제해야 하고 군인들은 여기에 동조해서는 안 된다. 그리고 시민들은 이곳으로 와달라' 이런 취지의 인터뷰를 하고 국회 건물로 들어갔죠. 저도 상당히 흥분해 있었습니다.

"비상계엄은 그 자체로 불법이고 범죄입니다. 조국혁신당은 이번 불법, 위헌적 계엄령 선포에 절대 동의하지 않을 것이며 끝까지 싸울 것입니다."

법률전문가 입장에서 본 계엄포고령, 어떻게 평가하시나요?

'이건 완전히 위헌이다, 불법이다'라는 것만 즉각적으로 알 수 있겠더라고요. 이건 말도 안 되는 얘기인 것이고, 저는 첫째 드는 생각이 '대통령이 미쳤구나, 제정신이 아니다'라는 것이었습니다. 대한민국에서 진보, 보수 대통령의 성향이 다를 수는 있잖아요. 그래도 아무리 보수 대통령이라 하더라도 21세기 대한민국에 이런 위헌적 포고령을 내린다? 국회 활동 정지, 이런 건 아예 말이 안 되는 거죠. 정상적인 법률가라면 생각조차 할 수 없는, 쓸 수 없는 포고령이었습니다.

창당 당시 '검찰 독재 윤석열 정권 타도'를 외쳤는데, 무엇이 가장 큰 문제라고 생각했나요?

그 사람은 자신이 가지고 있는 칼을 써서 상대를 찌르고 베고 자르는 것에만 충족감, 자기 만족감을 가지고 살아온 사람입니다. 대한민국 전체가 나아갈 방향에 대해 고민해본 적은 한 번도 없는 사람입니다. 박근혜 국정농단 수사를 통해서 스타가 된 건 사실이나 나라 전체에 대한 비전과 전망을 갖고 있었던 적이 없어요. 대통령이 되고 난 뒤에 그 사람의 비전이 사후적으로 등장하는데 그게 뭐냐면 뉴라이트, 극우, 친일 이런 거 아니겠습니까? 이건 이명박 박근혜보다도 더 간 거죠. 이건 국민들이 받아들일 수가 없는 거예요.

윤석열 김건희의 진심은 없습니다. 그들은 자신의 이익과 지위, 권력을 위해서라면 상대방이 듣고 싶은 말을 다 해줍니다, 진실과는 정반대의 얘기를. 그래서 노무현 대통령을 존경하는 사람에게는 '내가 진짜 노빠다'라고 얘기해놓고는 정반대의 입장에 서 있는 극우들에게는 '내가 극우야' 얘기하는 사람이에요. 실제로 문재인 정부 때는 자기야말로 '진짜 노빠, 노무현 지지자다'라고 온 데다 얘기하고 다녔습니다.

자신들의 이익과 지위, 권력 보장을 위해서는 180도 다른 말을 언제든지 한다, 그렇다면 그 사람 밑에 있는 근본이 뭘까? 본인의 이익과 권력과 욕망일 것이고, 그걸 위해 듣고 싶은 얘기만 듣는 거죠. 정상적인 사람이라면 그렇게 하지 않죠.

표결이 이뤄지기 전까지 국회 본회의장 분위기는 어땠나요?

군인들이 헬기 타고 내리고, 유리창 깨고 들어오고, 이런 상황이 다 느껴지고 소리도 들리고 또 보고도 오고 하니까 계엄 해제 결의를 빨리 진행해야 한다고 생각했어요. 해제 이후에도 군인들이 문을 따고 들어와서 연행하겠구나, 과거에 그랬기 때문에 연행할 수 있다는 생각이 들어서, 저는 잡혀갔을 때 어떻게 할까 이런 생각을 좀 했습니다. 일단 잡혀가면 보나마나 옷 벗기고 갈아입혀서 가진 거 다 뺏을 거거든요. 제가 갖고 있는 물품은 휴대폰을 비롯해서 어떻게 정리해야 할까 이런 생각을 했고요. 과거 계엄의 경험을 떠올려보면 가자마자 맞을 거기 때문에 각오를 잘해야겠구나, 마음의 각오를 해두자, 이 정도 생각을 갖고 있었어요.

과거의 경험이 영향을 미친 건가요?

제가 전두환 정권 시절에 대학교를 다녔어요. 그때는 계엄이 끝나고 전두환 정권이 들어선 상태였어요. 학교 앞에서 경찰서 끌려가면 일단 맞았거든요. 그 시대를 경험하지 못한 사람들은 이 상황이 약간 초현실적이라고 느낄 수 있을 텐데, 저는 그 시대를 겪었기 때문에 군인이 계엄을 하면 어떤 행동을 하는지 너무 잘 알고 있었어요. 군인들이 저를 끌고 가서 어떻게 할지, 또 제 가족들은 어떻게 될지…… 제 친구들, 지인들, 저와 통화했던 사람들까지 다 데리고 가겠죠. 군 시설에서 어떤 일이 벌어질지에 대해서는 5.18의 경험이 그대로 상기되었고, 저를 죽이지는 못하더라도 적어도 여러 이유를 들어 고문하고 특별재판부를 만들어 반혁명, 내란, 온갖 이름을 붙여가지고 중형을 살리겠구나 정도는 생각했습니다.

보좌진들과 당직자들이 밖에서 본회의장을 지켰는데, 어떤 생각이 들었나요?

너무 찡했죠. 제 보좌진 중 한 명과 비서진 한 명도 소화기를 뿌려가며 싸우는 걸 제가 나중에 영상을 통해서 봤어요. 의원들은 표결을

그 사람은 자신이 가지고 있는 칼을 써서 상대를 찌르고 베고 자르는 것에만 충족감, 자기 만족감을 가지고 살아온 사람입니다. 대한민국 전체가 나아갈 방향에 대해 고민해본 적은 한 번도 없는 사람입니다. 윤석열 김건희의 진심은 없습니다.

해야 하니 본회의장에 갇혀 있었는데 대신 국회 보좌진들이 계엄군과 맞선 것 아닙니까? 계엄군은 실제 총칼을 들고 왔잖아요. 만약 실제로 냅다 밀어붙이라고 상부에서 지시하고 그걸 집행했다면 사상자가 속출 했을 겁니다.

표결이 이뤄지기까지 상당한 시간이 필요했는데, 불안하지 않았나요?

저는 의장님께 '아무래도 정전시킬 것 같다'고 말씀드렸어요. 그러면 이 과정이 다 스톱되고 불도 꺼져버릴 거잖아요. 손을 들더라도 셀 수가 없게 된다 싶어서 절박했어요. 그래서 전자투표가 아니라 의원들이 직접 손을 들어서 의사를 표하는 거수투표를 하자고 말씀드렸어요, 불안했기 때문에. 여러 의원님들이 여러 방식으로 이렇게 외치셨는데요. 그런데 의장님께서 바깥 상황을 보고 판단하셨겠지만 통상적 정상 절차대로 하자고 판단하셨고, 그렇다면 군인들이 밀고 들어올 수가 있겠다는 각오까지 했어요. 밀고 들어올 때 고이 잡혀갈 거냐, 아니면 의자 같은 걸 옮겨가지고 바리케이드를 치고 저항할 거냐 이런 고민을 했죠.

국민의힘에서도 일부 의원들이 표결에 참여했는데, 그때 어떤 생각이 들었나요?

아주 감사했죠. 그분들이 없었더라면 수가 안 맞아서 해제가 안 됐을 거니까요. 사후에 알려졌지만 추경호 원내대표가 국민의힘 의원들 집결 장소를 계속 이동하지 않았습니까? 저는 이것에 대해 아주 분노하고 괘씸하다고 생각하는데요. 계엄 해제를 방해하려 했다고 저는 봅니다. 그런데 그런 와중에도 몇몇 국민의힘 의원들이 들어오셔서 해제 의결에 동참해주셨으니 저는 아주 감사한 마음이 듭니다.

비상계엄은 여섯 시간도 버티지 못했습니다. 왜 실패했을까요?

윤석열, 그 사람한테는 대한민국의 현상황에 대한 객관적 인지 능력이 없다고 봅니다. 검찰총장 때는 총장이 지시하면 모든 검사가 일사불란하게 움직였겠죠, 피라미드 조직이기 때문에. '내가 대통령이니까 장관 시켜서 계엄을 하게 되면 밑에 있는 군인들까지 착착착 움직여 진행될 거라고 믿었던 것 같아요, 머릿속 자체가 매우 권위주의적 사고로 찬 분이기 때문에. 하지만 군인을 포함하여 대한민국 국민은 그런 사람들이 아니에요. 윤석열은 상황 파악 능력이 없다는 점에서 대통령으로서의 능력이 없는 거예요. 그 능력이 없기 때문에 심지어 쿠데타할 능력도 안 되는 거죠. 그런데 자기는 된다고 생각했고, 일종의 망상 상태였을 거라고 봅니다.

> 그날 밤 비상계엄을 선언한 윤석열 전 대통령은 끝내 임기 5년을 채우지 못했다. 조국혁신당의 대표 슬로건은 "3년은 너무 길다"였다. 말하는 대로 이뤄진 걸까? 아니면 말을 했기 때문에 그렇게 된 걸까? 맞다. 3년은 너무 긴 시간이었다.

조국_ 전 조국혁신당 비상대책위원장

고민정	46세, 더불어민주당 국회의원
조기영	57세, 시인

시인은 비상계엄하의 '수거 대상'이 된 아내의 이름을 크게 불렀다

국회의원 고민정과 시인 조기영은 부부다. 그날 '비상계엄'이란 말을 듣자마자 조기영은 10년도 더 전에 썼던 자신의 소설 『달의 뒤편』 속 주인공이 떠올랐다. 권력이라는 이름의 무자비한 폭력 앞에 선 시헌과 은초가 마치 자신과 아내 민정의 이야기가 될까봐 두려웠다. 고문 장면을 쓰기 위해 수없이 많이 봐야 했던 자료들이 현실로 다가올 것만 같았다. 아내 혼자 현관문 밖으로 나서게 할 수는 없었다. 차 열쇠를 챙겼다.

12월 3일 그날로 돌아가볼게요. 그날 밤 어디서 뭘 하고 있었나요?

고민정_ 연말이라 지역구 사람들하고 송년회가 있었어요. 10시 조금 넘어서 집에 들어왔어요. 초등학교 5학년, 중학교 2학년 두 아이가 있는데, 오자마자 애들을 안아줬어요. 잠바를 벗고 침대에 걸터앉아서 잠깐 숨을 돌리고 있는데 보좌관한테서 전화가 왔어요. 보통 그 시간에 보좌관에게 전화가 오는 일은 거의 없어요. 그래서 이게 뭐지, 하고 전화를 받았는데 "의원님 지금 당장 국회로 가셔야 할 것 같습니다. 지금 계엄이라고 합니다" 이래요. 이게 말이 되냐, 어디서 봤냐, 그랬더니 뉴스에 나오는 걸 자기가 봤다는 거예요. 그래서 알았다 하고 일단 전화를 끊었죠. 그래도 내 눈으로 확인해야겠다 싶어서 바로 유튜브에 들어가서 '계엄'이라는 단어를 쳐서 봤더니 정말인 거예요! 그때도 '계엄에 준하는 정도의 어떤 발표를 했나보다' 이렇게 생각했지, 설마 계엄을 선포했을 거라고는 상상도 못 했어요. 그걸 보는 순간에도.

조기영_ 민정씨가 핸드폰을 들여다보면서 그랬죠. "윤석열이 계엄을 선포했대." 저의 첫마디는 "미쳤네"였어요. 그때 아이들이 자기들 방에 들어가더니 주섬주섬 책을 갖고 오는 거예요. 애들이 김대중 대통령, 노무현 대통령, 또 문재인 대통령까지 만화로 만들어진 책들을 읽었거든요. 아마 그 내용 중에서 '계엄'이라는 단어가 떠올랐던 모양이에요. 만화 〈WHO?〉 시리즈라고 거기서 본 것 같아요. 애들이 책을 막 뒤져보다가 엄마가 나가려고 하니까 "엄마 감옥 가는 거야?" 이러는 거예요. 저는 쿵 내려앉았는데, 민정씨는 달랐어요.

고민정_ "아휴 아니야" 이러고 나왔죠. '내가 잘못한 게 없는데, 내가 왜 감옥 가. 그런 일은 절대 없어. 우리나라는 민주주의 국가야' 이런 생각이 너무 강했기 때문에 아이들의 그런 말에도 별로 쿵 내려앉지는 않았어요. 그러니까 그 당시에는 우리 남편만 굉장히 위험한 순간으로 기억했던 것 같아요.

비상계엄에 대한 두 분의 반응이 많이 달랐는데, 왜 그랬다고 생각하

나요?

고민정_ 남편은 88학번이고 저는 98학번이에요. 그러다보니까 저한테 계엄은 마치 '한국전쟁'처럼 겪어보지 않았던, 글자로만 봤던 단어였거든요. 그래서 엄청난 일이 터진 것 같긴 한데, 그게 사람을 해하거나 우리 사회가 붕괴한다거나 그렇게까지 갈 거라고는 생각이 들지 않더라고요. 제가 남편처럼 계엄을 직접 경험하고 눈으로 봤더라면 그 두려움에 본능적으로 조금 멈칫하지 않았을까요? 그런데 그때 저는 아무 감각이 없었기 때문에 무조건 일단 국회를 가야겠다, 그리고 본회의장에 일단 앉아야겠다는 생각밖에 없었어요.

조기영_ 민정씨가 밖으로 나가는 순간에도 저는 혹시 문 앞에 계엄군이 있을까 이런 생각을 먼저 했거든요. 살짝 문을 열어보니까 없는 거예요. 아직 오지 않았구나, 그러면서도 같이 엘리베이터를 타고 내려갈 때도 혹시 동 앞에 있을까 걱정했어요. 그런데 동에 나갔는데도 조용한 거예요. 아직 여기까지는 안 왔구나 싶었죠.

여의도에 도착하기까지 어려움은 없었나요?

고민정_ 차를 타고 강변북로를 쭉 달리는데 차가 막히는 거예요. 그래서 저는 공사를 하나, 아니면 사고가 났나 생각하는데, 남편은 그걸 다르게 해석했더라고요.

조기영_ 저는 '아, 벌써 교통 통제를 시작했구나' 이렇게 받아들였어요. 큰일났네, 싶어서 강변북로에서 빠져나갈 길이 없을까봐 걱정했죠. 조금 있으니까 슬슬 풀리기 시작하더라고요. 지나가면서 보니까 공사중이었어요. 그렇게 오만 상상을 다 하면서 여의도에 왔는데, 차들이 많아지면서 다시 막히더라고요.

그때 민정씨가 갑자기 여기서 내려달라는 거예요. 민정씨가 문 열고 내리는데 제가 이 친구를 다시 못 볼 수도 있다는 생각을 했어요. 그래가지고 불렀어요. "고민정!" 불렀는데 안 보더라고요. 제가 두번째로 "고민정!" 좀더 크게 불렀어요. 근데 밖이 시끄러워서인지 못 듣고 막 가더라고요. 저는 다시 못 볼 수도 있다는 생각이 드니까 한번 안아주고 싶었어요. 그래서 불렀는데 못 듣고 그냥, 뒤도 한 번 안 돌아보고 가더라고요. 그래서 나중에 제가 그랬거든요. "영화 한번 찍을 수 있었는데. 안아줬더라면 멋진 장면이 될 수 있었을 텐데" 그런 얘기를 농담처럼 했어요.

> 오랜만이었다. '친구' '애들 엄마' '민정씨'라고 불렀지, '고!민!정!'이란 석 자를 조기영이 그렇게 크게 외친 적은. 하지만 고민정은 끝내 뒤도 돌아보지 않고 군중 속으로 사라졌다. 그날 그곳에서 고민정은 아내도, 아이들의 엄마도 아닌, 국회의원이 먼저였다. 뒤를 돌아볼 낭만은 소설이나 영화 속에서나 가능한 일이었다.

남편이 크게 이름을 불렀는데 안 들렸나요?

고민정_ 마음이 급했죠. 국회 안으로 들어가야겠다는 마음밖에는 없었어요. 신호등 앞에 대기하고 있는 그 1초도 너무 아깝고 답답했어요. 그래서 그냥 "나 여기서 내릴게" 하고 뒤도 안 돌아보고 내려서 정문으로 뛰어갔죠. 며칠 지나고 나서야 남편한테 이 얘기를 듣는데 울컥하더라고요.

나중에 '노상원(비상계엄의 설계자로 의심받는 전 국군정보사령관)

수첩' 안에 '수거 대상'으로 제 이름이 올라가 있었어요. 남편이 쓴 소설 중에 고문 장면이 나오는데 그 장면을 쓰기 위해서 굉장히 많은 고문 관련 자료들을 봤을 거 아니에요. 그러니까 남편은 나보다도 훨씬 더 생생하게 상상이 됐겠죠. 하지만 전 그 당시에는 아무렇지 않았어요. 생기발랄하게 국회로 향했던 98학번의 한 여성 의원이었던 거죠. 이후에 '수거 대상'으로 제 이름이 올라가 있고 고문 도구들이 실제로 등장하고, 우리를 가둬놓으려고 했던 장소가 나중에 밝혀지고 나니까, 그 일련의 과정들이 드러난 다음에야 비로소 현실감이 오더라고요.

국회 앞에서 아내를 내려준 다음, 곧바로 집으로 갔나요?

조기영_ 국회도서관 앞쪽에서 민정씨를 내려주고 정문 앞을 지나 수소 충전소까지 왔어요. 일단 그 앞에 차를 세웠어요, 비상등을 켜고. '내가 여기서 내려서 저 군중 속으로 갈 것이냐, 아니면 아이들이 있는 집으로 갈 것이냐' 순간 고민했어요. 이 친구는 정치인이고 정치하는 사람은 나라를 지켜야 하고, 저는 주부니까 가정을 지키는 게 맞는 것 같다는 생각이 들었죠. 그런데 바로 떠날 수가 없더라고요. 그래서 차를 타고 국회를 한 바퀴 뺑 돌았어요. 그 무렵에 민정씨하고 통화를 했어요. 국회 안으로 무사히 들어갔다는 거예요. '아, 들어갔으면 됐다. 나는 이제 확실히 집으로 가야겠다'고 마음먹었죠.

제 친구가 그러더라고요. '직업이라는 건 계란껍데기와 같은 건데, 계란껍데기는 계란을 보호하기 위해서 있는 것이다. 민정씨는 정치인이니까 나라를 보호하면 되고, 너는 주부니까 가정을, 아이들을 보호하면 된다.' 그래도 아이들이 고아가 되는 건 좀 그렇지, 하면서 집으로 향했어요.

민정씨하고 통화를 했어요. 국회 안으로 무사히 들어갔다는 거예요. '아, 들어갔으면 됐다. 나는 이제 확실히 집으로 가야겠다'고 마음먹었죠. 제 친구가 그러더라고요. '직업이라는 건 계란껍데기와 같은 건데, 계란껍데기는 계란을 보호하기 위해서 있는 것이다. 민정씨는 정치인이니까 나라를 보호하면 되고, 너는 주부니까 가정을, 아이들을 보호하면 된다.' 그래도 아이들이 고아가 되는 건 좀 그렇지, 하면서 집으로 향했어요.

차에서 내려 횡단보도를 건넌 다음 국회 정문으로 향했는데, 정문에서 경찰이 막지 않았나요?

고민정_ 국회의원증을 내밀고 '내가 국회의원이니까 들어가겠다'고 했어요. 그 당시가 경찰 내부 혼선으로 문이 잠깐 열렸던 때였거든요. 그래서 들어갔어요. 근데 본청 잔디밭으로 이렇게 쭉 갔을 때 굉장히 고요했어요. 약간 기괴할 정도로요. 깜깜한 한밤중에 거대한 국회 건물이 덩그러니 서 있는데, 바깥은 지옥 같고…… 그 고요한 암흑 속을 뚫고 혼자 뛰어가는데 기괴했어요. 그러고 나서 본청 앞으로 들어가니까 그때부터는 이제 보좌진들도 좀 보이고 의원들도 보이더라고요. 거기서부터는 밖에 나가면 혹시나 어떻게 될까 싶어서 어떻게든 정족수를 채워야 하니까 화장실도 안 가고 계속 그 안에만 있었어요.

국회라는 공간은 의결하는 행위가 생명과도 같은 곳이거든요. 그러려면 의원이 제자리에 앉아 있어야 입법기관으로서 모든 게 작동해요. 300명이 다 오지는 않을 테니 최소한 우리 민주당 의원들만이라도 표를 지켜야 한다는 생각에 밖에 아예 안 나갔어요.

본회의장에서 가족들과 연락을 취했나요?

고민정_ 본회의장 안으로 들어가고 나서는 도청될 수 있다고 해서 전화나 문자도 자제했어요. 우리 의원들끼리 집단지성이 작동한 거죠. 하지 말자. 어쨌든 우리의 최종 목표는 의결이다.

집권여당인 국민의힘 의원들이 소수지만 들어왔잖아요. 그때 무슨 생각이 들었나요?

고민정_ 너무 반가웠죠. 너무 고마웠고. 그래서 들어오시는 국민의힘 의원님들을 향해 우리가 막 박수 쳐줬거든요. 게다가 친한 의원들도 많았으니까요. 텔레비전을 보면 여야가 맨날 싸우는 것 같지만, 실제로는 친하게 형 동생 하면서 지내기도 해요. 그래서 국민의힘 의원님들 오시면 다들 가서 얼싸안아주기도 하고 진짜 고생했다 하고 그랬죠. 물론, 답답한 측면은 있었어요. 다른 의원들은 다 어디 갔나. 국민의힘과 정부는 같은 편이니까 이미 다 얘기가 돼 있는 건가. 그래서 우리를 가둬놓고 이 안에서 우리를 어떻게 하려는 건 아닐까. 다수의 국민의힘 의원들이 안 들어오시니까 그런 두려움이 또 들더라고요.

본회의장 안에 있을 때 가장 긴장된 순간은 언제였나요?

고민정_ 그 안에 있을 때 바깥에서 막 쿵쾅 소리도 나고 그랬어요. 그때는 '아, 우리가 결국은 잡혀가겠구나. 그래도 그 직전까지 할 수 있는 모든 것을 다 해보고 후회하지는 말자' 그 생각만 했어요. 그리고 무슨 상상까지 했냐면 군인이 들어와서 총을 쏜다면 나는 어디에 숨어야 하나 살폈죠. 책상 밑이 있긴 하지만 그 위에서 보면 다 보이거든요. 그러면 차라리 2층 난간 밑에 있으면 총에 안 맞을 수 있겠다 하는 생각도 했어요. 저뿐만 아니라 많은 의원들이 그런 이야기들을 서로 나눴는데요. 그렇게 막 많이 무겁지만도 않은 대화 있잖아요, 이제 우리의 운명은 정해져 있는 것만 같고, 그럴 때 나누는 아주 편안한 대화. 그런 감정 속에서 이야기를 나누었어요.

시인님은 집에 돌아가서 상황을 계속해서 지켜보고 계셨겠죠?

조기영_ 집에 들어가니 아이들이 안 자고 있더라고요, 그때까지. 유튜브에서 봤는지 "주진우 아저씨가 엄마 안아줬어" 이런 얘기까지

하고요. 그리고 해제 결의안이 의결됐을 때는 어떤 영화의 절정, 클라이맥스를 보는 느낌이 들었어요, 가슴이 꽉 조여지면서. 그 의사봉을 탕탕탕 두드릴 때 비로소 긴장감이 해소되는 그런 느낌이 들었죠. 저는 그날 민정씨한테 제일 고마웠던 건, 계엄 선포된 그 순간부터 국회의원이니 당장 국회로 가야 하잖아요. 민정씨가 도망갈 생각도 않고 아무 거리낌 없이 바로 가준 거에 대해서 고마운 감정이 좀 있었고.

고민정_ 남편으로서는 좀 아닌 거 아닌가요? (웃음)

조기영_ 그렇지. 양심에 찔리니까 그 얘기를 못 하는 거야. 민정씨가 안 간다고 하면 내가 설득해야 하는데 그 상황도 좀 웃기고. 의원으로서 당연히 가야 하는데, 사실 양가적 감정이 좀 있었어요. 이 길이 어떤 길인지를 아니까 말하기도 조심스럽고, 하지만 본인이 두려움을 느끼면 안 간다고 할 수도 있는 일이란 생각도 들고. 그런 여러 상황들이 있었기 때문에 가슴을 졸이면서 지켜봤죠.

고민정_ 그래서 나중에 다 끝나고 집에서 이 얘기를 쭉 듣고 나니까 엄청 서운하더라고요. 아니, 내가 잡혀갈 것 같은 느낌이 들어서 '고민정'을 불렀으면 차를 거기다 그냥 대고 나를 쫓아왔어야지, 못 들어가게! 그래서 제가 "나라가 먼저였구나!" 그랬어요.

마지막으로 하고 싶은 말이 있을까요?

조기영_ 뭐 다른 거 없습니다. 그냥 우리를 사랑하게 해주세요. 사람들은 잘 모르지만 저는 제 꿈을 다 이룬 사람입니다. 일생의 멋진 사랑을 한번 해봐야겠다 하는 꿈을 이루었고, 시 쓰며 살겠다는 꿈도 이루었고요. 그 꿈을 이루어준 사람이 실질적으로 고민정이라는 사람이기 때문에, 나머지 인생은 고민정을 위해서 살아야겠다, 이런 마음이 있습니다. 남들은 웃을지 모르겠지만 그렇게 살고 있습니다.

고민정_ 고생했어요. (웃음)

> 아이들이 고아가 될까봐 서둘러 집으로 향했던 조기영. 다행히 그런 위험천만한 일은 일어나지 않았다. 시민들이 국회를 지켰고, 의원들이 의회를 지켰기 때문이었다. 다시 낭만이 돌아왔다.

그날 그곳에 있었던 시민의 목소리

최미정(55세, 고민정 국회의원실 비서관)
국회 보좌관이었는데, 국회 담을 넘어서 들어간다는 것은 이전엔 상상조차 해본 적 없었죠. 담벼락을 넘어 들어가는 건 불법을 자행하는 것과 같은데, 그날 밤엔 그렇게 할 수밖에 없었어요.

한준호(51세, 더불어민주당 국회의원)
의원실로 이재명 대표를 모시고 왔습니다. 들어오는 문을 집기로 막고, 블라인드를 내리고, 불을 모두 껐죠. 그리고 휴대폰의 불빛에 의지해서 대표님과 수행실장, 비서실장이 모여서 상황을 논의했어요. 가끔씩 꿈에 나타날 정도로 그 장면이 잊히지가 않습니다.

이대선(32세, 국제앰네스티 활동가)
2024년 12월 3일이 날씨가 되게 좋았어요. 오후에 청계천 산책도 하고 그랬는데, 국가폭력이나 우리의 모든 삶을 송두리째 망가뜨릴 수 있는 사건은 단 몇 시간, 몇 분, 몇 초 만에 일어날 수도 있다는 생각을 항상 마음속에 갖게 됐습니다. 비상계엄의 트라우마죠.

이해민(52세, 조국혁신당 국회의원, 전 구글 프로덕트 매니저)
내일 아침에 눈을 떴을 때 군인들이 통치하는 사회가 될 수도 있는 거잖아요. 마음은 너무 급하고, 아직 국회 의결 정족수 150명은 찬 것 같지 않고, 그래서 배낭을 들고 차에서 내려 뛰기 시작했죠. 제가 찻길에서 냅다 뛰어내려서 놀랐을 비서관한테 나중에 미안하더라고요.

정희정(39세, 이해민 국회의원실 수석보좌관)
본회의장 안의 상황이 궁금해서 바리케이드 사이 유리창으로 계속 보고 있었죠. 입 모양만 뻥긋거리며 인사를 나눴던 그 상황이 뭔가 애틋하네요. 밖의 상황을 너무 낱낱이 계속 말씀드려서 긴장감이 점점 더 올라갔을 터라 죄송하기도 했는데요. '그래도 아셔야 해요'라는 마음이 있었죠.

황육익(53세, 국회방송 뉴미디어영상과 계장)
저희가 놓치면 기록에서 사라지는 것이기 때문에 그냥 몸이 움직였던 것 같아요. 뭔가 생각하고 고민해서 내린 결정이 아니라 경험의 축적 같은 거죠. 그날 밤 국회방송의 존재 이유를 입증하고, 국민의 알권리를 보장했던 부분에 대해 다행이라고 생각합니다.

| 안규백 | 64세, 국방부 장관 |

그날 밤 비상계엄 최우선 체포조
제보 전화가 걸려왔다

국회의원을 하는 동안 거의 전부를 국방위에서 활동했다. 국방위에는 주로 별들이 출석한다. 투스타 쓰리스타가 흔했다. 하지만 안규백은 그들을 보좌하며 따라온 영관급, 위관급 젊은 장교들을 살뜰히 챙겼다. 국방위라는 하나의 상임위에 오래 있었기 때문에 가능한 일이기도 했다. 비상계엄이 있던 그날 밤, 안규백은 한 통의 전화를 받았다. 그가 오래 상대했던 별들에게 걸려온 전화는 아니었다.

당신은 누구십니까?

저는 국방부 장관 안규백입니다. 5선 국회의원이고 주로 국방위원회 활동에 전념했습니다. 그리고 이재명 정부 출범 이후 64년 만에 문민 국방장관으로 취임해서 지금 열심히 일하고 있습니다.

비상계엄이 있던 날, 국회로 향하셨지요. 도착 후 바로 국회로 진입했

나요?

아니요. 국회 앞에 도착했는데, 발신자 제한 번호로 걸려온 전화가 한두 번도 아니고 네 번에 걸쳐서 연속으로 오더라고요. 삼 분, 삼 분, 오 분 간격으로 오는 것을 보고 이건 필시 무슨 일이 있는 것 같다 싶어서 전화를 받았죠. "사람 없는 데서 확인하십시오"라고 하더라고요. 그때 국회 앞에는 구름처럼 인파가 몰려들었던 때입니다. 발 디딜 틈도 없었어요. 저는 국회 앞에서 약간 떨어진 여의도공원으로 가서 휴대폰을 꺼내들고 보내준 메시지를 확인해봤습니다.

'최우선 체포조: 이재명 대표, 우원식 의장, 한동훈 국민의힘 대표' 이렇게 세 분과 또 '체포조: 조국, 정청래, 박찬대, 김어준'이 있더라고요. 처음엔 장난인가 싶었습니다. 김어준까지 체포라니요. 하지만 그 다음에 김명수 이런 분들의 명단이 있길래, 내용이 범상치 않다는 생각을 했습니다.

정치인 체포 명단을 제보받은 것이로군요, 명단을 보고 무슨 생각을 했나요?

윤석열이 불법적 계엄을 하는 것이 명백히 맞다. 그리고 어떤 망상에, 미몽에 휩싸여 이런 행위를 한 것 같다는 느낌이 들었죠. 그러면서 2024년 10월 국회에서 국방부 국정감사를 하던 때가 생각났는데요. 김용현 장관과 여인형 방첩사령관이 상당히 오만된 태도를 보였습니다. 국정감사를 한 20여 차례 해봤지만 그런 태도는 처음 봤습니다. 눈빛과 행동과 언행, 표정이 예사롭지 않았어요. 아, 이걸 준비하려고 그렇게 했구나, '너희들 조금만 지나면 내 손 안에 다 있어' 이렇게 생각했겠구나, 불현듯 그때가 떠올랐습니다. 또 동시에 제가 국방위를 오래 했지만 군의 정기인사에서 3성 장군, 쓰리스타 중장 중 처음으로 진급자가 안 나온 때도 그때입니다. '아, 그 사람들을 방첩사령관, 수방사령관, 특전사령관에 그냥 그대로 스테이하기 위해서 진급자를 발표하지 않았구나' 이런 생각들이 떠올랐습니다.

> 안규백은 체포 명단을 확인하느라 시간을 지체했다. 서둘러 국회로 진입해 의원회관과 본청 사이에 있는 지하 통로를 통해 본회의장으로 향했다. 이동하던 중에 그는 지하에서 특전사 707 특수임무단 김현태 단장과 요원들 몇을 목격했다. 그들은 워리어 플랫폼과 야간 투시경을 장착하고 있었다. 순간 안규백은 군 장비 현대화를 위한 예산 확보에 적극 나섰던 기억을 떠올렸다. 내가 이러려고 예산을 태워줬나, 라는 자책감에 그는 마음이 뒤집어졌다고 했다.

체포 명단은 바로 주변에 알렸나요?

본회의장에 들어가니 가결 직후였습니다. 바로 이재명 대표한테 "이런 첩보가 왔습니다" "본회의장을 나가면 안 될 것 같습니다"라고 말씀드렸죠. 상황이 긴박해서 대표도 "이게 어디서 나온 첩보입니까"라고 물어보시더라고요. 그래서 제가 상세히 설명했습니다. 그러고 보니까 국민의힘 김성원 의원이랑 한동훈 대표가 저쪽에 서 있더라고요. 김성원 의원 같은 경우는 같은 당은 아니지만 의정 활동을 같이했고, 또 특위 활동도 같이한 의원이라서 내가 불렀어요. 이러저러해서 보니까 한동훈 대표도 최우선 체포조 명단에 있더라. 그걸 내가 김성원 의원을 통해서 알렸던 것이죠. 상당히 놀라는 표정이었습니다.

비상계엄 이후 국회는 신속하게 내란 국조특위를 구성했습니다.

특위를 만들면서 소위 말하는 드림팀을 꾸렸습니다. 국정 경험이 많고 청와대에서 근무했던 윤건영, 추미애 의원, 첩보와 정보에 능한 박선원 의원, 그다음에 국방부 경험이 많은 부승찬 의원, 이렇게 특위를 구성했죠. 그게 상당히 유효했습니다. 헌재 탄핵 심판과 상호보완 관계가 돼서 실체적 진실을 밝히는 데 상당히 기여했다, 이렇게 평가합니다.

내란 국조특위 활동 중에 기억에 남았던 증인이 있었나요?

제가 홍장원 국정원 1차장은 처음 봤습니다. 그런데 그분의 태도와 모습, 언행, 답변이 남다르더라고요. 조태용 국정원장이 상사였고, 그 당시엔 아마 해고당한 상태여서 상당히 감정적으로 대할 수도 있었을 텐데요. 아주 절제하고 인내하는 모습이었고, 언어 사용에서도 기본적인 예의와 질서를 지켜주고 존중해주는 모습을 봤습니다. '아, 저 양반은 내공이 있는 사람이구나' 이런 판단이 들었습니다.

> 통상의 경우 국방부 장관들은 취임하면 최전방의 격오지, 즉 복무환경이 열악한 지역의 부대를 먼저 찾아 군 장병들을 격려한다. 하지만 안규백은 특전사를 먼저 찾았다. 그는 계엄 당일 경계태세가 발령되고 20만 발이 넘는 실탄이 불출되었는데, 우리 군이 현명하게 대처해서 유혈 사태가 나지 않은 것을 높게 평가한다고 했다. 그래서 권력보다는 국민에게 충성했던 지혜로운 군인들을 먼저 만나고 싶었다고 했다. 현명한 대처를 치하하는 장관과 면담한 특전사 30, 40대 부사관과 간부들 중에는 눈물을 흘리는 군인들도 있었다고 그는 전했다.

비상계엄 재발 방지를 위해 군에 필요한 것은 무엇일까요?

저를 비롯해서 많은 의원들이 부당한 명령에 대해서는 거부해도 된다는 사항을 법제화, 제도화하려고 법안을 냈고 국방위 소위에서 논의중인 걸로 알고 있습니다. 헌법적 가치와 민주주의 수호에 반하는 명령에 대해서는 거부할 수 있는 권한을 갖게 되는 것이죠. 장병은 장병대로, 부사관은 부사관대로, 간부는 간부대로 교육을 실시하려고 교과를 준비하고 있습니다. 전군에 실시하려고 합니다. 제도가 아무리 좋아도 그 제도를 지키는 사람의 정신 자세가 중요합니다. 21세기가 사반세기 지나가는 이 문명사회에 살면서 극우적 시각에 경도된 유튜브 알고리즘에 빠져가지고 이런 일이 생겼잖아요. 저는 제도와 법뿐만 아니라 사람의 마음 자세가 중요하다고 생각합니다.

군이 현명하게 대처해서 큰 충돌은 없었지만, 윤석열 전 대통령은 오히려 이것을 근거로 '경고성 계엄'이라는 주장을 하고 있는데요?

정신 나간 사람이죠. 계엄이라는 것이 국가의 존망지추存亡之秋가 달린 문제인데 경고성 계엄이라는 게 어디 있습니까? 경고성 계엄이었으면 2차 계엄을 준비했겠습니까? 경고성 계엄이라고 했으면서 장관한테 '거봐, 내가 천 명으로 부족하다고 했잖아' 이런 얘기를 했겠습니까? 계엄을 장난으로 하는 사람이 있겠습니까? 특전사 요원들이 창문을 깨고 들어오면서도 의원들이 넘어질까봐 깨진 유리창 조각을 일일이 손으로 다 치우던 게 우리 국민들의 보편적인 정서예요. 수만 발의 실탄을 가지고 와도 그것을 격발하지 않고 국회와 국민에 대해서 충성을 다했던 군의 사명감이 있었기 때문에 비상계엄이 일장춘몽으로 끝난 것이죠. 그만큼 우리 국민들이 지혜롭고 현명했다는 얘기이지, 경고성 계엄이라는 것은 지나가던 소가 웃을 일입니다.

정신 나간 사람이죠. 계엄이라는 것이 국가의 존망지추가 달린 문제인데 경고성 계엄이라는 게 어디 있습니까? 경고성 계엄이었으면 2차 계엄을 준비했겠습니까? 경고성 계엄이라고 했으면서 장관한테 '거봐, 내가 천 명으로 부족하다고 했잖아' 이런 얘기를 했겠습니까? 계엄을 장난으로 하는 사람이 있겠습니까?

여전히 군은 대한민국 사회의 가장 중요한 중추 중의 하나이다. 수십만 명이 의무 복무를 하며 청춘을 병영에 바친다. 군이 국민들에게 어떻게 영예롭게 대접받아야 할지를 안규백은 고민하고 있다고 했다. 계엄 직후 군복을 입은 군인 대여섯만 모여도 신고가 들어오는 경우도 있었다. 이 불신을 이겨내고 제복 입은 군인들에 대한 존중을 회복하는 것에만 집중하고 있다는 안규백에게 그날 밤 제보 전화가 걸려온 것은 어쩌면 당연한 듯싶기도 했다.

| 한재용 | 61세, 발도르프학교 교사 |
| 김한민영 | 32세, '전쟁없는세상' 활동가 |

그날 계엄 경력자 엄마가 딸에게 물려준 눈물겨운 유산

엄마가 들려주는 그 시절 이야기는 말 그대로 '옛날이야기'였다. 독재 타도, 계엄 철폐! 구호가 울려퍼질 때의 공포와 긴장감은 이야기로 들을 때마다 아득한 과거처럼 느껴졌다. 그러던 아이가 훌쩍 자라 30대가 되었을 때, 어느 날 갑자기 그 옛날이야기가 현실로 다가오고 말았다. 한재용, 김한민영 모녀는 그날 각자 출발해 국회 앞에서 만났다.

국회로 향한다는 따님의 연락을 받았을 때 마음이 어땠나요?

한재용_ 당연히 걱정됐죠. 그런데 저도 1980년대 그 어려운 상황에서 항상 거리에 나갔기 때문에 당연히 나가야 한다고 생각했어요. 저는 딸에게 부모이기도 하고 먼저 살아온 세대이기도 하잖아요. 1980년대처럼 젊은이들이 쓰러지게 할 수는 없다는 생각이 들었고 곧장 저도 나갈 준비를 했어요. 이제부터는 길 위에서 장기전이 벌어지겠구나 싶어서 스키 잠바를 챙겨입고요. 두툼한 내복에다가 솜바지를 입었어요.

최루탄에 대비해서 수영할 때 쓰는 물안경, 치약, 두툼한 깔개, 보온병에 따뜻한 물, 그리고 수건 엄청 많이, 다 둘둘 싸가지고 택시 타고 갔죠. 적어도 내가 젊은이들보다는 더 앞에 서겠다고 마음먹었어요. '아까운 죽음이 되풀이되면 안 돼' 이 생각만 거의 본능처럼 들었어요.

현장이 굉장히 복잡했을 텐데, 모녀 상봉은 어떻게 이뤄졌나요?

김한민영_ 그날 국회 앞에서 핸드폰이 안 터졌어요. 인터넷이 전혀 안 되는 상황이었고 그래서 메시지를 보내다가 나중에는 바로 전화를 했어요. 전화해서 엄마가 오고 있다는 걸 알았고요. 근데 엄마를 보자마자 빵 터져버린 거예요, 너무 웃겨가지고. 일단은 엄마가 가지고 있는 외투 중에 제일 두꺼운 롱패딩에 스키 바지 같은 패딩바지를 입고 오셨어요. 게다가 겨울에 오래 밖에 있어야 하니까 등산화를 신고, 거기에다 딱 봐도 뭔가 되게 많이 들어 있는 것 같은 등산 배낭을 메고 있는 거예요. "뭘 그렇게 많이 갖고 왔어. 엄마 진짜 짱이다! 엄마 진짜 최고!" 이러면서 가서 안았던 기억이 나요. 이때부터 그냥 웃었어요. 저는 엄마랑 같이 있으니까 안심이 확 되고, '역시 경력자는 다르구나, 계엄 경력자는 진짜 짱이구나!' 생각했어요. 그때 또 마침 제가 저녁을 못 먹은 상태였는데요. 엄마가 '밥은 먹었냐'면서 삼각김밥을 주셔서 우물우물 먹었죠. 그래서 눈에 초점이 좀 돌아왔던 기억이 나요.

집회 현장에 모녀가 함께한 건 이번이 처음이었나요?

김한민영_ 아니요. 어렸을 때부터 계속 엄마 따라 집회에 갔으니까 제겐 그리 신기하거나 낯선 일은 아니었어요. 그런데 제 친구는 제가 엄마랑 같이 와 있는 광경 자체가 좀 신기했나봐요. 나중에 어머니 진짜 대단하시다고 그러더라고요.

한재용_ 지금 생각하면 좀 마음이 아픈데요. 아이는 젖먹이 때부터 제가 지역운동을 하는 현장에 같이 있었어요. 제가 가슴 아픈 건, 효순이 미선이 사건 때는 훨씬 더 어렸잖아요. 그때, 정말 참혹했거든요. 그건 어른이 봐도 너무 참혹했는데 열 살 무렵의 아이가 그 현장에 가서 촛불을 들었어요. 그게, 지금은 미안해요. 내가 좋은 어른이었다면 이런 끔찍한 건 보지 않아도 된다고 애 눈을 가려줬어야 하는데. 그때는 저한테 분노와 열정만 있었어요. 아이가 너무 어릴 때부터 시위에 데리고 다닌 건 사실 부모로서는 마음이 아파요. 적어도 아이일 때는 이 세상은 참 따뜻한 곳이라는 걸 더 알려줬어야 하는데. 어른의 힘이 그에 미치지 못했고, 시대는 너무 절박했던 것 같습니다. 그래서 지금도 아직까지 미안해요. (딸을 향해) "미안해."

김한민영_ 저는 엄마랑은 조금 다른 생각을 갖고 있는데요. 물론 그 상황은 너무 두려운 것이고, 어쨌든 어린이가 노출되기에는 참혹한 현장이죠. 하지만 그렇게 엄마가 하는 일들을 보고 엄마가 데려가는 현장 속에 있을 때, 저는 오히려 세상이 따뜻하다는 걸 알게 됐어요. 왜냐하면 어떤 이들에게 어려운 일이 생기고 말도 안 되는 폭력의 상황들이 닥쳤을 때, 그 상황을 혼자 겪게 하지 않고 서로 돌볼 수 있도록 길을 만들어나가는 걸 엄마를 통해서 보았거든요. 세상이 따뜻하다는 것을 저는 배웠어요. 안전한 사회 혹은 안전한 삶이라는 건 그냥 가만히 앉아 있다고 만들어지는 게 아니라, 서로 같이 돌보고 보듬을 때 가능해진다는 걸 믿게 됐고요. 물론 그런 참혹한 세상을 제가 보지 않았다면 더 좋았겠죠. 그런데 세상이 그렇잖아요. 어쩔 수 없잖아요. 그 참혹함 속에서도 용기와 사랑을 잃지 않고 서로 돌보는 공동체를 만들어가는 장면들을 본 것은 제 인생에 오래 남을 유산이에요.

한재용_ 딸이 그렇게 생각해주니까 제가 좀 뭉클해요. (눈물을 글썽거리며) 좀 울어도 되나요? 때로는 '아, 이런 모진 상황이 없는 세상에서 살았으면 얼마나 좋을까' 하는 생각도 들어요. 딸이 소중한 가치들을 지키려고 이렇게 열심히 살아가지만, 엄마로서는 좀 편하게 살았으면, 좀더 여유를 가지고 살았으면 하는 바람이 계속 있어요.

현장에서 서로에게 못다 한 말이 있다면 해주시죠.

김한민영_ 저는 엄마가 가지 말라고 말리지 않아줘서 고마워요. 엄마가 말리면 약간 주춤했을 것 같거든요. 그런데 잘 갔다 오라고 그렇게 씩씩하게 얘기해준 게 저한테 많은 힘이 됐고, 그 앞에서 엄마를 만난 순간부터 저는 낙관하게 됐거든요. 내 앞에 닥칠 상황들을 말이죠. 그리고 무엇보다 제가 그렇게 움직일 수 있게, 용기 낼 수 있게 엄마의 삶으로 몸소 증명해왔던 게 오래 남을 감사함이죠. 왜냐하면 저는 사람들의 힘을 믿었으니까요. 사람들의 힘이 강력하다는 걸 엄마를 통해서 알고 있었거든요. 그래서 우리들이 무의미하지 않고 무력하지 않다는 걸 알게 해줘서 엄마에게 너무 감사하다고 말씀드리고 싶어요.

한재용_ 똑같아. 하루하루 즐겁게 고양이 돌보고 꽃 돌보고 서로 사랑하는 일이 더 많았으면 좋겠어. 그리고 그런 위험한 순간이 안 오는 세상이 왔으면 좋겠어. 너무 힘들잖아.

무엇보다 제가 그렇게 움직일 수 있게, 용기 낼 수 있게 엄마의 삶으로 몸소 증명해왔던 게 오래 남을 감사함이죠. 왜냐하면 저는 사람들의 힘을 믿었으니까요. 사람들의 힘이 강력하다는 걸 엄마를 통해서 알고 있었거든요. 그래서 우리들이 무의미하지 않고 무력하지 않다는 걸 알게 해줘서 엄마에게 너무 감사하다고 말씀드리고 싶어요.

한재용에게 12월 4일은 세상에서 가장 귀한 날이었다. 두 시간도 눈을 붙이지 못한 채 아침에 학교로 향해 아이들을 만나 인사하고, 수업하고, 노래하고, 시를 낭독했다. 그날 그곳에서 함께 뭉친 사람들이 만들어준 선물 같은 시간이었다. 딸 김한민영의 활동명은 '뭉치'다. 말 그대로 시민들이 뭉쳤고, 엄마와 딸이 뭉쳤기에 가능했던 하루였다.

| 김민석 | 61세, 국무총리 |

"주변에서 다들 '맛이 갔구나' 했죠"
김민석은 어떻게 계엄을 예견했는가

돈키호테는 풍차를 거인으로 착각했다. 김민석은 그 반대였다. 분명히 거인을 보았지만, 사람들은 그것을 풍차라고 했다. 2024년 8월, 민주당 최고위원회의. 그는 김용현이 국방부 장관직에 내정되자 '계엄령 준비 작전'이라고 주장했다. 국민의힘은 '의원직을 사퇴하라'며 그를 몰아붙였다. 심지어 같은 진영 내에서도 공감하는 이들이 많지 않았다. 그의 주장은 괴담처럼 치부됐다. 그러나 100일이 조금 지난 12월 3일, 사람들이 풍차라고 믿었던 그것은 실제로 거인이었음이 드러났다. 괴담이 오싹한 현실로 되돌아왔다.

2024년 12월 3일, 국회의원 김민석의 하루는 어떤 날이었나요?

그날 아침에 제가 몸이 안 좋아서 병원에 가서 주사를 맞고 일과를 쭉 보냈습니다. 미팅도 많았고요. 저녁에 집으로 와서 약을 먹고 잠들었죠. 그랬다가 우리 보좌진이 와서 문을 막 두들겼을 거예요. 제가 비몽사몽중에 깨서 들어보니까 계엄이 났다고 하더라고요. 너무 황당했죠. 솔직히 계엄 얘기를 처음 들었을 때 처음으로 든 생각은 '이렇게 하네', 이어서 든 생각은 '이렇게 황당하게 하네'였어요.

계엄이 실제로 선포된 당일에는 다소 황당하다는 반응을 보였는데, 사실 처음 계엄 가능성을 제기한 걸로 알고 있습니다. 당시 어떤 근거로 그런 판단을 했나요?

계엄을 하는 것이 아닌가, 그걸 준비하는 것이 아닌가, 라는 의심을 갖게 된 첫 계기는 김용현 국방부 장관 인사였습니다. 김용현씨가 국방부 장관이 됐다는 소식을 딱 전해듣자마자 제가 보인 첫 반응이 '어? 지금 왜?'였습니다. 그 사람이 '국방 전체를 맡을 만한 유능한 사람이다' 이런 평가를 받지 않았고, 그 당시 장관이었던 신원식 장관이 특별히 인사 대상이 될 만한 이유가 없었거든요. 그러면 그냥 이상한 거죠. '이상하네, 왜 그러지?' 생각해본 거죠, 그때부터. 왜 인사를 했을까? 그러면서 여러 가지를 생각도 해보고 조사도 했죠. 윤석열, 김건희씨가 보이는 행태를 보면서 저 사람들은 권력을 잡거나 유지하기 위해서는 무슨 일이든 할 사람이다, 그리고 절대로 권력을 놓지 않을 사람들이다. 그러면 '이들이 쓸 수 있는 방법이 뭘까'를 기본 전제로 계속 생각하고 있었죠.

두번째 근거는 무엇이었나요?

'아, 뭔가 정상적이지 않은 행위를 생각하고 있구나' 생각하게 된 것은 윤석열 전 대통령의 '반국가세력' 발언을 쭉 조사하는 과정에서였어요. '반국가세력'이라는 용어는 북한이나 간첩에게 쓰는 말인데, 민간인과 야당을 대상으로 그때까지 무려 8번을 공식석상에서 썼더라고요. 적어도 대통령이 공식적으로 '반국가세력'이라는 용어를 2년 동안 무려 8번 썼다는 것은 머릿속에 프레임이 있다는 것이거든요. 정치에서의 언어는 다 의미가 있는 것이기 때문에, 윤석열 머릿속에서는 야당이 척결 대상이고 척결할 수 있는 명분이 되는 거죠. 그걸 뒤늦게 확인한 겁니다. 바로 이 부분을 다들 놓쳤던 것 같아요. 너무 통상적이지 않기 때문에 '이게 뭐지?' 했지만, 그때까지 누구도 그 언어에 주목하지 않았어요. 언론도 그냥 '정치적인 레토릭이려니' 이 정도로만 생각했던 것 같아요. 이 말의 의미에 주목한 건 제가 처음인 것 같습니다.

퍼즐이 맞춰지기 시작했다. 계엄의 징후들이 하나둘 드러났다. 단순한 기우로 치부하기엔 당시 정국은 위태롭기만 했다. 무슨 짓을 할지 예상할 수 없는 상대였다. 김민석은 민주당 의원들과 함께 9월 계엄법·국가배상법 개정이 담긴 '서울의 봄 4법'을 발의했다. 현 정부가 궁지에 내몰린다면 정권 교체를 막기 위해 계엄령을 발동할 위험이 있으니 이를 사전에 제도적으로 막아야 한다는 취지였다. 영화 〈서울의 봄〉을 현실로 만들지 않겠다는 다짐이었다.

당시 정권의 비정상적인 행보에 주목했는데, 어떤 대응을 준비했나요?
제가 처음 문제 제기를 한 후에 '서울의 봄'이라는 이름으로 팀을 짜서 대응하자고 몇 분에게 제안했습니다. 김병주, 부승찬, 박선원 이렇게 네 분과 이재명 당시 대표 또한 사실은 저 사람들이 무슨 짓이든 할 것 같다는 생각을 갖고 있었기 때문에, 계엄을 할 것 같다는 판단에 대해서 비교적 공감을 같이하신 거죠. 조사를 시작해보니 군에 쿠데타를 위해 필요한 핵심 보직들에 소위 '충암파'가 배치되어 있었습니다. 그런 일을 하려면 옛날 하나회와 같은 권력에 눈먼 세력이 있어야 하는 거니까요. 이렇게 하나하나 퍼즐을 맞춰간 거죠. 그러다가 급기야 그 충암파 군인들, 정치 군인들 사이에 비밀 불법 회합이 있었다는 데까지 가면서 '아, 이건 확실하다'는 생각을 하게 된 거죠.

당시 계엄설에 대해 주변 또는 정치권 반응은 어땠나요?

다 정신 나갔다고 그랬죠. 있는 그대로 얘기하자면 "아, 맛이 갔구나!" 그랬죠. "아유, 저 또라이도 아니고 왜 저러나." 저에게 비교적 애정을 갖고 있는 분들조차도 좀 과하다고 생각했어요. 그런데 확신이 드니까 어떻게 하겠어요? 처음 문제 제기한 이후에 어떻게 보면 제가 제일 집요하게 계속 계엄 가능성을 제기한 것 같아요. 왜냐하면 국정감사 기간에도 저는 그 이슈 하나만을 가지고 관련자들을 계속 캐물었으니까요. 그런데 그때 일주일 정도 용산에서 전혀 반응이 없었어요. 돌이켜 생각해보면 용산에서 '이 사람들이 구체적으로 어디까지 알고 있지?' 굉장히 놀랐던 것 같아요.

왜 하필 12월 3일에 비상계엄을 선언했다고 추측하나요?

막판에 김용현 국방부 장관 탄핵 소추를 추진했어요. 그런데 그때만 해도 당내에서도 '굳이 그거를 해야 하나?' 하는 의문이 약간 있었어요. 그런데 제가 꼭 해야 한다고 주장했어요. 그 이유는 대통령에게 형식상으로라도 계엄을 건의하는 역할을 할 수 있는 게 행안부 장관과 국방부 장관인데, 국방부 장관의 발을 묶어야겠다고 생각한 거예요. 돌이켜보니 그렇게 완전히 탄핵돼버리면 실제로 형식적인 요건으로서의 계엄 건의가 불가능해지잖아요. 결과적으로 보면 그것이 그들이 조금 앞당겨 택일하는 데도 영향을 미치지 않았을까 싶네요.

'아, 뭔가 정상적이지 않은 행위를 생각하고 있구나' 생각하게 된 것은 윤석열 전 대통령의 '반국가세력' 발언을 쭉 조사하는 과정에서였어요. '반국가세력'이라는 용어는 북한이나 간첩에게 쓰는 말인데, 민간인과 야당을 대상으로 그때까지 무려 8번을 공식석상에서 썼더라고요. 적어도 대통령이 공식적으로 '반국가세력'이라는 용어를 2년 동안 무려 8번 썼다는 것은 머릿속에 프레임이 있다는 것이거든요.

국회로 향한 과정은 어땠나요?

차로 이동하는 순간에 어떻게 대처해야 하나 생각했어요. 저는 비상계엄 선포는 내란이라고 봤습니다. 과거의 광주 생각이 났어요. 이런 상황에서는 결국 세계 언론을 통해 알리는 것이 가장 필요하죠. 이 상황을 세계에 알리려면 영문으로 성명을 내는 것이 필요하겠다고 판단했어요. 그러고서 국회에 도착해서 담을 넘고 지하를 통해서 본회의장에 앉은 거죠.

"It is essentially a coup d'état."
_김민석, 2024년 12월 4일 외신을 위한 영어 브리핑 중에서

'경고성 계엄'이라는 주장에 대해 어떻게 생각하나요?

실패한 계엄이죠. 실패한 계엄이지만 경고성이라는 건 말이 안 되는 게 이미 현재까지 나와 있는 증언들만으로도 무력을 행사하고 사람들을 체포해서 잡아가려 했던 계획들이 다 나와 있지 않습니까? 정말 너무나 많은 천우신조들이 합쳐져서 국회 의결로 저지됐을 뿐인 거죠. 저는 계엄 나면 죽는다고 생각했어요, 실제로. 특히나 계엄 관련해서 국회에서 김용현씨라든가 관련된 여인형 사령관이나 이런 사람들에게 추궁하고 질의 답변하는 과정이 아주 살벌했어요. 제 질문도 집요했지만 답하는 그들의 말과 태도, 표정과 눈빛이 지금 봐도 살벌했지요. 그래서 저는 실제로 그때 끌려갔으면 아주 자근자근 밟혔겠다는 생각을 해요.

계엄을 막아낸 시민들에게 남기고 싶은 말이 있을까요?

정치를 하다보면, 아니 꼭 정치가 아니더라도 가끔 그런 생각을

합니다. '오래 살아남아 있다.' 사실은 광주 또는 1980년대 그 이후 과정을 거치면서 저희 동년배, 친구, 선후배 가운데 지금까지 우리 사회가 여기까지 오는 과정에서 희생된 분들이 많죠. 그런 분들을 매일은 못 하지만 가끔 생각하죠. '아휴, 참 미안하게 많이, 이렇게 오래 살아남아 있다.' 이번 과정은 전적으로 국민들이 버텨내준 덕분에 이겨낸 거죠. 그것을 잊지 않겠습니다.

계엄령을 처음 제기했을 때, 김민석은 돈키호테 취급을 받았다. 그가 본 거인을 사람들은 풍차라고 했다. 하지만 풍차를 거인으로 착각한 이는 윤석열이었다. 실체도 불분명한 '반국가세력'과 싸우겠다며 그는 비상계엄을 선포했다. 그날 밤 이후, 역사는 누가 허상과 싸웠고 누가 현실을 마주했는지를 기억한다. 풍차와 싸운 돈키호테는 지금 감옥에 있고, 진짜 거인과 맞선 김민석은 이재명 정부 초대 국무총리에 올랐다.

그날 그곳에 있었던 시민의 목소리

김병주(63세, 더불어민주당 국회의원, 전 한미연합군사령부 부사령관)

'윤석열 정권이 비상계엄을 하겠다'고 최초로 경고한 사람이 저였어요. '정치적으로 코너에 몰리게 되면 계엄을 할 것'이라고 경고했죠. 그래서 그때 제가 무척 고생했습니다. 음모론자로 몰렸죠. 국민의힘이나 대통령실이나 보수에서 '지금이 어느 땐데 계엄이냐? 군이 계엄 명령 내리면 따르겠느냐? 음모론을 만들고 있다'고 저를 엄청 비난했는데, 사실은 지금 돌이켜보면 그때 계엄을 경고함으로써 계엄을 막는 데 예방주사를 맞은 효과가 있었고, 결정적인 역할이 됐다고 저는 확신하고 있거든요.

계엄령이 선포된 그날 제가 택시를 타고 국회로 향했는데 택시 기사님이 되게 두려워하셨어요. 제가 그 안에서 전화 통화를 하니까 국회의원인지 금방 알아보시더라고요. 그래서 제가 국회 밖에서 내릴 테니까 걱정하지 말고 가시자고 했더니, 오히려 택시 기사님이 용기 내서 같이하겠다고 하시면서, 제가 계속 바삐 전화하고 문자메시지 보내고 할 때도 말 걸어주시고 도와주셨어요.

부승찬(55세, 더불어민주당 국회의원)

그날 국회 담을 넘을까 말까 하다가 자존심이 허락하지 않는 거예요. 내가 국회의원인데 내 집에 내가 정당하게 들어가는 데 월담을 하는 건 말이 안 된다. 그런데 그 앞에 경찰관 간부로 보이는 사람들이 서 있었어요. '내가 국회의원이다. 좀 들여보내달라' 했더니 두 분이서 막 얘기를 나누더니 갑자기 '빨리 들어가십시오' 하면서 넣어줬어요. 그래서 저는 담을 넘지는 않았습니다.

천준호(54세, 더불어민주당 국회의원)

2024년 4월 총선에서 야당이 크게 이겼죠. 그후 제가 여야 영수회담을 준비하던 실무 책임자였는데요, 대통령실에서 현안들에 대한 논의를 거부했어요. '대체 뭘 믿고 이러는 거지?' 싶었는데, 김용현이 국방부 장관이 됐어요. 그때 계엄 선포에 대한 의심을 하게 됐죠.

박선원(62세, 더불어민주당 국회의원)

2024년 12월 3일 밤 9시 좀 지나서 우리 보좌관이 '특전사가 잠을 자지 않는다, 출동 준비 같은 이상한 조짐이 있다'고 보고했어요. 9시 55분을 지날 때쯤 특전사에서 휴대폰을 수거해가기 시작했다고 했습니다. 너무 이상해서 다시 옷을 갈아입고 있는데 아무래도 계엄할 것 같다고 보좌관이 그러더라고요. 그런데 또 한 십 분 지나니 저보고 "의원님 빨리 피하십시오!" 그러는 거예요 "피하긴 뭘 피해"라고 답했는데 바로 윤석열이 텔레비전에 나오는 거예요. 안 되겠다 싶어서 계엄 선포하는 장면, 윤석열 뒤에서 누가 의자 밀어주고 하는 그 장면이 나올 때 바로 집에서 나왔어요.

2부

"나라가 어두울 때 가장 밝은 것을 들고 나오는 국민들"을 위하여

| 홍원기 | 63세, 생산직 노동자 |

비상계엄으로 인해 퇴직합니다

20대 청년 시절 가톨릭 사제를 꿈꿨던 홍원기는 끝내 수도회의 부름을 받지 못했다. 이후 2018년까지 40년간 청소년 단체에서 무너진 가정의 아이들을 돌보며 살아왔다. 아이들을 만날 때마다 그는 '우리 세대가 겪었던 일을 다음 세대가 겪지 않았으면 좋겠다'고 버릇처럼 말했다. 이후 생산직 노동자로 살아가며 그 다짐은 잠시 잊은 듯했다. 그런데 그 약속을 지켜야 할 날이 그에게 운명처럼 찾아왔다.

12월 3일 밤, 어디서 누구랑 뭘 하고 있었나요?

저는 3조 3교대 근무를 하는데 그날은 나이트 근무(밤 11시~오전 7시 근무)를 하는 날이었습니다. 교대 업무 인수를 위해 보통 10시 반까지 회사에 도착해야 하는데, 그날 회사 정문을 통과하는 순간 계엄 발동 소식을 알게 됐습니다. 출근길에 유튜브를 들으면서 갔는데, 아마 KBS였던 거 같습니다. 계엄을 경험한 세대는 아마 저와 비슷한 생각들을 했을 겁니다. 이걸 어떻게 대처하느냐, 그냥 아무 일이 아닌 것처럼 일터로 가느냐 아니면 이것을 막기 위해 국회의사당으로 갈 것이냐. 근무지에 들어와서 어떻게 할 것인지를 잠시 고민했습니다.

고민 끝에 내린 결론은 무엇이었나요?

일단은 전임 근무자와 교대해줘야 하니까 근무복을 갈아입고 동료들에게 '계엄이 떨어졌다'고 얘기했어요. 그랬더니 '그게 선배님과 무슨 상관이냐'고 물어보더라고요. 그분들은 연령대가 저보다 한참 아래다보니 계엄에 대해 잘 와닿지 않았던 거 같아요. 더이상 할말이 없었죠. 그게 아마 10시 40분 가까이 됐을 겁니다. 그래서 다른 동료에게 문의를 했습니다. 혹시 '지금 나 대신 대근을 해줄 수 있느냐' 물어보니까 '그럼 해드리겠다'고 하더라고요. 답을 한 뒤에 동료가 무슨 일이냐고 묻더라고요. 그래서 계엄이 떨어져서 내가 급히 가봐야겠다 하니까 그 또한 '선배님과 계엄이 무슨 상관이냐'고 다른 근무자와 같은 질문을 했습니다. 그래서 '나하고는 상관이 있다'고 답했죠. 옷을 갈아입고 회사를 나온 것이 10시 52분이었어요. 차량 출입 기록에 정확히 52분이라고 찍혀 있더라고요.

회사에서 나와 곧바로 국회로 향했나요?

그때부터 제 머릿속에는 '내가 가서 막을 수 있을까' 하는 생각밖에 없었어요. 회사가 당진시 송산인데, 무작정 서울로 향했습니다. 아마 운전하시는 분들은 잘 아실 텐데, 그런 상황에서는 계기판을 볼 그 어떤 여유도 없었습니다. 그냥 머리가 하얗더라고요. 고속도로를 타고 가던 중에 잠시 든 생각은 '이게 내 마지막이 될 수도 있다'는 것이었습니다. 1980년대, 그리고 광주를 경험했던 사람들은 아마 저와 같은 생각을 모두 갖고 있지 않았을까요? 달려가는데 앞에 차가 하나도 없었어요. 다 따라잡았으니까요. 신호니 속도니 생각할 겨를이 없었습니다. 충남 당진에서 여의도까지 한 시간도 안 돼서 도착했던 것 같습니다. 내가 겪었던 20~30년의 암흑기를 우리 후세대, 자라나는 세대에게 또다시 겪게 하고 싶지 않았어요. 절대로 막아야 했습니다. 오직 그 생각뿐이었습니다.

> 종종 나이트 근무를 마치고 서울에 올라오는 날이 있었다. 회사에서 서울까지는 한 시간 사오십 분은 족히 걸리는 거리였다. 그런데 그날은 달랐다. 훗날 집으로 날아든 신호·속도 위반 딱지는 모두 36장. 범칙금은 300만 원을 훌쩍 넘겼다. 그 당시 홍원기에게는 과속도, 신호도 중요하지 않았다. 아니, 아예 머릿속에서 사라져 있었다.

국회 앞에서 총을 든 군인을 직접 마주했을 때 무섭진 않았나요?

환하기 때문에 그때는 표정들이 다 보이잖아요. 근데 내가 1980년대에 목격했던 군인들의 표정과 지금 군인들의 표정은 달랐습니다. 당황하는 것이 보였어요. 1980년대 광화문이나 종로, 시청 앞에 서 있던 군인들의 표정은 경직돼 있었잖아요. 그런데 그날 제가 그 당시에 맨 앞에 있었던 거 같아요. 군인들이 총을 들고 오잖아요, 그때 부딪쳤거든요. 군인들이 움찔하는 것을 느꼈죠, 그냥 몸으로. 제가 우려했던 것보다 훨씬 더 군인들은 부드러웠어요.

비상계엄 해제 결의안 통과 소식을 들었을 때 어떤 생각이 들었나요?

달려가는데 앞에 차가 하나도 없었어요. 다 따라잡았으니까요. 신호니 속도니 생각할 겨를이 없었습니다. 충남 당진에서 여의도까지 한 시간도 안 돼서 도착했던 것 같습니다. 내가 겪었던 20~30년의 암흑기를 우리 후세대, 자라나는 세대에게 또다시 겪게 하고 싶지 않았어요. 절대로 막아야 했습니다. 오직 그 생각뿐이었습니다.

계엄 해제 요구 결의안이 통과되고 모두 환호성을 질렀죠. 근데 그 환호성이라는 것이 '여기서 끝났다, 마침내 이겼다'는 느낌보다는 '당장의 위기는 모면했구나' 하는 것에 가까웠어요. 그래서 저는 끝난 게 끝난 게 아니라고 계속 주장했어요. 군인들이 그냥 갈 리가 없다, 다시 올 것이다, 생각해서 계속 거기에 있었어요. 2박 3일을 한숨도 안 잤던 거 같아요. 그 당시에는 저는 계엄이 이렇게 중단되리라고는 생각하지 않았고, 2차 계엄을 분명히 할 거라고 봤어요. 계엄을 다시 할 거라는 생각 때문에 2, 3일은 거의 잠을 못 잤죠. 저 말고도 많은 사람들이 함께 있었어요. 공통적으로 했던 생각들은 '다시 오면 막아야 한다!' 그 생각밖에 없었습니다.

2박 3일 동안 자리를 지켰다니, 그 기간 동안 직장에서 연락이 오지 않았나요?

직장에서 3일째 되는 날 전화가 왔는데 제가 그 당시엔 아마 '지금 못 내려간다' '이 상황에서 어떻게 내려가냐'고 했던 거 같아요. 당분간 내가 가지고 있는 월차 연차를 다 소진하겠다고 했고요. 그렇게 열흘이 지나고 회사 관계자가 다시 전화했길래, 연차 소진되는 날까지 처리해주고 그다음엔 퇴사 처리를 해달라고 했죠. 그러면 사직서를 써달라고 해서 다음번 내려갔을 때 사직서를 썼습니다. 그래서 제 퇴사일이 22일인가 이렇게 돼 있어요.

……언제 집으로 돌아갔나요?

완전한 귀가는 12월 22일이었어요. 20여 일 가까이 집에 머무르지 못한 거죠. 물론 잠시 집에 가서 세탁하고 다시 올라오기를 반복했어요. 숙소는 보통 찜질방하고 시민단체 텐트들이었어요. 침낭이랑 다 가지고 올라와서 남태령에도 있었고 한강진에도 있었어요. 광화문에도 매일 있었고요.

다음에도 똑같이 행동할 건가요?

예. 그거는 전혀 변함이 없습니다. 아마 그런 일이 벌어지면 나는 똑같은 행동을 하겠죠. 후회 같은 감정은, 뭐 잠시는 들긴 하죠. 춥고 화가 나고 힘들 때는 말이죠. 하지만 그것도 잠시죠. 한 번도 제 인생을 후회해본 적이 없습니다.

> 청소년 단체를 40년간 운영하다가 뒤늦게 생산직 일을 시작한 홍원기는 현재 하는 일이 재미있고 만족스럽다고 말했다. 하지만 비상계엄의 밤 그날 이후, 결국 다니던 직장을 그만둘 수밖에 없었다. 우리가 그를 만난 날엔 다시 직장인이 되어 있었다. 2025년 4월 1일부터 새 직장에 다니고 있다. 다행히도, 운이 따랐다.

| 유지웅 | **32세, 뉴스토마토 기자** |

케이블타이로 시민을 포박하려 한 계엄군, 그날의 트라우마를 이겨내고 진실을 알리기로 결심한 기자

유지웅은 한동안 그날의 기억을 까맣게 잊고 살았다. 그러다 2025년 2월 5일, 김현태 전 707특임단장의 증언을 보다가 그 기억이 불현듯 되살아났다고 했다. 두 달 만이었다. 그가 보고 겪은 그날은 달랐다. 진실을 말하지 못해 외로웠다.

당시 국회 정문에서는 어떤 일이 벌어지고 있었나요?

현장에 나갔을 때 경찰이 출입을 전면 통제하면서 국회의원들도 못 들어오고 있는 상황이었어요. 저는 현장에 있었으니까 관련된 상황들을 영상으로 찍고 저희 부서에 보고하고 있었죠. (당시 촬영한 휴대폰 영상을 보여주면서) 현장에서 정문이 막혀서 시민들이 항의하고 있었고 보좌진들이 항의하는 상황을 찍던 와중에 국회 상공에 헬기가 3대 지나갔습니다. 그리고 저는 헬기가 착륙한 지점으로 향하기 위해 국회 본청 정문을 지나서 코너를 돌아서 가고 있었어요. 그런데 코너를 돌자마자 계엄군 10여 명이 집결해 있는 것을 목격했고요. 제가 딱 그 지점에 갔을 때가 계엄군이 도착한 지 일 분 정도 지난 시점이더라고요.

그 순간, 어떤 일이 벌어졌나요?

제가 휴대폰 촬영을 시도했고 곧바로 물리적인 폭력이 가해졌습니다. 휴대폰을 빼앗겼고 바로 국회 본청 벽면 쪽으로 끌려가서 케이블타이로 결박당할 뻔했습니다. 저는 그 공간에 혼자 있었어요. 당시에는 상황이 얼마나 지속될지 또 어떻게 전개될지 가늠조차 안 되는 상황이었기 때문에 생명의 위협을 느꼈습니다. 케이블타이에 묶이면 어디로 끌려갈지 모르잖아요. 그래서 제가 격렬하게 저항했고, 그 과정에서 케이블타이가 한 번 묶이면 풀리지 않는 특성 때문에 망가졌습니다. 그래서 계엄군이 케이블타이를 땅에 버렸습니다.

위험을 직감한 순간은 언제였나요?

"케이블타이 가져와!"라고 했을 때죠. 휴대폰 뺏기고 벽면에 끌려갈 때는 '어, 이거는 내가 저항하면 오히려 더 맞을 수도 있겠다'는 생각 때문에 저는 순응해야겠다고 마음을 먹었어요. 그런데 벽면에 밀어붙여지자마자 상급자가 하급자한테 "케이블타이 가져와!"라고 지시하더라고요. 그리고 곧바로 가져와서 묶으려고 하니까 그때는 진짜 '큰일 났다'는 생각이 들었습니다. 어디로 끌려가도 이상하지 않다고 느꼈어요. 왜냐하면 영화 같은 데 봐도 경찰이나 군인이 묶은 다음엔 연행을 하잖아요. 연행하면 계엄 상황에서 무슨 짓이든 저한테 할 수 있는 거잖아요. 생각하고 싶진 않지만 고문도 당할 수도 있고요. 그런 위기감이 있었습니다.

기자 신분을 밝혔나요?

워낙 제 삶에서 큰 사건이었기에 모든 기억이 잘 떠오르지는 않지만 기자 신분은 안 밝혔던 것 같습니다. 왜냐하면 포고령에 따르면 언론도 통제 대상이었기 때문에 기자라는 사실을 밝히면 오히려 더 위험할 수 있다고 생각했어요. 게다가 제 소속을 밝히면 더더욱 위험하다고 봤습니다. 왜냐하면 당시에 명태균 게이트가 정국의 주요 이슈였는데 그 보도를 처음 한 곳이 저희 회사였거든요. 그런데 당시에 제가 기자증을 목에 걸고 있었고, 그 기자증은 어두운 공간에서 흐린 화질로 찍힌 CCTV에서도 뚜렷하게 보이거든요. 그래서 군인들이 제가 기자라는 사실을 모르기는 어려운 상황이었다고 봅니다.

> 휴대폰 촬영을 막으려는 경고쯤은 예상했다. 하지만 몸을 꺾고 다리를 걷어차 넘어뜨리려 할 줄은 상상도 못 했다. 곧이어 케이블타이로 묶으려는 동작은 마치 정해진 절차를 수행하는 것처럼 자연스러웠다. 계엄군은 두 차례 포박을 시도했지만 유지웅이 강하게 저항하면서 실패했다. 12월 4일 0시 2분경 그들은 유지웅으로부터 빼앗은 휴대폰에서 자신들이 찍힌 영상을 삭제한 뒤 그를 풀어줬다.

상부에 관련 내용을 언제 보고했나요?

풀려난 직후에 제가 저희 부서 텔레그램방에 "붙잡혔다 나왔습니다"라고 짤막하게 보고했습니다. 왜냐하면 저는 붙잡혔을 때 극도의 공포감을 경험했지만, 마음 한편에서는 '아, 빨리 보고해야 하는데' 싶어 초조했거든요. 왜냐하면 막내 기자가 현장에 나가서 취재를 하던 와중에 갑자기 연락이 두절됐기에 '혼나겠다'는 생각이 먼저 들었어요.

다만 제가 붙잡힌 상황에 대해서는 자세하게 설명하지 못했어요. 곧바로 계엄군이 국회 본청 진입을 시도하면서 충돌이 벌어져 현장취재를 가야 했습니다.

계엄군에 끌려간 사실을 왜 자세히 알리지 않았나요?

표현을 잘 안 하게 되더라고요. 무용담처럼 제가 막 떠들 정도로 그 사건이 제게 가벼운 사건이 아니었습니다. 일종의 트라우마 같았어요.

'국회 CCTV 영상을 확보해야겠다'는 생각은 언제 하게 됐나요?

2025년 2월 5일, 헌법재판소에서 김현태 단장의 발언을 들었을 때 피가 거꾸로 솟는 기분이 들었습니다. 첫 기자회견에서 그는 눈물을 흘리며 수사에 협조할 것 같은 태도를 보였고, 저는 수사 과정에서 '모든 것이 밝혀지겠구나' 생각했어요. 그런데 헌재 증인으로 나왔을 땐 말이 완전히 달라졌습니다.

'케이블타이는 국회 문을 봉쇄할 목적이었고, 사람은 전혀 아니었다.'

'우리 부대원은 시민들을 향해서 총구를 겨누거나 어떤 무력도 행사할 의지가 없었다.'

그 장면을 보는데, 그의 주장대로라면 제가 겪은 일은 '없던 일'이 되는 거잖아요. 화병이 나서 못 살 것 같았어요. 그래서 국회 CCTV 영상을 확보해야겠다고 결심했죠. 하지만 개인 자격으로는 어려웠어요. 내란 국조특위 위원장이었던 안규백 의원실에 도움을 요청했습니다. 의원실에서 적극적으로 나서준 덕분에 영상을 확보할 수 있었고, 처음 확인한 건 2월 18일이었습니다.

어떤 과정을 거쳐 영상을 확보하게 됐나요?

국회 방호과, 사무처, 경찰 국수본, 검찰까지 모든 곳에서 법적 제약을 이유로 영상 제공을 거절당했습니다. '영상 안에 계엄군의 모습이 담겼는데, 그 모습은 계엄군의 개인정보'라는 이유를 들었어요. 제가 피해자인데 가해자 동의를 받아야만 영상을 제공할 수 있다는 논리는 납득이 안 되더라고요.

결국 '민주사회를 위한 변호사모임'에 전화해서 '계엄군의 케이블타이에 묶일 뻔했다. 어떻게 고소해야 하는지 좀 알려달라'고 요청했어요. 김규현 변호사를 포함해 변호사들의 도움으로 2월 25일 중앙지검에 김현태 단장과 당시에 저를 불법 체포하려고 했던 성명 불상의 707 특임 단원들을 고소하기에 이르렀습니다. 고소한 다음에는 관련된 내용을 국회 방호과에 제출하고 국회 방호과에서 최종적으로 계엄군 모자이크를 거쳐서 4월 1일에 영상을 받고 바로 기사를 썼습니다.

영상을 받았을 때 어떤 느낌이 들었나요?

영상을 가장 먼저 여자친구랑 봤어요. 보다가 저도 모르게 욕이 나오더라고요. 왜냐하면 제가 국회 방호과에 가서 처음 확인했을 때는 확대해서 볼 수도 없었고, 또 주변에 방호과 직원들이 있었기 때문에 세세하게 보지 못했거든요. 그런데 여자친구와 다시 보니, 당시의 폭력 장면이 너무도 생생하고 거침없이 담겨 있었어요. 너무나 충격적이었습니다. 충격이라는 말 외엔 다른 표현이 떠오르지 않더라고요. 솔직히, 그 영상을 보기 전까지는 저 자신도 그날 벌어진 일이 그렇게 심각한 줄

2025년 2월 5일, 헌법재판소에서 김현태 단장의 발언을 들었을 때 피가 거꾸로 솟는 기분이 들었습니다. '케이블타이는 국회 문을 봉쇄할 목적이었고, 사람은 전혀 아니었다.' '우리 부대원은 시민들을 향해서 총구를 겨누거나 어떤 무력도 행사할 의지가 없었다.' 그 장면을 보는데, 그의 주장대로라면 제가 겪은 일은 '없던 일'이 되는 거잖아요. 화병이 나서 못 살 것 같았어요.

유지웅_ 뉴스토마토 기자

몰랐어요.

여자친구는 어떤 반응을 보였나요?

정말 많이 놀랐어요. 제가 그날 있었던 일을 얘기하긴 했지만 직접 영상을 본 건 처음이었으니까요. 생각보다 훨씬 심각했던 거죠. 저랑 여자친구가 같이 소리지르면서 봤던 기억이 생생합니다.

회사 동료들도 비슷한 반응이었나요?

'그 정도인 줄은 몰랐다'는 반응이 대부분이었어요. 사실 그 장면들은 한 번도 세상에 나온 적이 없었으니까요.

직업상, 그날 그곳에서 '특종'을 떠올린 적은 없었나요?

아니요. 특종 같은 건 생각할 겨를이 없었어요. 전두환 시절로 되돌아가는 듯한 상황이었잖아요. 그런 현실에서 특종이 무슨 의미겠어요. 그날 제가 느낀 건 오직 분노였어요. 2024년에 어떻게 그런 일을 저지를 수 있는지 말이죠.

만약 계엄군들이 국회 본회의장에 진입하려 했다면, 전 휴대폰이고 취재고 다 내팽개치고 온몸으로 막았을 거 같아요. 물론 저로서는 휴대폰으로 촬영하는 행위 자체가 그들을 감시하고 마음대로 행동하지 못하게 하는 장치라고 생각했어요. 저에게는 그게 취재고 촬영이에요. 단순히 몸으로 막는 것과 행위 자체는 다르지만 같은 맥락에 있는 행동이라고 생각합니다.

그날 유지웅은 계엄군이 헬기를 타고 철수하는 모습까지 본 뒤에야 퇴근했다. 그때가 새벽 4시를 조금 넘긴 시각이었다. 몇 시간 뒤면 다시 출근해야 했기에 머릿속엔 '빨리 집에 가야 한다'는 생각뿐이었다. 하지만 그는 8시 30분 출근시간을 지키지 못했고 상사에게 꾸중도 들었다. 그래도 서운하진 않았다. 기자는 다시 일어나, 쉼 없이 기록하는 사람이니까.

그날 그곳에 있었던 시민의 목소리

라파엘 라시드(38세, 프리랜서 외신기자)

택시를 잡았고 국회까지는 이십오 분쯤 걸렸어요. 택시에서 기사님이 굉장히 조용했어요. 아마 제가 외국인 관광객이라고 생각해서 그냥 조용히 계셨던 것 같아요. 하지만 제가 보기에 그는 매우 긴장해 있었고 그의 눈에는 약간의 슬픔이 있었어요. 조심스럽게 국회는 안 가는 게 좋을 수도 있다고, 사람이 많이 몰릴 것 같다고 얘기했어요. 저는 기사님께 이렇게 말했어요. "전 기자니까 가야 해요." 그러자 그는 정말 놀라서 "기자였구나!" 하더라고요. 그러자 그는 갑자기 감정이 복받친 듯 굉장히 괴로워했어요. "이건 내가 젊은 시절에 겪었던 계엄령의 반복"이라고 했어요. 마치 어린 시절의 악몽이 다시 반복되는 것 같다고요. 그분은 거의 울 것 같았어요. 정말 참담해 보였죠. 한동안 잊고 지냈던 악몽이 다시 찾아온 것 같다고, 그게 또 현실로 벌어지고 있다는 사실에 몹시 괴로워했어요.

그날 저녁 제가 국회 주변에 머물렀던 한 시간 반, 두 시간 동안 가장 인상깊었던 건 사람들이 정말 빠르게 모였다는 점이었어요. 계엄령이 선포된 지 고작 한 시간 반 정도밖에 지나지 않았는데, 벌써 그렇게 많은 사람들이 현장에 도착해 있었고, 다들 뭘 해야 하는지를 알고 있는 것처럼 보였어요. 저는 한국인이 아니라서 '내가 한국인이었다면 여기서 뭘 해야 하지?' 고민했는데, 그 사람들은 분명히 알고 있었던 거죠. 그게 저한테는 정말 놀라운 경험이었어요.

박희영(34세, CBS 정치부[당시는 사회부 사건팀] 기자)

이태원 참사 때 수습기자였는데, 심각성을 인지 못 하고 잠들었다가 새벽 3시에 팀장 전화를 받고 용산으로 갔던 기억이 있어요. 이번에는 단톡방에 속보가 뜨자마자 상식적으로는 이해도 안 되고 현실적이지도 않았지만, 바로 국회로 향했죠.

배동호(66세, 무직[퇴직 후 쉬는 중])

서울사대부속중학교 재학중일 때 10월 유신이 있었어요. 그때 장갑차와 무장한 특수부대원들을 실제로 봤죠. 하지만 어릴 때여서 무슨 일인지 잘 몰랐어요. 세월이 흘러 또 계엄을 겪고 보니 이번엔 국민을 억압하는 현장이 체감되더라고요.

이해식(62세, 더불어민주당 국회의원)

그날 밤 이재명 대표와 급하게 회의를 하는데, 본인 대신 당무를 이어갈 우선순위, 순번을 정해야 한다고 말씀하셨어요. '야당 지도자인 나를 가만두지 않을 것'이란 사실을 육감적으로 알았던 것 같아요.

| 김동현 | 34세, 사회운동가 |

이재명 대통령도
꼭 찾아달라 간청한 그날의 히어로
'탱크맨'을 찾아서

비상계엄 해제 이후 윤석열 탄핵을 요구하는 시위가 한창이던 2024년 12월, 짧은 영상 하나가 화제를 모았다. 영상 속엔 한 시민이 그날 밤 움직이는 군용 차량을 막아서자 주변에 있던 시민들이 가세해 차량의 이동을 저지하는 모습이 담겨 있었다. 영상의 출처는 외신이었다. 이후에 이 청년이 1990년 중국 천안문 사건 때, 베이징에 진입하는 인민해방군의 전차를 막아선 일명 '탱크맨'을 떠올리게 한다며, 그날의 탱크맨을 찾아야 한다는 댓글들이 쏟아졌다.

당신은 누구십니까?

김동현입니다. 1991년생이고요. 청년 세입자 주거권 시민단체 '민달팽이유니온'과 함께 주거권 활동을 하고 있습니다.

12월 3일 밤에 윤석열이 비상계엄을 선포했습니다. 어디에서 무엇을 하고 있었습니까?

화곡동에서 운동을 하고 있었는데요. 전혀 몰랐죠. 씻고 나와서 폰으로 계엄이라는 단어를 봤는데, 그때는 진짜 계엄이라고 이해하지는 못했고 정치적 수사라고 생각했던 것 같아요. 친구한테 전화해서 기사 봤냐, 이거 진짜냐, 우리 그럼 '동원'되는 거 아니냐, 괜찮겠냐 하는 통화를 오 분에서 십 분 정도 하다가 일단 마트에 들어가 라면과 햇반을 샀습니다.

'동원'된다는 게 어떤 의미죠?

계엄이 사실이라면 일단 상비군이 먼저 투입되고, 그다음에 예비군을 동원해서 통제할 거라고 생각했습니다. 제가 5년 차 예비군이었거든요.

계엄 뉴스를 보고 친구 말고 다른 사람과도 통화했나요?

현실감이 들고 나서는 고향집 부모님께 전화해서 깨웠죠. 지금 계엄 상황이니 대비를 좀 했으면 좋겠고, 전쟁 같은 상황들이 발생할 수도 있으니까 식량이나 필요한 것들을 사놓는 게 좋겠다는 말씀만 드렸어요. 부모님이 평소에 제가 여기저기 나서는 걸 아시니까 어디 가지 말고, 어디 나서지 말고, 그냥 가만히 있으라고 하셔서, (웃음) 알겠다고만 하고 끊었습니다.

여의도는 어떻게 갈 생각을 하게 된건가요?

11시 중후반부터 국회에 가면 계엄 해제 의결을 할 수 있다, 국회를 지켜야 한다, 이런 말들이 파편적으로 SNS에 공유되고 있었습니다. 그래서 집 근처 거리에서 "여러분, 계엄이랍니다! 윤석열이 나라를 정복하겠답니다. 뉴스를 보십시오!" 이렇게 외쳤던 것 같고요. 다시 집에 들어가서 고양이밥을 한 일주일 치 부어놓고 옷을 겹겹이 껴입고, 12시 반에 택시를 불러서 이십 분 만에 여의도역으로 갔습니다.

택시를 타고 가는 동안에도 기사님한테 양해를 구하고 창문을 열어서 "여러분, 계엄이랍니다! 국회로 가야 합니다. 오늘밤이 고비입니다!" 이렇게 외치고, 인스타에도 올렸어요.

계엄 뉴스를 SNS에 공유했다는 분은 많이 들었지만, 거리에서, 그것도 국회 앞이 아닌 다른 동네에서부터 육성으로 외쳤다는 분은 처음입니다. 시민들의 반응이 있었나요?

좀 벙쩌서 보는 사람이 많았습니다. 편의점 앞에서 신기하게 저를 구경하던 커플도 있었고, 또 번화가 고깃집에서 술을 먹고 있던 사람들이 '무슨 소리를 하는 거야' 하는 듯한 눈빛으로 쳐다봤는데, 사실 매체를 통해서 볼 때는 현실감을 갖기가 어렵잖아요. 그런데 거리에서 누군가 외치면 빠르게 전파될 것 같았고, 그렇게 사람이 절박하게 외치지 않으면 지킬 수 없을 거라는 생각을 했습니다.

여의도에 도착했을 때 상황을 설명해주세요.

여의도역 근처에 밤 12시 50분에 내렸고요. 도착한 직후에 계엄 해제안이 가결됐는데, 지금 이 황당한 짓을 일으키는 자가 국회가 의결했다고 해서 순순히 해제하겠냐, 믿으면 안 된다, 끝까지 지켜야 한다, 오늘밤은 무조건 시민들이 여길 지키고 있어야 한다고 생각했습니다.

그러면 바로 국회 정문 앞으로 가신 건가요? 해제 요구안 가결 직후 정

문 앞 상황은 어땠나요?

　　급히 모여든 사람들이 있었지만, 경찰 버스가 훨씬 더 많았어요. 테트리스처럼 사각으로 차곡차곡 정문 앞을 둘러싸고 있었거든요. 아마 차벽을 치려는 의도가 있지 않았을까 생각했습니다. 그리고 전화 통화가 잘 안 됐어요. 사실 그렇게 폭발적으로 인파가 모여 있진 않았는데 1시 반쯤 친구와 통화했을 때, 지지직거리는 소리가 나서 목소리가 잘 안 들렸어요.

　　그때 한창 SNS에 공유되고 있던 게 아마 서울대 법대 교수님 글이었을 거예요. 이 계엄은 비상사태, 전시 사변, 어떤 요건에도 해당하지 않는 그냥 불법 계엄이라는 내용이었지요. 이 문구를 외우고 국회를 한 바퀴 돌면서 경찰이 있을 때마다 외쳤습니다.

> 12월 3일 밤이 지나고 다음날, 군용 차량을 온몸으로 막아내던 한 청년의 영상이 널리 퍼져나가면서 화제가 되었다. 이재명 당시 더불어민주당 대표도 '꼭 찾아달라'고 한 일명 '탱크맨'은 바로 김동현이었다.

군용 차량을 막아서던 때의 상황을 설명해주세요.

　　국회를 한 바퀴 돌고 새벽 2시가 넘어서 버스 정류장을 지나는데, 군용 차량이 오는 게 보였어요. 그런데 제가 왔던 길로 돌아가면 국회로 들어가는 길이잖아요. 혹시나 싶어서 그걸 보고 뛰기 시작했고, 그대로 서서 막았던 겁니다.

무슨 마음으로 막은 겁니까?

무슨 의도건 '가서는 안 된다'는 생각이 들었어요. 네, 그래서 그냥 정신없이 뛰어가서 바로 서서 막았습니다. 실제 총기를 들고 국민의 대표인 국회의원들을 위협하려고 했던 군인들을 다시 국회로 들여보낼 수는 없었죠.

군용 차량을 막아서고 나서의 상황을 조금 더 구체적으로 설명해주세요.

차량이 멈췄다가 비키라는 듯이 앞으로 왔고, 제가 몸을 붙여서 기대니까 그제야 멈췄어요. 그런 다음엔 바로 다른 사람들 서너 분이 뛰어와서 붙어주셨고요. 차량 앞에 섰을 때 고립감이나 절벽 앞에 서는 것 같은 공포감은 조금 있었는데, 그래도 차가 멈췄다가 다시 앞으로 다가올 때는 분노가 더 커서 그냥 거기에 몸을 맡기고 앞으로 기대서 절대 못 간다고 막았어요.

> 김동현은 운전병으로 군 복무를 했다. 당시 차량의 구조와 부대 마크를 식별할 수 있을 정도였다고 했다. 막아선 군용 차량을 운전하던 젊은 군인과 눈도 마주쳤다. 군인은 김동현의 눈을 피했다. 대치하던 군용 차량은 시민들이 몰려들자 유턴하여 서강대교 쪽으로 방향을 틀어 김동현의 시야에서 사라졌다.

군용 차량이 물러간 이후에는 무엇을 했습니까?

군인 버스랑 군용 차량이 왔다가 간 이후에는 혹시나 또 올지도 모른다는 생각에 그냥 그 보도블록 위에 앉아서 공유되는 뉴스들을 계속 보면서 새벽 5시까지 있었어요. 3시쯤 누가 전화해서 우리는 이제 철수하려 한다고, 같이 들어가겠느냐고 물었는데, 저는 좀더 있겠다고 했습니다. 계속 있는 게 마음이 편할 것 같았고, 첫차가 다니기 시작한 다음에 걸어서 여의도역까지 가서 귀가했습니다.

여의도로 출발할 때, 현장에서 무엇을 해야겠다는 구체적인 목표가 있었나요?

일단 '막는다'고 생각했고요. '외친다'는 것을 생각하고 가지는 않았는데, 그 순간은 절박하니까, 그리고 누군가는 나서야 하니까, 그래서 나대는 것일 수도 있겠지만 외쳤어요. 확실히 이길 자신은 없는데, 물고 늘어져서 질질 끌어당길 정도의 힘은 있으니까 그거라도 하겠다, 이 정도는 상상하고 갔습니다.

그 이후에 '탱크맨'으로 유명해졌어요. 이런 상황을 예상했나요?

이재명 대표가 직접 저를 찾는다고 말하기 전까지는 나설 생각이 전혀 없었어요. 그때 수많은 사람들이 훨씬 더 많이 막았고, 저는 뒤늦게 새벽 2시에 가서 그냥 급박한 마음에 막은 것뿐인데, 영상에 나왔다는 것만으로 너무 많은 주목을 받는 것이 낯설었죠. 그런데 '탱크맨이 중국인이다' 이런 가짜뉴스가 많이 나도는데다, 희망적인 얘기를 하는 것이 필요하다고 기자님이 설득하시기도 했고요. 그래서 인터뷰에 응했죠.

혹시 그날의 행동을 후회한 적이 있나요?

다른 선택이 가능했을까요? 저 자신, 제 친구들 그리고 제가 소중하게 생각하는 가치들을 보호해야만 한다는 생각으로 뛰어갈 수밖에 없었습니다.

그날 가장 기억에 남는 것은 무엇일까요?

저보다 먼저 오셔서 군인들을 태운 버스 앞에 주저앉아서 지키던 사람들의 모습이 마음에 많이 남아요. 그날 그 순간에 그렇게 움직였던 사람들 사이에는 어떤 절박함, 일상과 사회의 평화나 민주주의를 지키고 싶다는 절박함이 있었다고 생각해요. 그리고 그것이 마침내 지켜졌을 때 오는 신뢰나 마음에 주는 위로가 컸다고 봐요.

> 김동현은 곰팡이가 많이 피는 반지하 원룸에 사는 평범한 청년이었다. 곰팡이를 견디지 못해 집주인에게 항의하자 집주인은 다음 세입자를 구해야 방을 빼주겠다고 했다. 김동현은 방을 구하러 다닐 때 우울한 표정으로 이 방을 보여주던 어떤 남매를 떠올렸다. 책임져야 할 집주인은 책임지지 않고, 보증금 때문에 세입자끼리 곰팡이를 떠밀고 고통을 반복하고 있었던 셈이다. 그 이후에 그는 주거권과 관련된 활동을 시작했다. 공동체 구성원 서로에 대한 연대와 도움이 필요하다는 김동현의 체험은 느닷없는 비상계엄 당일에도 다르지 않았다.

일단 '막는다'고 생각했고요. '외친다'는 것을 생각하고 가지는 않았는데, 그 순간은 절박하니까, 그리고 누군가는 나서야 하니까, 그래서 나대는 것일 수도 있겠지만 외쳤어요. 확실히 이길 자신은 없는데, 물고 늘어져서 질질 끌어당길 정도의 힘은 있으니까 그거라도 하겠다, 이 정도는 상상하고 갔습니다.

| 황인경 | 39세, 밴드 '전기뱀장어' 뮤지션 |

뮤지션은 정치색을 드러내지 말라는 억압에 맞서, 비상계엄의 공포에 맞서

"계엄이래. 미쳤나봐." 설거지를 하느라 단톡방 알람을 놓쳤다. 마지막 접시를 뽀득하게 닦고 나서야 폰에 뜬 문구가 눈에 들어왔다. 선명한 두 글자 '계엄'. 잠시 멍했다. 글자는 인식했는데 좀처럼 생각으로 빠르게 이어지지가 않았다.

'비상계엄'이라는 말을 보고 가장 먼저 든 생각은 무엇이었나요?

제가 광주광역시 출신이기 때문에 '계엄'이라는 말을 어렸을 때부터 들어왔거든요. 그래서 그 단어 자체가 주는 어떤 공포감 같은 것이 각인돼 있었는지 굉장히 당혹스럽고 놀랐습니다.

저희에게 계엄은 굉장히 큰 폭력이에요. '계엄'이 어쨌든 원래는 국가의 법 제도 내에서 하는 일이라고도 하지만, 적어도 제가 봤던 역사 속에서 좋은 쪽으로 발현되는 경우는 별로 못 봤거든요. 특히 광주 학생들은 어렸을 때 5.18 기념묘역으로 견학을 가는데요. 그래서 어렸을 때

봤던 그 무서운 사진들이나 시민군의 모습들이 계엄이라는 단어와 금세 겹쳐 떠올랐습니다.

어린 시절에 접했던 계엄의 이미지가 기억나시나요?

네, 제가 5.18 묘역에 갔을 때 봤던 사진들을 기억해요. 시민들이 버스나 승용차 택시 등을 이용해서 행진하는 모습, 시위하는 모습, 군대와 대치하는 모습, 상의가 벗겨진 채 피칠갑을 하고 곤봉으로 맞고 있는 모습, 그리고 그때 희생자들을 담은 관을 덮고 있는 태극기와 그것을 바라보는 유가족들의 슬픈 표정들이요.

어머니가 회사 생활을 하셨는데, 어머니 회사의 어떤 사람은 창문 밖으로 고개를 내밀었다가 그대로 총에 맞아 죽었다는 이야기도 들었거든요. 일반 시민들도 희생됐다는 이야기를 어렸을 때부터 간접적으로 접해왔기 때문에 계엄에 대한 어떤 이미지가 형성되어 있었던 것 같습니다.

여의도로는 어떻게 왜 가게 되었나요?

11시쯤 비상계엄 소식을 듣고 11시 반에 집에서 나섰어요. 이재명 민주당 대표가 라이브 방송을 통해서 시민들에게 지금 국회로 와서 지켜주시라 이런 이야기를 하길래, 그래도 나가서 인원수라도 채우는 게 좋겠다고 마음먹었습니다. 그리고 정말 무슨 일이 일어나고 있는 건지 알고 싶기도 했고요.

대략 삼십 분 정도 생각하다 나간 건데, 가장 크게 고민되는 지점은 무엇이었나요?

부끄러운 얘기지만 제가 평소에 집회에 자주 나가는 사람은 아니라서, 처음부터 가야겠다는 생각은 안 했어요. 평소에는 내가 가는 게 뭐 크게 도움이 될까, 어떻게든 처리가 되지 않을까, 이런 생각을 했는데요. 계엄이라는 굉장히 어이없는 소식을 접하니까 평소 같으면 안 했을 일을 고민하게 되더라고요.

그러다가 '시민들이 지금 모여서 함께 지켜주면 좋겠다'는 호소를 들으니까, 한 명 한 명의 시민도 도움이 될 수 있겠구나, 하는 새삼스러운 깨달음이 있었어요. 그런데 반대로 생각하면 많은 시민들이 못 올 것 같은 거예요. 차도 끊길 시간이고 다음날 출근도 해야 하는데 어떻게 쉽게 마음을 먹겠어요? 그런데 저는 프리랜서고 차도 있고 다음날에 부담도 없으니까, 그러면 이번에는 내 차례구나, 이런 생각이 들어서 가게 됐어요.

주변 사람들이 위험하다고 만류하지는 않았나요?

만류까지는 아니지만 같이 대화하는 SNS방에서 '나, 아무래도 국회에 가봐야 할 것 같다'고 하니까 걱정들을 많이 해주더라고요. 따뜻하게 하고 가라, 핫팩 챙겨가라, 보조배터리 챙겨라…… 그리고 '전기뱀장어' 팬들과 소통하는 커뮤니티가 있는데, 팬분들도 많이 염려해주셨어요.

팬 커뮤니티에 이런 얘기를 공개적으로 했을 때, 좋아하지 않는 팬들도 있을 것이란 걱정은 없었나요? 뮤지션이 정치적인 언급을 안 하길 바라는 대중도 있잖아요?

저는 음악가가 목소리를 내는 것에 대해 한국 사회의 인식이 너

저는 음악가가 목소리를 내는 것에 대해 한국 사회의 인식이 너무 박하다고 평소에 생각하고 있었어요. 또 이번 일은 특별한 정치색을 드러내는 것이라기보다는 시민과 국가의 위기에 반응하는 것이었잖아요.

무 박하다고 평소에 생각하고 있었어요. 미국의 테일러 스위프트 같은 유명한 가수들은 자기 목소리를 내고 정치색을 드러내는 데 큰 부담이 없잖아요. 저는 기회가 된다면 이런 얘기들을 용기 있게 하는 게 좋은 것이라고 생각했습니다. 또 이번 일은 특별한 정치색을 드러내는 것이라기보다는 시민과 국가의 위기에 반응하는 것이었잖아요. 팬분들도 이해해줄 거라고, 지지할 거라고 믿었습니다.

여의도에 도착했을 때 상황은 어땠나요?

국회의사당 북서쪽에 있는 둔치 주차장에 주차를 하고 정문 쪽으로 가는 동안에 별안간 엄청 큰 헬기 소리가 들렸어요. 그러더니 한 대도 아니고 여러 대의 헬기들이 국회 내부로 진입하더라고요. 하늘에는 담벼락이 없으니까 그냥 쑥쑥쑥 들어가는 거예요. 국회 내부가 어두워서 잘은 안 보였지만 잔디밭 같은 데 헬기를 내리고 있었습니다.

처음 헬기 봤을 때 어떠셨어요?

실제로 이렇게 헬기를 가까이서 본 적이 없었잖아요. 일단 하늘이 찢어질 것 같은 굉음이 들렸고, 그때 바닥에 낙엽 같은 게 많이 떨어져 있을 때니까, 바람 때문에 그런 것들이 휘돌면서 얼굴을 막 때리는데, 기분이 너무 언짢은 거예요. 그 굉음과 바람이 마치 이 사태의 폭력성을 보여주는 것 같아서 암울했어요.

국회 앞에 도착한 이후엔 내가 어떤 역할을 해야겠다는 목표가 구체적으로 생겼나요?

세 가지인데요. 일단 머릿수를 채워야겠다는 생각이 들었어요.

심야 뉴스든 아니면 1년 뒤에 나올 다큐멘터리든 그날 밤 국회 앞에 사람들이 많이 모였다고 얘기할 수 있으려면 머릿수가 있어야 되잖아요. 그래서 한 명의 몫이라도 하고 싶다는 생각이 들었어요.

두번째는 제가 뭐 대단치는 않지만 그래도 대중과 함께하는 음악가잖아요. 적어도 나의 음악을 듣는 분들, 팬분들에게 이 소식을 알리고 싶다고 생각했어요. 그래서 지금 어떤 상황들이 펼쳐지고 있는지 트위터에 올리고 사진도 찍어서 올렸습니다.

세번째 목표는 만약 상황이 진짜 안 좋게 흘러가고, 폭력적으로 돌변하면 그땐 나도 맞서봐야겠다 생각했어요. 네, 그런 목표가 있었죠.

> 황인경은 비상계엄 당일 여러 건의 글과 사진을 SNS에 올렸다. 계엄이라는 말을 듣자마자 11시 15분에 외삼촌이 5.18 때 계엄군에 두드려맞아 허리에 장애가 생긴 사연을 썼고, 11시 54분 국회에 도착해서는 가능한 분들은 함께해달라는 글을 올렸다. 0시 41분에는 버스에서 군인들이 내리고 있다, 시민들이 막고 있다는 상황을 알렸고, 1시 10분과 49분에도 현장 상황을 알렸다. 계엄 당일 황인경의 SNS 글은 수만 명이 읽었고, 몇만 몇십만인지 모를 사람들에게 퍼져나갔다. 비상계엄은 이렇게 실시간으로 시민들에게 공유되고 있었다.

위험한 상황에 대비한 준비는 따로 했나요?

신발끈을 한번 보게 되더라고요. 혹시라도 빠르게 뛰어야 하는 상황이 생기면 신발끈이 풀리면 안 되니까, 그래서 보니까 잘 묶여 있더라고요. 그리고 휴대폰 배터리가 충분한지를 확인했는데, 간당간당해서 '준비 부족!' 이런 생각을 했네요.

군인들을 가까이서 봤나요?

네, 아주 가까이서 봤습니다. 군인들도 최대한 무표정하려 노력하고 있었던 것 같아요. 시민들이 훈계하고 욕설하고 큰 목소리로 외치니까 본인들도 마음을 다스리기 위해서 무표정으로 전방만 주시하고 있었습니다. 저는 군인들이 타고 온 버스를 둘러싼 사람들 중 한 명이었죠.

저도 처음 입대했을 때, 총을 보고 두려웠거든요. 그런데 군인들이 메고 있는 소총을 보니까 탄창은 끼워져 있는지, 탄띠에는 진짜 실탄이 있는지 이런 것들을 자세히 보게 되더라고요.

비상계엄, 그날 이후 삶에 변화가 있었나요?

일단은 많이들 그러셨겠지만 뉴스를 계속 찾아보게 됐고요. (웃음) 저는 하루에 한 번씩 피아노를 연주하고 인스타그램에 올리는 저만의 루틴이 있거든요. 그 외에도 일주일에 한 번씩 시를 써서 올리고, 일주일에 네다섯 번 정도 러닝을 하는 루틴이 있는데, 그게 잘 되지가 않더라고요. 그래서 하루빨리 저를 비롯해서 많은 분들의 일상이 좀 돌아왔으면 하는 바람이 있습니다.

또다시 이런 일이 일어난다면 어떤 선택을 할 것 같은가요?

저는 더 적극적으로 참여하겠습니다. 저는 좀 편하게 살아온 면이 있는 것 같아요. 평소에도 정부를 상대로 집회에 나간다든가, 항의의 목소리를 적극적으로 내는 분들이 계시잖아요. 그렇게 앞장선 분들 덕분에 제가 그냥 편하게 일상을 누리고 있었던 것 같아요. 이번에 이 계엄이라는 일련의 사태를 겪어보니까, 우리의 일상이라는 게 생각보다 쉽게 깨질 수 있는 것이고, 누군가의 땀과 피로 이게 지켜지고 있겠다는 걸 알게 됐죠. 다음에 비슷하거나 더 위험한 순간들이 오면 저도 중요한 역할을 해서 그 빚을 갚고 싶습니다.

황인경은 감기에 걸렸다가 나으면 면역력이 강해지는 것처럼 우리 사회가 체질 개선을 할 수 있는 시간을 겪은 것 같다는 말로 인터뷰를 마쳤다. 그의 밴드 '전기뱀장어'는 올해도 여전히 무대에 서고 공연을 하고 있다. 그날 이후 휴대폰 배터리가 부족하지는 않은지 들여다보는 버릇이 생긴 것이 고쳐지지 않는다고 했다.

| 이관훈 | 배우, 전 707특수임무단원 |

특전사 출신 배우,
계엄군이 된 후배들을 설득하다

"나 다시 돌아갈래!" 이창동 감독의 영화 〈박하사탕〉 속 영호의 외침이다. 사진동아리에서 수줍게 사랑을 알아가고 꽃을 보며 눈물을 흘리던 영호는 1980년 5월 계엄군으로 동원된다. 광주에서 민간인을 사살하게 되면서 그의 삶은 길을 잃고 만다. 그가 다시 돌아가고 싶었던 순간은 언제였을까? 그때 다른 선택을 할 수 있었다면 그의 삶은 어떻게 달라졌을까? 20여 년 전, 707특수임무단원으로 근무했던 이관훈은 스스로에게 물었다. '그날 내가 후배 군인이었다면 어떤 선택을 했을까?' 그 물음에 대한 답을 선뜻 내놓지 못했다. 두려움이 앞섰다.

당신은 누구신가요?

20년째 무명 연기자 생활 하고 있고요. 이름은 이관훈이라고 합니다.

대표작을 몇 개 소개해 주실 수 있을까요?

M본부 건데요, 〈로드 넘버원〉이라는 드라마에 출연했고요. K본부 거는 〈대조영〉이라는 드라마로 데뷔했어요. 그 밖에 〈징비록〉〈마의〉 등 사극을 많이 했어요.

국회 앞에 도착했을 때의 상황은 어땠나요?

차를 끌고 서강대교를 건너서 제가 도착한 때가 11시 반쯤 됐거든요. 순복음교회 앞쪽에 주차하고 갔는데 그때 사람들이 정말 많이 몰렸어요. 국회 경찰 한 분한테 제가 '나 좀 넘어갈 수 있겠냐? 나 넘어가고 싶다. 특전사들이 온다는데 내가 특전사 출신이다' 그랬어요. 근데 그 경찰분이 이렇게 되물으시더라고요. '현역이시냐?' '제대한 지 20년 됐다' '근데 왜 넘어가시려고 하느냐?' 이런 대화를 주고받다가, 그분이 옅은 미소를 짓더니 "안 볼 때 넘어가세요" 그러면서 등을 탁 돌려주시더라고요. 그래서 담을 넘었어요.

구체적으로 어떤 점이 가장 걱정됐나요?

저희가 작전을 하다보면 두건으로 눈만 나오게 다 가리거든요. 두건을 쓰고 고글까지 끼면 누가 누군지 안 보여요. 예를 들어서 707 작전 요원들 중에 다른 세력이 똑같은 옷을 입고 투입돼서 어떤 방아쇠라도 당기면, 공포탄이든 무력이든 그런 위험한 상황을 촉발하게 되면 사실은 그때부터는 걷잡을 수 없게 되거든요. 이런 긴장 상태에서 트리거가 당겨지면 훈련받은 요원들은 잔인하게 무력을 사용하겠죠. 그게 제일 두려웠어요.

"애들아. 나 707 선배거든, 너희들 707이니? 명령받아서 오는 거 아는데 너희들 진정해야 한다. 알았지? 형도 제대한 지 지금 20년 정도 됐는데 형 5지역대야. 이관훈 중사라고. 방송활동도 하고 있고. 진짜 너희 선배거든. 너희들 아무리 누가 명령을 했더라도 너희들도 다 유튜브 보고 할 거 아니야, 그렇지? 그러니까 너무 몸 쓰고 이렇게 막지 마라. 알았지? 너희들도 다 판단할 거라고 믿는다. 국민들도 걱정되는데 너희들도 걱정돼. 그러니까 쓸데없는 행동하지 마라. 알았지?"

그때 계엄군들에게 이렇게 말을 걸었잖아요?

국회 안의 상황은 전혀 모르잖아요. 밖에는 계엄군이 도열해 있고, 그래도 그때가 1차적인 흥분 상태는 좀 가라앉고 난 뒤였던 것 같아요. 그래서 '지금 얘기하면 대화를 좀 나눌 수 있지 않을까?' 생각해서 이야기를 시작했죠. 그때 제가 반말을 했거든요. 그래서 어떤 커뮤니티에서 욕을 좀 먹고 있어요. '제대한 지 20년 됐는데 왜 모르는 사람이 군인들한테 반말이냐' 이런 걸로 엄청나게 비난을 받기도 했는데요. 제가 반말을 했던 이유는 후배들에게 좀 친근하게 다가가고 싶었거든요. '너희들이랑 나는 교감이 있다. 그러니까 내 이야기 한 번만 들어줘' 그런 심정이었어요. 제가 제일 겁냈던 것은 트리거가 당겨지는 것이었어요. '애들아, 제발 그러지 말자' 그런 마음으로 말을 걸었어요.

철수하는 군인들 뒷모습을 지켜봤는데, 어떤 생각이 들었나요?

안도했던 것 같고요. 안쓰럽기도 하고 고맙기도 했어요. 그들에게 정말 고마웠고 미안했어요.

제가 반말을 했던 이유는 후배들에게 좀 친근하게 다가가고 싶었거든요. '너희들이랑 나는 교감이 있다. 그러니까 내 이야기 한 번만 들어줘' 그런 심정이었어요. 제가 제일 겁냈던 것은 트리거가 당겨지는 것이었어요. '얘들아, 제발 그러지 말자' 그런 마음으로 말을 걸었어요.

이관훈_ 배우, 전 707특수임무단원

당시 출동했던 군인들이 입은 상처는 어느 정도라고 짐작하시나요?

피디님도 한번 생각해보세요. 사장님이 부당한 명령을 내렸어요. 내적 갈등이 얼마나 심하겠어요? 당연히 상처되죠. 그리고 특전사는 광주 항쟁이라는 역사적인 아픔을 겪었던 부대란 말이죠. 시간이 흘러서 그나마 이미지가 제자리를 찾아가고 있는데 또다시 이런 일 때문에 비난받는다면 얼마나 억울하겠어요? 겨울이면 추운 데서 훈련하고, 여름이면 더운 데서 훈련하는 그 친구들이 어디 가서 특전사라는 말도 못 하고 자부심도 못 가지고, 당연히 내적 갈등이 심하지 않을까요?

비상계엄 이후 군인들이 어떻게 지내고 있는지 알고 있나요?

지금도 군대 생활하는 동료들이 있거든요. 계엄 끝나고 나서 가끔 통화해서 물어보면 다들 트라우마가 있어요, 지금도. 그리고 계속 상담받는다고 제가 들었고요. 국군 통수권자가 부당한 명령을 내리고 국군 통수권자의 최근접 지휘관들이 아무도 거부하지 않았어요. 의무 복무를 하는 장병들이랑 부사관들은 그냥 희생양이 되었고요. 죄인이 되었단 말이에요. 제가 군 생활할 때 저희 행보관님이 광주 항쟁을 경험하신 분이거든요. 그분이 굉장히 고통스럽게 사셨어요, 속죄하고 미안해하면서. 당시 얘기를 잘 안 하시는데 제가 졸라서 듣게 됐어요. 그분은 평생의 트라우마를 가지고 살고 있어요. 그런데 그 지휘관들은 떵떵거리면서 권력을 다 누리고 살았잖아요. 진짜 비겁한 것 같아요. 지휘관들이 진짜 비겁해요.

이런 일이 반복되지 않으려면 무엇을 바꿔야 할까요?

분명히 뭔가 바뀌지 않으면 또 일어날 수 있는 일이거든요. 유권자들이 혼을 내줘야 해요. 생각이 다르다고 한쪽을 없애버리려 하고, 적을 상대해야 할 무기로 국민들을 위협하는 정치인을 다시는 뽑지 말고, 뽑았더라도 탄핵해야죠. 제가 사극을 많이 했잖아요. 권력을 가진 사람들이 높은 가마 타고 국민들을 내려다보면서 뭔가를 가르치려 들고 계급을 나누는 시대가 아니잖아요. 국민들하고 똑같이 지게 지고 땅에 발 딛고 서서 머슴처럼 국민들을 섬겨달라고 우리가 권력을 드리는 거잖아요. 나눠주는 거잖아요.

계엄군과의 대화가 화제가 되면서 모르는 번호로 걸려오는 전화가 부쩍 늘어났다. 주변에서는 정치적인 발언이 연기 활동에 지장을 줄까 우려했다. 평소 보수적인 성향을 가진, 부산에 사는 부모님은 '모난 돌이 정 맞는다'며 많이 걱정하셨다. 하지만 그는 개의치 않았다. 원래 유명하지 않아서 불이익을 받더라도 큰 타격이 없을 거라고 자신했다.

그날 그곳에 있었던 시민의 목소리

박찬익(23세, 부산대 의생명공학부 대학생)
군 복무중인 친구에게 전화를 걸어서 혹시 국회로 동원될까봐 안부를 물었습니다. 그 친구도 저한테 가서 다치지 말라고 얘기했어요. 어떻게 될지 한 치 앞도 모르고 과연 돌아올 수 있을지 없을지 저도 확신은 없었지만, 그때 느꼈던 감정은 무서움보다는 분노가 더 컸습니다.

백영민(56세, 자영업자)
제가 1997년 말부터 10여 년간 군 장비, 안전 장비, 소방 장비 등을 해외에서 들이는 소규모 수입상을 했어요. 그러다보니 군인들이 어떤 장비를 착용하고 있으면 저 사람들은 어떤 임무를 주로 하겠구나 하는 부분을 다른 사람들보다 빨리 파악하는 편이에요. 당시 계엄군이 착용했던 장비와 복장은 대테러작전, 흔히 말하는 테러리스트를 제압하기 위한 것이었어요. 특이한 건 야간 투시경을 다 달고 있었다는 거였죠. 그건 기본적으로 어둠 속에서 작전을 할 계획을 하고 있었다는 얘기거든요. 그리고 문을 개방하는 장비, 전술 조끼, 전투용 바디 벙커라고 하는 방패까지 들고 왔더라고요. 그렇다면 이 사람들이 단순히 국회를 봉쇄하러 온 게 아니라 안에 있는 인원들을 적극적으로 제압하기 위해 왔구나 하는 판단이 바로 섰습니다.

이신철(60세, 아시아평화와역사연구소 소장, 성균관대학교 겸임교수)
계엄 해제 요구 결의안이 국회에서 가결되고 문으로 군인들이 나오는데, 생수통 조그마한 병 25개짜리를 들고 나오더라고요. 요즘은 물을 저런 식으로 들고 가는구나 싶었지만, 한편으로는 장기적인 대비를 했다는 생각도 들었어요. 또 군인들이 계엄 상황에서는 장갑차를 타고 가는 장면을 상상했는데, 마이크로 버스를 타고 철수하더라고요. 군인들의 표정에서도 '내가 왜 여기 있지' 하는 생각이 읽혔어요. 예전 쿠데타하고는 다르고, 계엄군의 마음도 완전히 다르다는 생각을 하게 된 결정적인 장면이었습니다.

신소현(28세, 서강대 여성학협동과정 석사 수료, 기지촌 여성 지원 단체 '두레방' 활동)
제가 어렸을 적 의정부에 살아서 헬기라는 건 늘 하늘에 떠 있는 것이라고 여겼거든요. 그날 밤 그 정도로 육지 가까이서 헬기가 나는 걸 거의 처음 본 것 같아요. 그 안에 무장한 군인이 있다고 생각하니까 다른 느낌으로 실감이 났습니다.

성경헌(25세, 경희대 경제학과 대학생)
제가 군대에서 운전병으로 복무했어요. 그런데 그날 제가 운전했던 차기 와 있는 기예요. 그러면 지금 여기 와 있는 지휘관은 대대장하고 비슷한 등급이겠구나 생각했고, 다른 고속 기동 차량들을 보고도 군이 민간인을 상대로 저런 차량을 동원했다는 것에 놀랐죠.

김민기   59세, 국회 사무총장

그날 국회 뒷문, 의결 후에도 계엄군과 국회 직원들은 싸우고 있었다

용인에서 내리 3선을 했다. 12년 동안 거친 주요 상임위로는 국방위원회, 행안위원회, 정보위원회가 있다. 군을 들여다봤고, 경찰을 들여다봤고, 국정원을 비롯한 정보기관을 들여다봤다. 그런 그가 맞닥뜨린 비상계엄 상황은 어쩌면 운명이었을지도 모른다. 쉽게 예상되던 4선을 떨쳐버리고 용인 시민으로 돌아가겠다며 불출마를 선언했던 그가 국회 사무총장으로 다시 국회로 돌아온 것부터 시작이었다.

2024년 12월 3일은 국회 사무총장에게 어떤 날이었나요?

키르기스스탄 자파로프 대통령이 우리나라에 공식 방문을 했습니다. 그날 저녁을 함께하기로 해서, 화기애애하게 외교 활동을 했죠. 만찬을 마치고 퇴근해서 집에서 휴식하고 있는 중에 뉴스 채널을 틀어놓고 있었는데, 긴급히 대통령 담화가 있다는 겁니다. 그러더니 '비상계엄을 선포한다'고 험악한 얘기들이 쭉 나왔잖아요? 순간적으로 판단한 것이 가짜뉴스이거나 아니면 국지전이 발발해서 잠시 뒤에 전쟁이 선포되는 상황이구나 이렇게 판단을 내렸습니다.

바로 비서실장한테 전화를 해서, 지금 국회 직원 전체 소집하라고 지시했습니다. 그리고 의장님께 전화를 드렸죠.

"의장님 지금 텔레비전 보십니까? 빨리 텔레비전 켜십시오. 지금 대통령이 비상계엄을 선포했습니다."

사무총장님은 계엄에 대해 어느 정도 알고 있는 편이었나요?

박근혜 정권에서 계엄 문건 사건이 있었잖아요? 우연인지 필연인지 몰라도 제가 계엄법 개정안을 발의하려고 한 적이 있었습니다. 그리고 국회 정보위원회 여당 간사도 해봤고, 계엄 문건에 대해서 많은 연구를 했습니다. 당시에 계엄 문건을 작성한 자를 추적하기도 했죠. 계엄에 대해서 학습이 좀 되어 있었던 셈이죠. (웃음)

국회로 이동한 과정에 대한 설명 부탁드립니다.

비서실장이 첫 통화에서 관용차를 보내겠다고 얘기했어요. 지금 관용차 오는 데 한 시간 걸리고 국회 가려면 다시 한 시간이다, 그러면 두 시간 걸리니까 '내가 택시 타고 간다'고 했죠. 삼십팔 분 만에 국회에 도착하더라고요. 택시에서 의장님과 네 차례 통화를 했고, 국회 입법차장, 의원님들, 또 국회 직원들과 통화하면서 지휘할 수 있었죠.

국회 외곽은 국회경비대라는 이름으로 파견된 경찰이 맡고 있고요. 울타리 안에는 우리 방호직이 맡고 있어요. 사람에 대해서는 경호가 맡는 시스템인데, 국회에 도착하니 경찰이 막고 있다고 하더라고요. '막으면 안 된다'고 전화했더니 국회경비대장이 상황 파악이 잘 안 돼 있었어요. 그래서 '지금 국회를 막으면 안 된다'고 분명히 인지를 시켰고, 의장님이 소집한 회의에 빨리 들어가야 하기 때문에 뛰어들어간 거죠.

> 김민기는 국회의원들 사이에서 밀덕(밀리터리 덕후)으로 유명했다. 군 복무를 201특공여단에서 했는데, 대테러 작전, 기습, 침투, 요인 암살을 전문으로 하는 부대였다. 김민기는 부대 편제를 보려면 소대별로 지니고 있는 총기를 봐야 한다고 말했다. 무장 상태만 봐도 투입된 부대의 목적을 판단할 수 있다고 했다. 계엄의 밤은 '밀덕' 김민기의 주특기를 잘 살릴 수 있는 밤이기도 했다.

사무총장님이 국회 본청 앞에서 계엄군과 맞선 장면이 화제가 됐습니다.

보좌관이 '헬리콥터가 내리고 지금 병력이 침입한다'고 보고했어요. 그래서 '빨리 다시 나가서 무장 상태를 확인하라'고 지시했죠. 첫째, 착검을 했냐, 총기는 뭐냐, 그다음에 곤봉은 있냐 등등 여러 가지 특이사항을 빨리 보고하라고 했더니, 우리 강경만 보좌관이 후다닥 뛰어나갔어요. 그리고 보고가 들어오는데, 총기는 각자 다른 총을 소지하고 있었고, 소음기가 달렸다는 얘기를 했어요. 그런데 소음기를 쓸 일은 전혀 없거든요. 그렇기 때문에 착검을 했느냐가 저는 가장 중요했는데, 착검을 안 했다는 거예요.

그래서 의장님께 빨리 가서 보고드리고 이렇게 말씀드렸죠. "저는 지금 밖으로 나가서 계엄군을 막겠습니다. 회의 준비는 입법차장님이 지금 맡아주십시오. 부탁드립니다." 그리고 바로 뛰어나온 거거든요. 밖으로 뛰어나와서 막은 것은 참 잘한 결정이었습니다. 본청 밖에서 막으니까 군인들이 굉장히 당황하더라고요.

계엄 해제 요구 결의안 투표는 어떻게 진행되었나요?

의안을 당론 발의로 했기 때문에 순식간에 할 수 있었습니다. 당론 발의가 아니면 의원님들에게 일일이 사인받아야 하거든요. 그리고 의안이 올라오면 절차적 정당성을 지키기 위해서 단말기에 의안이 게시돼야 하죠. 표결 결과도 전광판에 표출해서 국민들께서 보실 수 있게 해야 합니다. 이 모든 준비가 끝난 때가 12시 56분경이었습니다. 평소에는 사십 분 정도 걸리는데, 그날은 이십이 분 정도로 모든 시스템이 완결되었어요. 운이 좋은 케이스였습니다. 아주 긴박하게 돌아갔지만 주어진 절차는 다 지켰고요. 12시 40분경부터 국회방송에서 본회의장을 생방송으로 중계했어요. 어떤 위기가 닥칠지 모르니 제가 지시했고, 그때부터 생방송이 됐죠.

결의안이 가결된 직후에는 상황이 어떻게 전개됐나요?

우선 '드디어 의결했구나' 생각했고요. 제일 먼저 의장님께 "지금 산회散會하시면 안 됩니다"라고 말씀드렸습니다. 그리고 국회 경내에 들어와 있는 계엄군들을 찾아다니면서 철수를 요구하기 시작했죠.

아직 잘 안 알려진 일이 하나 있는데, 지하 1층에서 단전을 한 것도 의결된 이후거든요. 의결되고 오륙 분쯤 있다가 일어난 행위예요. 그 다음에 실시간으로 보고가 들어오는데, 국회 후문 상황이었어요. 후문 2층을 1공수여단이 깨고 있는데, 1시 12분까지 그 상황이 이어졌습니다. 무슨 얘기냐면 의결되고 십이 분 동안 뒷문에서는 계엄군과 국회 직원들의 싸움이 붙고 있는 상황이었다는 거죠.

계엄군의 철수가 중요하다고 판단한 이유는 뭔가요?

1시에 계엄이 해제됐는데요. 해제됐으면 헬리콥터로 계엄군이 들어오다가도 선회해서 복귀해야 하는 거잖아요? 그런데 그 이후에 6대나 더 들어옵니다. 헬기가 총 24대가 들어왔는데요. 그중 6대는 계엄 해제 의결된 1시 이후에 들어왔습니다. 가장 마지막에 들어온 헬기가 1시 15분이에요. 병력 투입이 계속되고 있었다는 거죠.

국회에 들어온 군인이 철수를 안 하고 자리에 계속 있었으면, 다시 상부로부터 명령을 받았을 때 결행했을 수도 있었을 겁니다. 하지만 일단 문밖으로, 국회 경내 밖으로 나가면 다시 명령이 하달됐을 때 아마도 거부할 수 있지 않을까 생각했어요.

밀덕 김민기 사무총장은 그날 밤 국회 사무처 직원을 포함한 수백 명을 일사불란하게 지휘했다. 공무원 신분이지만 민주주의의 위기 앞에서 계엄군에 맞서 저항했던 국회 직원들과 국회를 둘러싸고 응원해준 시민들 덕에 계엄 획책 세력이 두려웠을 거라고 했다. 아무 일도 일어나지 않았다는 계엄 세력의 주장에 대한 생각을 묻자, 인터뷰 내내 차분했던 표정이 순간 분노로 바뀌는 것을 볼 수 있었다. 아마 그날 밤 자신과 자신의 지휘를 따랐던 이들이 겪었던 '아무 일'이 생각나서 그랬을 것이다.

1시에 계엄이 해제됐는데요. 해제됐으면 헬리콥터로 계엄군이 들어오다가도 선회해서 복귀해야 하는 거잖아요? 그런데 그 이후에 6대나 더 들어옵니다. 헬기가 총 24대가 들어왔는데요. 그 중 6대는 계엄 해제 의결된 1시 이후에 들어왔습니다. 가장 마지막에 들어온 헬기가 1시 15분이에요. 병력 투입이 계속되고 있었다는 거죠.

그날 그곳에 있었던 시민의 목소리

안도현(50세, 사업가, 키르기스스탄 정부 고문)
밤중에 키르기스스탄 대사 관계자에게 연락이 왔어요. '지금 martial law(계엄령)가 일어나고 있다'는 거예요. 그래서 저는 TV에서 〈서울의 봄〉 같은 영화를 보시는 줄 알고 '옛날에 있었던 일이다. 재미있게 보시라' 그런 농담을 했어요. 그런데 이번에는 키르기스스탄 본국의 고위 관계자에게 연락이 왔습니다. '지금 상황에 대해 빨리 알려줘라. 대통령이 귀국을 못 하게 되면 큰일이 생기니까 빨리 알려달라' 그러기에 사실 여부를 확인하다가 계엄령이 선포됐다는 것을 알게 됐습니다.
상식적으로 한 나라의 대통령이 정상회담을 위해서 일국의 대통령을 초대해놓고 이런 일이 가당키나 합니까? 한마디로 집에 손님을 들인 것이지 않습니까? 키르기스스탄 대통령뿐만 아니라 8개 부처 장관들이 와 있었어요. 그건 외교적인 결례일 뿐만 아니라 있을 수 없는 상황이었어요.

강정욱(37세, 더불어민주당 강준현 국회의원실 선임비서관)
12월 3일 오후에 여야 의원들이 협력해서 대부업법, 예금자보호법 같은 민생개혁 법안을 처리했어요. 국회 상황이 어렵지만 그래도 하나씩 하나씩 그런 기능을 해나가는 곳임을 상기한 날이었습니다. 그런데 그날 밤 갑자기 비상계엄이 터진 거죠.

이광복(58세, 국회 본회의장 기술 담당자, 대신정보통신 이사)
제 직업은 국회에서 투표하는 전광판을 관리, 운영하는 일입니다. 이거 안 하면 안 되는 일인데요. 제가 직장생활한 지 35년쯤 됐는데, 제 일이 이렇게 누구한테 조명받았다는 게 행복한 부분도 있는 것 같아요. 행동거지가 좀 착해진 느낌도 있고요. 더 분발하겠습니다.

조인태(32세, 더불어민주당 당직자)
부모님이 그날 새벽에 전화를 하셨어요. 새벽 3시 정도였던 것 같아요. 당연히 어머니 아버지는 주무시고 계실 줄 알았는데 말이죠. 어머니가 아들을 키우면서 가장 마음이 힘들었던 때가 제가 입대할 때라고 하셨었거든요. 근데 저를 군대에 보내던 날보다 이 비상계엄 뉴스를 접하고 저기서 일하고 있을 아들 생각을 하니까 그게 더 마음이 아프고 힘들었다고 하시더라고요. 저는 새벽에 어머니께 전화가 걸려온 걸 보고서는 이 국회 밖에서 저 많은 사람들이 애타게 걱정하고 있겠구나 싶어서 좀 슬펐습니다.

윤경황(62세, 촛불행동 서울공동대표)
가족과 함께 국회로 향했습니다. 하지만 계엄군 헬기가 날아오는 모습을 보고 아내와 딸을 돌려보내야 하나 엄청 고민했죠. 그런데 점점 많은 시민들이 국회 앞으로 모이는 거예요. 이 정도면 목숨을 잃을 일은 없겠구나 싶었습니다.

| 박상수 | 45세, 변호사, 전 국민의힘 대변인 |

계엄군 막으려 국회에 바리케이드 친 국민의힘 대변인의 그날

계엄도, 계엄 해제 요구도, 여야를 가리지는 않았다. 그날 국회 본청에서는 계엄을 선포한 윤석열 대통령을 배출한 여당이었던 국민의힘 의원 18명도 표결에 참여했다. 의원들만 국회로 진입한 것은 아니었다. 국민의힘 소속 보좌관, 당직자 등 많은 이들이 현장을 지켰다. 박상수 전 국민의힘 대변인도 그들 중 한 명이다.

계엄 소식은 어떻게 알게 되었나요?

당시 당 대변인이다보니, 모 매체 기자 한 분이 전화를 걸어왔어요. 밤중에 기자들이 전화하는 경우가 많지는 않은데, 급한 것 같아서 받았더니 계엄령이 선포됐는데 당의 입장은 무엇이냐 이렇게 물었습니다. 그래서 제가 무슨 소리냐, 이상한 유튜브 보고 말씀하시는 거 아니냐, 이렇게 답하니까 텔레비전을 켜보라고 그러더라고요. 그래서 TV를 켜보니 대통령이 계엄에 대한 이야기를 하고 있었습니다. 현실적이지가 않아서 일단 기자한테는 '확인할 테니 좀 기다려달라' 말씀을 드리고 바로 우리 당의 전략기획본부 신지호 부총장한테 전화했습니다. 신 부총장도 지금 봤다면서 당사로 빨리 오라고 했습니다. 일단 옷을 갈아입었죠.

계엄이 믿기지 않았나요?

어쨌든 우리가 여당인데, 계엄 상황을 전혀 알 수가 없었거든요. 단적인 예로 제가 활동하는 소장파 정치인들의 모임인 '첫목회'라는 단체가 있습니다. 이 첫목회 송년회가 12월 5일이었어요. 서촌의 갤러리를 빌렸고 한동훈 대표도 참석할 예정이었습니다. 그래서 3일 낮에만 해도 한동훈 대표와 송년회 이야기를 나누었거든요. 계엄이라는 굉장히 중차대한 일이 생기는데 당내에서 대변인인 저도 전혀 몰랐고, 당대표도 그날 낮에 저랑 연락할 때까지만 해도 전혀 몰랐던 상황이었죠.

여의도로 향한 과정을 설명해주세요.

신지호 부총장이랑 통화한 시각이 10시 40분경이었어요. 옷을 갈아입는데 아내가 '너는 국회의원도 아닌데 지금 꼭 가야 하느냐, 위험할 것 같은데 굳이 너까지 갈 필요가 있겠냐' 하면서 말리더라고요. 그래서 우왕좌왕하고 있는데, 11시 4분경에 한동훈 대표한테 문자가 왔어요. 딱 세 글자 "당사로"였습니다. 당대표가 오라고 하니까 더 망설일 이유는 없었죠. 아이랑 아내랑 너무 불안해하면서 저를 보고 있길래, 제가 '오늘밤에는 못 들어올 수도 있다. 계엄군이 돌아다닐 수 있으니까 문을 잘 잠그고 있어라. 틈틈이 전화할 테니까 너무 걱정하지 말라' 하고 바로 출발했습니다.

국회에 도착해서는 어떻게 안으로 진입했나요?

정문 쪽으로 걸어가다가 정문이 봉쇄돼 있다는 얘기를 듣고 국회도서관 쪽 쪽문으로 갔습니다. 거기서 한동훈 대표가 국회에 들어가는 것도 경찰이 막았어요. 한동훈 대표가 '계엄을 해제하러 가는 거다, 왜 길을 막느냐'고 경찰한테 항의하니까 경찰이 길을 열어줬죠. 그렇게 한대표가 먼저 들어가고 나니까 추경호 원내대표랑 김용태 의원이 오더라고요. 일단 국회의원들부터 빨리 들어가야 하니까 그분들 들여보내고, 그다음으로 들어갔어요. 저희까지 들어가고 완전히 봉쇄됐다고 나중에 들었어요. 그때가 11시 50분 넘어서, 12시 근방이었거든요. 그런데 국회 본관 쪽으로 걸어가는데 머리 위로 헬기가 한 대, 두 대, 세 대…… 나타나는 거예요. 그날 눈까지 내렸어요. 갑자기 뭔가 영화 같다는 생각이 들었습니다. 그때부터 뛰었습니다. 국회 본관까지는 뛰어서 들어갔어요.

국회 상황은 어땠나요?

본관 대변인실로 가다가 당직자 한 분이 저한테 이쪽으로 올라오라고 해서 바로 2층 로텐더홀로 올라갔는데요. 올라가보니까 한동훈 대표랑 왔던 우리 당 의원들은 예결위장 쪽에, 민주당 의원들은 국회 본회의장 쪽에 있었어요. 국회로 들어온 아는 기자들이랑 인사를 하고 어수선하게 있는 사이에 1층으로 계엄군이 들이닥쳤습니다.

2층에서 내려다보면 보이거든요. 그런데, 중무장을 했어요. 일반 보병이 아니었죠. 그래서 특전사나 특수부대가 왔구나 알아챘고, 저 계엄군이 로텐더홀을 통해서 국회 본회의장으로 들어갈 거라는 생각이 들었죠. 로텐더홀에 있던 사람들도 다들 술렁였고 그때가 가장 긴장감이 고조됐던 상황이었습니다.

계엄군이 진입했을 때의 상황을 구체적으로 들을 수 있을까요?

계엄군이 창문을 깨고 들어왔다는 말이 로텐더홀 쪽에서 들렸고, 1층에서 몸싸움이 있었어요. 저는 2층 로텐더홀에 있었는데, 나중에야 소화기 분말이었다는 걸 알게 됐지만 1층에서 뿌연 연기가 올라왔어요. 2층에서는 바로 '연막탄이다!'라는 얘기가 나오면서 본격적으로 돌입 작전을 하려나보다 싶어서, 어떻게든 막아내야 한다는 생각이 바짝 들었고요. 그러다보니 국회에 있는 집기들을 나르면서 누구랄 것도 없이 다 같이 바리케이드를 만들었습니다. 계엄군이 들어오면 뭐 여당 야당 나눠서 치겠습니까? 제가 "저는 국민의힘 소속입니다" 하면 안 잡혀가겠습니까? 여당 야당 정치인들에게 똑같은 위기 상황이었기 때문에, 바리케이드를 다 함께 친 건 뭐 그렇게 특별한 일은 아니었던 것 같아요.

계엄포고령은 확인했나요?

12시 10분쯤 우리 당직자 한 분이 저한테 보여주더라고요. 포고령 1호가 '정치 활동을 금한다'였어요. 계엄군이 바로 1층에 와 있는 상태에서 포고령이 그렇게 나왔고, 그래서 제가 우리가 지금 하고 있는 게 정치 활동이니까 우리는 다 체포 대상이 된 거라고 얘기했어요. 당직자들이 "그러면 대변인님이 우리 변호인이 돼주셔야죠"라고 얘기하길래, 제가 "저도 체포돼요" 말했던 게 기억나네요.

계엄 해제 요구안 표결 상황은 본회의장 밖으로 전달이 됐나요?

우리 당 의원들은 많이 오지 않는 혼란스러운 상황이었고, 민주당 의원들은 속속 도착하고 있었습니다. 누가 먼저 소리내어 헤아렸는지 모르겠는데, 국회의원들 수를 세서 '120명 왔습니다, 130명 왔습니다, 140명 왔습니다' 이런 식으로 10명 단위로 계속 소리로 알려주고 있었습니다. 그때 한동훈 대표가 예결위장에 있다가 우리 당 의원들 열몇 명과 함께 문을 열고 나와서 본회의장으로 들어갑니다. 나중에 김상욱 의원 얘기 들어보니까, 의원들을 당사로 모은 추경호 원내대표에게 강하게 불만을 터뜨리면서 소리도 질렀다고 하더라고요. 150명이 넘으니까 이제 해제할 수 있겠구나 싶었고, 그 상태에서 우원식 의장, 이재명 대표까지 들어가고 난 다음에 계엄 해제 결의가 있었죠.

그런데 계엄군이 1층에 진입한 이후로, 계엄 해제 결의가 있을 때까지 시간이 상당히 좀 걸렸는데요. 훈련받은 특수부대인 계엄군이 아무리 숫자가 많았다 하더라도 비무장이었던 평범한 사람들을 제압하지 못했을 거라고 생각하지는 않습니다. 그래서 우리도 굉장히 긴장한 상황이었지만, 계엄군들도 그만큼 굉장히 소극적이었다는 생각이 듭니다.

계엄 해제 요구 결의안이 가결되고는 어땠나요?

한시름 놓았다고 생각했습니다. 하지만 조금 불안했던 게 뭐냐면, 국회는 계엄 해제를 요구할 수 있는데, 계엄 해제를 선포하는 일은 오직 대통령만이 할 수 있거든요. 그런데 대통령한테서 계엄 해제 선포가 빨리 안 나오는 거예요. 이렇게 되면 지금 이 상황은 계엄이 유지되는 상황인지 아닌지가 애매하죠. 당시 로텐더홀에 있던 우리 당 사람들 중에서는 저만 변호사였거든요. 다들 저한테 묻더라고요. 그래서 저도 급히 핸드폰을 꺼내서 판례들을 쭉 검색했습니다. 1954년 판례가 하나 있더라고요. 한국전쟁 때 계엄이 있었고 국회에서 계엄 해제 결의를 했는데, 대통령이 계엄 해제 선포를 하기 전에 계엄의 포고령에 위반한 범죄를 저지른 것에 대해 그것을 계엄중 범죄를 저지른 것으로 봐야 하는지 아닌지에 대한 판례가 있었어요. 그 판례를 보면 계엄이 유지돼 있는 거예요. 21세기에 1954년 판례를 제가 찾을 거라고는 생각도 못 했지만 어쨌든 유일한 판례였기 때문에, 그 판례에 따르자면 윤석열 대통령이 계엄 해제 선포를 하기 전에는 여전히 계엄 상황인 거죠. 그러다보니까 불안감이 완전히 사라지지 않았던 상황이었습니다.

> 국회에서 계엄 해제 요구안이 통과된 후, 원외였던 박상수는 국회에서는 더 할 일이 없다고 판단하고 로텐더홀을 나왔다. 새벽 3시쯤이었고 당사로 발걸음을 옮겼다.

국회 밖으로 나온 후의 과정을 설명해주세요.

혼자 걸어나왔는데, 국회 풀밭마다 계엄군들이 앉아 있더라고요. 그때까지 계엄 해제 선포가 아직 없었기 때문에 완전히 철수하지는 않고 군에서 큰 훈련 끝나고 났을 때 분위기처럼 군인들이 삼삼오오 모여 있었고요. 제가 국회 밖으로 나갔을 때, 사실 시위대들이 남아 있는 상황이었어요. 어쨌든 이 계엄은 우리 정부가 선포하지 않았습니까? 그랬는데 저는 또 여당의 대변인이었고 방송에 많이 출연한 상황이라서 알아볼 사람들은 또 알아보거든요. 그러다보니 시위대들은 계엄에 대해서 굉장히 반대하는 입장이고, 우리 당에 대해서 좋은 감정을 가질 수가 없을 터라서 저에게는 국회를 나가는 것도 꽤 긴장되는 상황이었습니다.

시위대의 항의가 있었나요?

시위대 시민 중에 한 분이 저를 보고 "박상수 대변인이다!" 외쳤어요. 그때 진짜 긴장됐지만, "아, 예" 하면서 인사를 드렸습니다. 그런데 그분이 "국회 안은 어떻게 됐어요?"라고 묻는 거예요. 그래서 제가 계엄 해제는 됐고, 아직 계엄 해제 선포가 없어서 의원들이 본회의장에서 안 나오고 있다 이렇게 이야기해드렸습니다. 그러고 나서 다시 당사 쪽으로 걸어가는데 저를 알아보는 분들마다 국회 안의 상황에 대해서만 물어보셨어요. 계엄군도 그렇게 폭력적이지 않았고, 계엄을 해제하고자 모인 시민들도 전혀 폭력적이지 않았습니다. 우리나라의 민주주의가 수십 년 동안 뿌리를 내린 결과, 모두 이렇게 평화적인 모습을 보여준 것이 아닌가 싶었습니다.

국회 앞의 시민들은 여당에 대해서 부정적인 인식과 태도를 가지고 있을 것이라는 추측은 틀린 생각이었나요?

전혀 그런 모습이 없었어요. 알아보는 분들마다 예의를 갖춰서 물어주셨고 저도 예의를 갖춰서 대답해드렸어요. 그저 정말 국회 안의 상황이 궁금하셨던 거죠. 우리 당 나경원 의원이 이런 얘기를 했죠. 당사에서 국회로 못 들어간 이유는 민주당을 지지하는 시위대들이 위협해서 무서워서 못 들어갔다는 식으로 얘기했는데, 전혀 위협적이지 않았거든요.

그때 우리 당 의원들이 대부분 당사에 있었던 것을 두고, 당시 국회로 온 우리 당의 한 보좌관이 제 옆에서 이런 얘기를 하더라고요.

'국회가 계엄군에 침탈당하는데 국회의원이 죽어도 국회에서 죽어야지, 국회의원이 국회에 안 들어오면 그걸 국회의원이라고 할 수

당시 국회로 온 우리 당의 한 보좌관이 제 옆에서 이런 얘기를 하더라고요. '국회가 계엄군에 침탈당하는데 국회의원이 죽어도 국회에서 죽어야지, 국회의원이 국회에 안 들어오면 그걸 국회의원이라고 할 수 있느냐. 당사에 모여 있는 게 말이 되느냐. 당사에 있던 우리 당 의원들은 국회의원이 아니라 당사의원이다.'

있느냐. 당사에 모여 있는 게 말이 되느냐. 당사에 있던 우리 당 의원들은 국회의원이 아니라 당사의원이다.'

그날 여의도로, 또 국회로 향했던 것에 대해 어떤 생각이 드나요?

계엄이 다 끝나고 한동훈 대표와 저녁을 먹은 적이 있어요. 제가 그날 왜 오라고 했냐, 잘못하면 목숨을 걸 수도 있었던 건데, 위험한 상황을 인지나 시켜주면서 오라고 했어야지, 이렇게 그냥 갑자기 오라고 해가지고…… 하면서 팬스레 투정 섞인 말을 했죠. 한동훈 대표가 "그래도 의미 있었잖아요"라고 이야기하더라고요. 순간 말문이 탁 막히면서, 맞다는 생각이 들었어요.

의미 있는 일을 한 거죠. 그러니까 위헌 위법한 계엄을 선포한 대통령이 소속된 보수 정당이 그래도 우리의 손으로 그 계엄이 위헌 위법하다는 것을 이야기했으니까요. 다수는 아니지만, 그래도 당대표와 18명의 의원이 같이 계엄 해제에 합류했다는 그 의미—이것은 앞으로 대한민국의 보수 정치 세력이 재건돼나가는 과정에서 굉장히 중요한 명분이 되고, 의미가 될 거라고 믿습니다.

> 한동훈 대표는 계엄 해제와 탄핵 국면에서 12월 16일 떠밀리듯 대표직을 사임했다. 박상수 대변인은 며칠이 더 지난 24일, 크리스마스이브에 사임 처리됐다는 통보를 받았다. 당을 떠나지는 않았다. 여전히 당에서 할 일이 많다고 했다.

| 한지아 | 46세, 국민의힘 국회의원, 의사 |

"그날 표결에 참여한 것은
옳은 선택이었습니다"

아이에게 엄마는 온 우주이자 세상이다. 아이가 처음 입에 담은 말은 '엄마'다. 말문이 트인 후 가장 많은 질문을 던진 대상도 '엄마'였다. 아이가 커갈수록 질문은 어려워졌고, 엄마도 답변을 위해 더 많은 시간이 필요했다. 그런데 그날은 아이의 질문에 답하지 못했다. 오래 침묵했다. 국민의힘 수석 대변인을 지낸 한지아는 지금 그 질문에 대한 답을 찾았을까?

당신은 누구십니까?

제 이름은 한지아입니다. 46세, 국민의힘 국회의원입니다. 저는 재활의학과 의사입니다. 제 전문 분야는 척수 손상 재활이어서, 사지마비나 하지마비가 생긴 분들이 사회로 다시 복귀할 수 있도록 지원하는 역할을 합니다. 우리 사회가 의료적인 것만 지원해서는 소외계층과 장애인들이 잘살아갈 수 없기에 정책 면에서 할 수 있는 일들을 살펴보기 위해서 국회 보건복지위원회에서 활동하고 있고 여성가족위원회에서도 활동하고 있습니다.

2024년 12월 3일은 어떤 날이었나요?

의정 갈등이 계속되는데다 당 수석 대변인을 맡고 있었기 때문에 여러 회의가 이어졌고, 보통 저녁에는 기자들과의 소통의 시간이 잦아 바쁜 일정을 보내던 시기였습니다. 그런데 그날은 특이하게도 조용했습니다. 정말 오랜만에 한 8~9시에 집에 갔어요.

그때가 딸아이 기말고사 5일 전인가 그랬어요. 픽업을 갔더니 딸이 집에 책을 놓고 왔다고 하더라고요. 그래서 독서실로 데려다주기 전에 집에 잠깐 들러서 책을 갖고 오라 하고 전 차에 있었습니다.

제가 수석 대변인이다보니까 어떤 속보나 담화, 이런 것은 사전 정보들이 오거든요. 그런데 갑자기 대통령이 긴급 담화를 한다고 그러더라고요. 사전에 연락받은 적이 없었고 그 내용을 아는 분들도 없었습니다. 그래서 '탄핵안에 대한 얘기인가, 예산에 대한 얘기인가?' 궁금해하면서 핸드폰을 통해서 담화를 봤습니다. 그런데 담화에서 대통령이 비상계엄을 선포했습니다.

국회에서 위태롭다고 느꼈던 순간은 언제였나요?

12시쯤 우리 보좌관이 '군인들이 국회로 왔다, 총을 들고 왔다'고 해서 그때부터는 마음이 급했어요. 그때 본회의장에 들어간 의원이 110명 정도밖에 되지 않았거든요. 그때부터 22대 국민의힘 국회의원 텔레그램방에 본회의장으로 와달라고 계속해서 메시지를 올렸습니다. 정말 절실한 마음이었고요.

'국회에 군인들이 총을 갖고 왔다' '본청에 들어올 것 같다' '우리 오늘은 똘똘 뭉쳐야 하는 날이다'라고 얘기했을 때 어떤 의원이 제게 따로 개인 텔레그램 메시지를 주셨어요.

'지금 이렇게 선동하고 감정적으로 대응하면 안 된다.'

그런데 전 그때 차분했거든요. 굉장히 차분했습니다. 왜냐면 해야 할 일이 명확하지 않았습니까? 우리 국민의힘이 함께 해제 표결에 참여했으면 좋겠다는 마음이었고 군인들이 들어오기 전에 이 계엄이 해제되기를 바랐습니다.

저는 민주당의 반복적인 탄핵, 예산안의 일방적인 통과 등의 사안을 굉장히 비판합니다. 그런데 그것은 별개의 문제입니다. 계엄은 위헌적이었고 위법적이었고 굉장히 위험했습니다.

> 밤 12시 25분쯤 중학생 아들에게서 전화가 걸려왔다. "엄마, 괜찮아?" "응, 엄마는 괜찮아." 그때 아이는 TV로 군인들이 국회로 들어오는 장면을 보고 있었다. 엄마에 대한 걱정, 대한민국에 대한 걱정까지는 모르겠지만, 알 수 없는 불안, 내일 학교를 가야 하나 말아야 하나 하는 현실적 고민이 섞여 있었다. 그러면서 물었다. "계엄 해제될 수 있어?" "응, 한번 해봐야지." 아들과의 전화를 끊자마자 본회의장에 도착한 국회의원이 151명을 넘어섰다. 아들에게 말한 대로 해볼 수 있게 됐다.

아들과의 전화 통화가 끝나자마자 본회의장으로 향했나요?

그때 모인 인원이 151명이 넘었습니다. 그래서 휴게실에 있다가 '이제 본회의장에 들어가자'고 했죠. 그런데 본회의 개최가 늦어지니까 의원들이 막 소리를 질렀습니다.

"빨리 표결합시다."

저도 내성적인데 '빨리 표결할 수 있게 해달라' 우원식 의장님께 소리도 지르고 마음이 급했죠. 왜냐하면 아까 말씀드렸듯이 그때의 영상을 보면 이미 국회에는 군인들이 들어와 있었어요. 그러니까 어떻게 될지 몰라 불안했던 겁니다. 그러고 나서 한 12시 48분, 49분에 개회하고 1시 1분에 표결해서 계엄 해제를 했죠.

계엄 해제를 하고 나서 아마 많은 의원들이 그랬을 것 같은데요. 안도의 마음과 함께 울컥하더라고요. 근데 또 창피하니까 울 수는 없잖아요, 거기서. 그런데도 불안했죠. 불안했던 이유는 2차 3차 계엄도 있을 수 있다고 생각했습니다. 본회의장에 있다가 휴게실에 나와서 앉아 있었거든요. 보통 이렇게 옹기종기 모여 있으면 얘기도 하고 수다도 떨 만도 한데, 그날은 그런 게 없었어요. 그냥 다 조용히 자기 생각에 잠겨 있는지 걱정 속에 조용히 있었던 걸로 기억합니다.

계엄 해제 이후에도 자리를 계속해서 지켰다고 했는데, 이유가 있었나요?

우리 여당 의원들이 남아 있지 않았더라면 제가 봤을 때는 계엄 해제 이후에도 충분히 군인들이 야당 국회의원들을 끌어낼 수 있었다고 생각해요. 그런데 국민이 보기에 여당 국회의원들을 군인들이 와서 끌어내면 굉장히 이상하게 보지 않겠습니까? 다행히 정치권은 우리 국민들의 눈치는 보거든요.

계엄이 해제될 때까지 자리를 지키고 있어야겠다는 생각은 거기 계신 많은 의원들의 공통된 생각이었습니다. 그때도 거의 세 시간 반 침묵이었죠.

계엄 해제를 하고 나서 아마 많은 의원들이 그랬을 것 같은데요. 안도의 마음과 함께 울컥하더라고요. 근데 또 창피하니까 울 수는 없잖아요, 거기서. 본회의장에 있다가 휴게실에 나와서 앉아 있었거든요. 보통 이렇게 옹기종기 모여 있으면 얘기도 하고 수다도 떨 만도 한데, 그날은 그런 게 없었어요. 그냥 다 조용히 자기 생각에 잠겨 있는지 걱정 속에 조용히 있었던 걸로 기억합니다.

한지아_ 국민의힘 국회의원

윤석열 대통령 탄핵소추안 첫 표결에 참여했나요?

12월 7일 탄핵 소추 표결 불참. 그 탄핵 소추 가결에 대한 버튼을 안 누른 거에 대해서 아들이 왜 그랬는지 물어보더라고요. 설명을 잘 못했죠. 우리가 어떤 사안에 대해서 제일 자신감 있고 잘 알 때는 설명을 쉽고 간결하게 할 수 있습니다. 그런데 그때는 그렇지 않았던 거죠. 저의 생각들도 너무 복잡했고요. 답은 아는데 행하지 못했기 때문에 설명을 잘 못했죠. 그래서 아들에게는 "여러 가지 이유가 있었어. 나중에 얘기할게" 하고선 답을 못 했습니다.

탄핵을 하는 게 맞았다고 생각합니다. 후회, 후회됩니다.

두번째 탄핵 표결에는 어떤 선택을 했나요?

12월 14일 탄핵 소추에 대한 가결은 오히려 어렵지 않았습니다. 내적 갈등은 우리가 옳음을 아는데 그걸 행하지 않았을 때 오는 겁니다. 그게 정리되니까 저는 훨씬 더 편하게 12월 14일에 표결할 수 있었습니다.

표결하기 전에 마음은 다 정했지만, 그래도 마지막에 평소 신뢰하는 분에게 전화를 드렸어요. "저는 찬성을 할 겁니다" 그랬더니 "지아야, 이것만 알고 하면 된다. 죽은 권력도 너 하나쯤은 죽일 수 있다" 이렇게 말씀하시더라고요. 근데 그게 저에게 찬성하지 말라는 뜻은 아니고요. "그만큼의 각오로 표결을 해라. 정치란 그렇게 무서울 수 있다"라는 말씀을 해주셨습니다.

한지아는 비상계엄 선포 당일에는 당 수석 대변인이었다. 그날 비상계엄 해제 결의안에 찬성한 국민의힘 의원 18명 중 한 명이었다. 사흘 뒤 윤석열 대통령 탄핵소추안 표결에 불참했다. 하지만 인터뷰에서 그날의 불참을 후회한다고 털어놓았다. 열흘 뒤인 12월 14일 탄핵 찬성 의사를 공식적으로 밝혔다. 12월 27일 헌법재판관 임명동의안 표결에 불참하는 당론을 따르지 않고 임명안에 찬성했다. 2025년 3월 20일 김건희 상설특검법에 여당 의원 중 유일하게 찬성표를 던졌다. 그 모든 정치적 선택의 중심에는 아이들이 있었다.

| 송영경 | **25세, 성공회대 대학생** |

세월호 세대, 계엄을 막으러 국회 앞으로 가다

2024년 12월 3일 밤이 100시간쯤으로 느껴진다는 학생이 있다. 사회에 대한 고민과 관심도 많지만, 동시에 시험을 걱정하고, 취직을 고민하는 평범한 대학생이었다.

그날 바로 국회로 달려갔나요?

바로는 아니었어요. 군인과 경찰이 국회로 배치돼서 이동하고 있다는 속보가 계속 올라오는 상황에서 어정쩡하게 시민 몇 명이 모였다가 정말 폭력적인 진압을 당해버리면 이도 저도 아니겠다는 생각이 먼저 들었던 것 같아요. 그래서 국회로 가야 하나, 일단은 좀 상황을 볼까 고민하면서 대기하고 있었습니다. 그 와중에 과 친구들이나 함께 학생회를 하는 친구들에게 연락이 많이 왔어요. 그리고 나서 시간이 좀 지나고 시민들이 국회에 꽤 많이 모였다, 한 뭉텅이로 국회 정문 앞에 있다는 내용의 유튜브 라이브 방송을 봤어요. 이제는 가야겠다, 저 사람들을 지키기 위해서라도, 이 계엄의 밤에 이대로 무너지지 않기 위해서라도 가야겠다는 생각을 했습니다. 차도 다 끊긴 상황이라서 근처에서 쏘카로 차를 빌려가지고 주변에 자취하는 친구들을 태워서 국회로 갔습니다.

여의도로 갈 때 특별히 준비한 것이 있었나요?

절대 잠깐의 소란으로 끝나지 않을 일이라고 생각해서, 옷을 두껍게 챙겨입었어요. 아무리 봐도 이거 밤새울 것 같다 싶어서, 옷도 두 겹씩 입고 세수도 한 번 하고 롱패딩 입고 그렇게 나갔습니다. 그런데 오신 분들 중에 잠옷 입고 오신 분들도 있었고, 진짜 급히 오느라 겉옷을 제대로 못 챙겨온 사람들도 많았어요.

현장에서 어떤 역할을 해야겠다는 목표가 있었나요?

딱히 없었고요. 사실 저희가 무슨 일을 할 수 있을지 잘 모르겠더라고요. 그런데 시민들이 모이는 것만으로 큰 역할을 할 수 있다는 걸 많이 봐왔거든요. 경찰의 대처부터 달라지니까요. 그래서 일단은 그 자리를 우리 같은 시민들이 채워서 지켜야겠다 싶었어요. 여기 내 옆에 있는 사람의 안위를 위해서라도 당장 그게 필요한 일이라 생각했어요.

계엄포고령은 보셨나요? 어떤 생각이 들었나요?

포고령 딱 보자마자 잡혀갈 사람들 얼굴이 줄줄 떠오르는 거예요. 뉴스에서 많이 보이는 누구, 언론노조 위원장, 민주노총 위원장 또는 우리 주변의 활동가들, 또 성공회대학교 교수님들 다 잡혀가겠구나⋯⋯ 이런 생각이 들더라고요. 진짜 내 주변의 사람들을 다시는 못 볼 수도 있고, 그들이 감옥에 가거나 수감돼서 위험한 상황이 발생할 수 있겠구나 하는 생각이 그 포고령을 보면서 들었어요. 옛날 영화 같은 데서 보던 장면들이 다시 발생할 수 있겠구나 하는 위기감이 들었습니다.

국회 앞 현장에서 위험하다고 느꼈나요?

네, 그런데 은연중에 이 정도로 시민들이 모였으면 어떻게 못 하겠는데 하는 생각도 들었어요. 국민들이 이 정도로 모여서 이렇게 당당하고 평화롭게 이야기하고 있는데, 이거는 못 건들지 않을까? 이걸 무슨 명분으로 막을 수 있을까? 그 정도로 막 나갈까? 이런 생각이 들어서 사실 계엄이 실제로 실현됐을 때는 너무나 두려웠지만, 막상 현장에 가서 모여 있는 시민들을 보고 두려움이 오히려 풀렸던 것 같기도 합니다.

현장에서 외쳤던 구호 중에 기억에 남는 것이 있나요?

'계엄을 해제하라'라는 구호를 제일 많이 외쳤고요. 그리고 덩달아서 윤석열 퇴진에 대한 구호가 여실하게 확정되는 시간이었습니다. 사실 그전에는 여러 집회들에서 윤석열 정권에 대한 규탄의 목소리가 있긴 했지만, 심판이면 심판, 거부권 행사에 대한 비판이면 비판 이렇게 사안별 규탄의 목소리가 컸다고 생각해요. 왜냐하면 박근혜 대통령이 퇴진하고 나서도 사실은 우리 사회가 크게 나아지지 않은 부분들이 분명히 있어서, 또 퇴진한다고 해서 그게 방법이 될 수 있겠느냐는 의견이 많았거든요. 그런데 계엄을 기점으로 '아, 이건 안 된다, 이 사람은 안 된다'는 인식이 모두에게 암묵적으로 합의되는 순간이었던 것 같아요. 한목소리로 윤석열 퇴진과 탄핵에 대한 이야기가 쏟아져나온 분기점이었다고 봅니다.

송영경은 아침에 쏘카 반납 시간이 될 때까지 국회 앞 자리를 지켰다. 학교에서 한두 시간 쪽잠을 청했고, 일어나서는 어떻게든 이 상황을 알리고 싶은 마음에 강의실에 들어가지 않고 강당을 빌려 대자보를 썼다. 기말고사 기간이었고, 쉽지 않았다. 집회를 계속 다녔고 여의도를 몇 번 더 왔다갔다했다. 송영경의 12월 3일은 당일에 끝나지 않고 사나흘간 이어졌다.

젊은 세대로서 윤석열에게 하고 싶은 말이 있나요?

아, 너무 많죠. 너무너무 많죠. 친구들하고 장난치듯 얘기하면서, 윤석열 대통령하고 독대할 시간이 오 분 정도 있으면 무슨 얘기를 하고 싶냐고 대화한 적이 있어요. 음, 그런데 저희 세대가 윤석열 대통령하고 똑같은 방식으로 그 사람을 대해서는 안 된다고 생각해요. 폭력으로, 폭언으로, 무시로 그 사람을 대하는 건 저희도 똑같은 사람이 되는 거잖아요. 그렇게는 하고 싶지 않다고 다들 이야기를 해요. 욕하겠다는 사람, 생각보다 별로 없어요.

그냥 이렇게 말할 것 같아요. 잘하셔야 하지 않겠나, 본인이 맡은 직책이 있고 뱉어온 말들이 있는데. 물론 당장 뱉어온 말들도 물론 좋은 말이나 좋은 이야기들은 아니었다만, 어쨌든 국민을 위해서 그런 거라고 하지 않았느냐. 전혀 지키고 있는 게 없는데 이젠 좀 똑바로 해야 하시 않나. 이른이면 책임을 다해라. 이렇게 정중하게 이야기를 전하지 않을까 싶습니다.

윤석열은 추후에 경고성 계엄이었다는 말을 했어요. 현장에 있었던 시민으로서 어떻게 생각하나요?

군대가 오고, 경찰이 오고, 국민들이 벌벌 떨면서 잠옷 입고 뛰쳐나오고, 새벽길에 다들 나라가 어떻게 될지 몰라서 택시 기사님들은 택시비도 안 받고 그랬는데, 그걸 장난처럼 얘기하다니요. 정말 그날의 여의도를 무슨 그림 하나 정도로 봤던 게 아닐까요? 우리를 미니어처 모형 배치하듯이 잠깐 여기도 놔봤다가 저기도 놔봤다가 모이면 치워도 봤다가, 정말 그 정도 수준으로 보고 있는 게 아닌가 하는 생각까지 드네요. 현장에선 진짜 절박했거든요. 정말 국회만 뚫어져라 쳐다보면서 저 안에서 무조건 해결되어야 한다는 간절한 마음으로 다들 속으로 빌었단 말이에요. 제발 누구 하나 다치지 마라, 제발 이 밤이 무사히 지나가라……

　윤석열 대통령은 다 알고 저지른 일일 텐데, 이렇게 계속 가볍게 넘기려 하고 '아무것도 아니었다'고 무마되지도 않는 무마를 하려는 것에 더 분노를 느낍니다.

그날 밤, 송영경은 고등학교 때 선생님의 연락을 받았다. 선생님은 네가 서울에 있으니까 걱정이 많이 된다며 심상치 않으니 몸조심하라고 당부했다. 당일 여의도로 오지 못한 사람들에게도 12월 3일 밤은 몹시 길었다. 거짓말 같은 밤이었다.

현장에선 진짜 절박했거든요. 제발 누구 하나 다치지 마라, 제발 이 밤이 무사히 지나가라…… 윤석열 대통령은 다 알고 저지른 일일 텐데, 이렇게 계속 가볍게 넘기려 하고 '아무것도 아니었다'고 무마되지도 않는 무마를 하려는 것에 더 분노를 느낍니다.

그날 그곳에 있었던 시민의 목소리

홍예린(26세, 동국대 사회학과 대학생)
대학생들이 요새는 왜 들고 일어나지 않냐, 왜 이렇게 잠잠하냐, 다들 정치적인 얘기를 하지 않으려 한다는 얘기들이 많잖아요. 하지만 계엄 이후의 상황을 보면 청년들도 민주주의가 위협당할 때는 들고 일어설 수 있는 세대라고 생각해요. 청년들이 결코 탈정치화된 게 아니에요. 정치적으로 얘기할 수 있고 그 자신의 의견을 내고 싶은 마음을 다 가지고 있는데, 그걸 소리 내지 못하게 만드는 지금의 사회적 분위기가 문제였던 게 아닐까요? 우리는 언제나 민주주의를 누렸던 세대이지만 동시에 그렇기 때문에 민주주의가 위협을 당할 때 들고 일어설 수 있는 세대다, 사실 우리는 언제나 그럴 준비는 되어 있다, 언제나 중요한 건 계기인 것 같다, 그렇게 믿고 있어요.

김예담(21세, 서울예술대 1학년 대학생)
하필이면 비상계엄 당일 아침에 학교에 윤석열 퇴진 촉구 대자보를 붙였어요. 계엄 선포 뉴스를 보니 걱정도 되고, 집에 경찰들이 오지 않을까라는 생각에 중요하다 싶은 걸 박스에 넣어서 여의도에 들고 갔어요. 집회 내내 계속 가지고 다녔죠.

박순형(21세, 대학생)

지난 대선에 나온 후보들을 싫어했어요. 그냥 정치를 비관적으로만 보고 마음에 들지도 않았어요. 그런데 계엄령 이후로 정치에 많은 관심을 갖게 됐죠. 정치가 사람의 삶을 바꾸지는 않는다고 생각했는데, 아! 바꿀 수도 있구나 하고 생각이 바뀌었죠.

신형목(23세, 고려대 정치외교학과 20학번 대학생)

일찍 잠들었다가 연락을 받았는데, 처음에는 내가 아파서 꿈을 꾸나, 하는 생각이 들었어요. 정신 차리고 나니 너무 화가 나더라고요. 전두환이나 하던 짓 아닌가요? 뭐라도 해야겠다는 생각에 국회로 향했습니다. 계엄이 민주주의를 파괴하도록 두어선 안 되죠.

심지후(21세, 서울대 사회학과 대학생)

그날 지금 국회로 가면 체포된다는 가짜뉴스를 보았어요. 그런데 체포되면 되는 거고, 제가 잘못한 게 아니라면 겁낼 이유가 없다고 생각했죠. 그래도 21세기인데, 그런 터무니없는 일이 일어날까 하는 이유 모를 안정감이 있었던 건지, '죽지는 않겠지' 하는 마음으로 갔던 것 같기도 합니다.

이재훈(26세, 영남대 정치외교학과 대학생)

몇 달간을 마음 졸이며 살았어요. 매일 밤 잠들기 전에 혹시나 12월 3일처럼 비상계엄을 하는 건 아닌가 걱정이 들었거든요. 이듬해 4월 4일에 윤석열 파면이 선고되고 나서야 그때부터 다시 시간이 흐른다는 느낌을 받았습니다.

| 이재정 | 31세, 중앙대학교 사회복지학과 석사과정 대학원생 |

계엄의 밤 국회 출입문을 붙잡은 대학원생의 결심

비상계엄 전 청년 시민 시국선언을 준비하던 청년들이 있었다. 이태원 참사, 해병대 채상병 사망 사건 등에 청년들이 제대로 목소리를 냈는가에 대한 반성으로 모였다. 준비를 시작한 지 며칠 만에 그들 앞에 비상계엄이라는 폭탄이 떨어졌다. 모여 있었기에 그날 밤 적극적인 대응이 가능했다.

12월 3일 밤에 무엇을 하고 있었나요?

그날 저녁에 저는 특강을 듣고 있었어요. 미중 외교에 대한 특강이었고, 원래 10시쯤 끝나야 하는 강의였는데 10시 반까지 강의가 계속되고 있었어요. 그런데 강의중에 어떤 학생이 갑자기 "계엄이래요" 이러는 거예요. 다들 웃으면서 "장난치지 마, 무슨 가짜뉴스야" 이렇게 대꾸했고, 저도 속으로 강의 시간에 유튜브에 나올 만한 그런 가짜뉴스 이야기를 꺼내나 그런 불만을 가지고 있었죠. 그러다 이제 다들 핸드폰을 꺼내 보더니 한 5초 정도 정적이 흘렀던 것 같아요. 강사님도 "이게 지금 실제 상황이 맞습니까?" 이러면서 그때 강의를 진행하던 컴퓨터로 바로 실시간 라이브를 틀어주셔서 다 같이 비상계엄 선포하는 장면을 목격했습니다.

유튜브 라이브를 보면서 어떤 반응들을 보였나요?

다들 "지금 우리가 무엇을 해야 하는 상황이에요?" 이런 이야기를 나누었고, 그중에서 일부가 '국회로 가야 한다, 이 비상계엄을 막을 수 있는 집단은 국회밖에 없다'고 얘기했어요. 마침 그 자리에 국회 비서관인 친구도 있었고요. 그 친구도 사무실로 복귀해야 할 것 같다고 말해서, 몇 명이 모여서 같이 국회로 넘어가게 되었습니다. 강의를 들었던 곳은 홍대 쪽에 있었고요. 10시 40분쯤 출발해서, 거의 11시에 도착했어요.

국회에 일찍 도착했는데, 국회 앞 상황은 어땠나요?

경찰 버스로 차벽이 서 있었고, 경찰들이 한 줄 정도로 서서 출입문을 막고 있는 상황이었습니다. 진짜 초기여서 사람이 별로 없었고요. 시민들보다는 보좌진들이나 아니면 국회 출입 기자들이 '나는 출입증이 있는 사람이고 안으로 들어가야 한다' 이렇게 호소하는 상황이었어요. 국회 제1문 쪽으로 이동했더니, 거기는 조금 더 많은 분들이 있었고요. 그런데 사실 경찰들도 우왕좌왕하는 상황이었던 것 같아요. 훈련된 경찰들이 시위대를 막고 있는 느낌이 아니라, '우리가 막아야 하는 상황이 맞나? 직원들은 들여보내도 되는 건가?' 이런 판단이 안 서는 상황인 듯했고요. 몇몇 분들이 항의하면서 경찰들을 밀쳤더니 바로 대열이 깨지면서 문이 열렸어요. 그때 저도 얼떨결에 국회 안쪽으로 들어가게 됐습니다.

들어와보니 보좌진들이나 출입 기자들도 이 상황이 뭔지 다 어안이 벙벙한 상태로 어디론가 전화를 분주하게 걸고 있었고, 한 십 분 정도가 지나니까 출입증을 보여줘도 안 들여보내기 시작했어요. 그때 조국 의원이 도착했는데, 바깥쪽에 있는 시민분들이 같이 '으쌰으쌰' 해서 안으로 들여보내는 일이 있었습니다.

국회 경내로 들어가서는 무엇을 했나요?

출입문 안쪽을 지키고 있었고요. 경찰들이 철문을 닫으려고 해서 보좌진들이랑 문을 잡고 못 닫게 계속 막고 있는 상황이었습니다. 그런데 11시 45분, 50분 정도 됐을 때 굉음이 들리기 시작하는 거예요. 바닥다다다닥 하는 소리가 막 크게 들리기 시작하는데, 저는 그런 소리 자체를 태어나서 처음 들어보는 거예요. 헬리콥터 소리였어요. 그제야 현실 자각이 됐던 것 같아요. 지금은 진짜 위험하고 무서운 상황이다!

그 이후에는요?

'이제 어떻게 할까'에 대한 판단이 안 서서, 출입문 앞에서 멍하니 헬기를 지켜봤던 것 같고요. 12시가 넘어가는 즈음부터 개인적으로 아는 친구들이 문 바깥쪽에 많이 모이고 있는 상황이었어요. 이전에 집회에 나와본 적 없는 친구들도 많이 왔는데 다들 무서워하고 있다, 경험 있는 사람들이 대응을 주도할 필요가 있어 보인다고 몇 분이 전화를 주셔서 제가 국회 문 밖으로 나가겠다고 했어요. 경찰들이 "나가시면 못 들어와요"라고 하는데 막무가내로 나왔는데요. 나가자마자 다시 시민들과 "문 열어라! 열어라!" 이렇게 외쳤더니 경찰들이 좀 어안이 벙벙

한 표정으로 '대체 얘는 뭔가……' 쳐다보던 기억이 납니다.

국회 앞으로 갈 때 두려움은 없었나요?

두려움보다는 '어떻게 대응해야 할까' 하는 생각이 앞섰던 것 같고요. 그런데 국회 안으로 헬기가 들어오는 것을 보면서 그제야 무섭다는 생각이 들었어요. 제가 충청도 사람인데요. 하지만 충청도 사람들이 제일 중요하게 생각하는 게 체면이거든요. (웃음) 당시에 동생들이랑 같이 있기도 했으니까, '내가 무서워하는 걸 들키면 안 된다!' '의연해야 한다!' 이런 생각을 속으로 되뇌면서 노력했습니다.

국회에 일찍 도착한 편인데, 초반에 오신 분들의 표정을 기억하나요?

네, 초반에 도착한 분들은 좀더 결연한 표정을 짓고 있는 분들이 많았습니다. 이 상황을 빨리 목격한 사람으로서 책임감들이 있었던 것 같아요. 이 상황은 굉장히 엄중하다, 시민들의 힘으로 국회의원들이 안으로 들어갈 수 있게 만들어서 계엄을 해제하지 못하면 더 큰 위협이 닥칠 수 있겠다는 두려움이 온몸으로 와닿았습니다.

그때 계엄포고령은 보셨나요? 어떤 생각이 들었나요?

'이러다 잡혀길 수 있겠다. 근데 만약에 잡혀간다면 난 일찍 도착했으니까 우선순위가 될 수도 있겠다. 그렇다면 더 막아내야 한나! 이제 내 차례구나!' 이런 생각을 했어요.

제가 1994년생이고 2013년도에 대학에 입학했어요. 그때 대학가에서는 '안녕들 하십니까' 대자보 열풍이 불었어요. 그 이후 2014년에 세월호 참사가 있었고, 2015년에 백남기 농민이 집회에서 물대포를 맞아 쓰러지는 일이 있었고요. 백남기 농민께서는 저희 학교 선배셔서 학내 분향소를 차리는 것도 보았고요.

이번에 비상계엄이라는 초유의 사태가 발생했고 어쩌다보니 제가 국회에 굉장히 빨리 도착했는데요. 이제 선배들이 했던 역할을 내가 할 때다, 내가 잘해야 한다, 이런 책임감이 크게 다가왔습니다.

해제 요구안이 가결된 이후에는 무엇을 하셨나요?

같이 있던 친구들이랑 이제 어떤 대응이 필요한가에 대한 이야기를 나눴어요. SNS에 청년들의 글도 계속 올라오고 있었는데요. 지금 차가 끊겨서 국회로는 갈 수 없는데 혼자서 너무 무섭다는 글을 올리는 청년들이 많았어요. 그러면 우리가 당장 내일 아침에 청년들이 모일 수 있는 광장을 열어보자고 결심했죠. 그 준비를 빨리 하기로 작정하고 3시쯤에 귀가해서 집에서 포스터도 만들고, 보도자료도 썼습니다.

잠은 좀 잤나요?

못 잤죠. 다음날 오전 11시에 '청년 시민 시국광장'을 열었는데, 분주하게 준비하고, 앰프 같은 거 빌릴 수 있는지 알아보고 하느라 한 시간 정도 쪽잠을 잤을까요? 거의 못 잤던 것 같아요.

다시 그날 밤으로 돌아가보죠. 가장 기억에 남는 장면이나 사람이 있나요?

저는 특정인이 떠오르지는 않아요. 그날 정치인들이 뭔가를 주도하려고 하기는 했는데요. 사실 그런 분들이 기억에 남기보다는 그날 다 같이 구호를 외치고 목소리를 냈던 시민들이 만들어낸 공기나 분위

'이러다 잡혀갈 수 있겠다. 근데 만약에 잡혀간다면 난 일찍 도착했으니까 우선순위가 될 수도 있겠다. 그렇다면 더 막아내야 한다! 이제 내 차례구나!' 이런 생각을 했어요. 이번에 비상계엄이라는 초유의 사태가 발생했고 어쩌다보니 제가 국회에 굉장히 빨리 도착했는데요. 이제 선배들이 했던 역할을 내가 할 때다, 내가 잘해야 한다, 이런 책임감이 크게 다가왔습니다.

기가 오히려 기억에 남아요. 그 공간에서 시민들이 같이 만들어냈던 열기, 시민들이 점점 몰려들수록 대치하고 있던 경찰들이 당황하던 모습들. 그런 시민들이 있었기 때문에 표결에 참여하는 의원들이 점점 늘어났고 그래서 결국 계엄 해제까지 갔다는 생각이 들어서 저는 시민들 전체의 모습이 기억에 남아요.

이재정의 12월은 학기와 연구를 마무리하는 시기였다. 학기중 한 번도 강의를 빠져본 적이 없던 성실한 학생이었지만, 계속 이어진 집회 준비로 교수님에게 계속 양해를 구해야 했다. 윤석열이 체포영장 집행을 거부하고 저항하면서 한남동 윤석열 관저 앞 집회 현장에서 밤을 새우며 논문을 마무리하는 동료 대학원생도 있었다. 사회 정책을 공부하는 연구자로서 '현장'을 외면할 수 없다는 생각이 우선이었다고 했다.

| 최진영 | 50세, 항공사 근무 직장인 |

군은 소극적이었고
시민은 적극적이었다

몇 년 전 여름, 갑자기 많은 비가 퍼부었다. 출퇴근길 자주 이용하던 지하차도에 물이 들이쳤다. 성실하게 회사를 오가던 직장인들이 영문도 모른 채 지하차도에 갇혔고, 나오지 못했다. 최진영도 평생 회사원으로 살았다. 아침이면 옷을 단정하게 입고 길을 나섰고, 퇴근길엔 지친 몸을 이끌고 집으로 들어와 저녁을 준비했다. 그러다가 오송 지하차도 참사 뉴스를 보고 평생 성실하게 산 사람들에게 국가가 마치 '너는 알아서 살아남아, 우리는 해줄 게 없어'라고 말하는 것 같아 몹시 분했다고 했다. 계엄이라는 얘기를 들었을 때 왜인지는 모르겠지만 그때 그 오송이 생각났다.

12월 3일 그날 밤 무엇을 하고 있었나요?

퇴근을 했고, 집안일을 거의 끝냈어요. 이제 일을 손에서 놓고, 잠을 잘 수 있다는 작은 행복감을 느끼면서 핸드폰을 찾았습니다. 그때가 11시 1분이었습니다. 부재중 전화를 확인하고 지인에게 전화를 걸었는데, 첫마디가 "계엄이야"였습니다. 그래서 제가 "뭐라고요?" 그랬더니 "계엄이야"라고 다시 한번 똑똑히 말씀하시더라고요. 그리고 그 다음 '국회로 가지 않겠느냐'고 물어봤습니다. 그래서 "아, 가야지" 하고 바로 전화를 끊었습니다.

국회로 가는 길은 어땠나요?

제가 우연히 인스타에서 박주민 의원실에서 개설한 뉴라이트에 관한 강연을 보고 신청했었는데요. 그중 한 분이 이미 국회 본회의장에 들어가 계셨습니다. 그분이 단톡방에 알려주신 대로 국회 담을 넘었고요. 착지하다가 허리하고 무릎이 어긋나서 나중에 한 일주일 이상은 고생했는데요. 아무튼 그 상태로 바로 전력질주해서 국회 본회의장 앞으로 달려갔습니다.

국회 본청 앞에 도착했을 때 무엇을 보셨나요?

국회 본청 앞에서는 이미 시민과 군인들이 충돌하고 있었어요. 제가 여자이기 때문에 폭력 사태가 일어날 때, 조금 완화시킬 수 있다는 생각으로 중앙으로 파고들어갔죠. 충돌은 있었지만 서로 상처가 되지 않게 보호하려는 의도가 분명히 있었어요. 서로 숨을 고르는 순간도 있었고요.

막상 계엄군을 보니 어떤 생각이 들었나요?

저는 그 순간 집단지성이 발현되는 걸 느꼈습니다. 우리가 역사와 전통을 배우고요. 학교에 들어가서 교육을 받고, 사회에 나가서 사람들과 교류하면서 또한 교육을 받습니다. 이것이 대한민국의 근간을 이루고 있습니다. 그렇기 때문에 제가 "임무에 소극적으로 임하세요"라

우리가 역사와 전통을 배우고요. 학교에 들어가서 교육을 받고, 사회에 나가서 사람들과 교류하면서 또한 교육을 받습니다. 이것이 대한민국의 근간을 이루고 있습니다. 그렇기 때문에 제가 "임무에 소극적으로 임하세요"라고 군인에게 말했을 때, 그들도 소극적으로 대응한 것이 바로 집단지성이 발현되는 것이라 생각했습니다. 그래서 서로를 보호할 수 있었던 겁니다. 두렵지 않았습니다.

고 군인에게 말했을 때, 그들도 소극적으로 대응한 것이 바로 집단지성이 발현되는 것이라 생각했습니다. 그래서 서로를 보호할 수 있었던 겁니다. 두렵지 않았습니다.

계엄군의 얼굴이나 표정이 보였겠어요.
　바로 앞에 있었기 때문에 그들이 너무 슬픈 표정을 짓고 있는 걸 봤습니다. 그때 밖으로 끌려나온 어머님 한 분이 계셨는데요. 이런 행동 하면 안 된다고 엄청나게 절규했습니다. 그 옆에 선 계엄군 부대원들도 너무나 황망한 표정으로 바라보고 있더라고요. 어느 부대원 눈에는 눈물이 그렁그렁한 것처럼 보였습니다.

> 군은 소극적이었고, 시민은 적극적이었다. 모두가 미디어인 시대, 국회 본청 안의 상황도 SNS를 통해 실시간으로 전해졌다. 소식 하나하나에 바로 의견이 오가고 행동지침에 대한 토론이 이뤄지고 그 행동지침이 바로 전파되었다. 그날 국회 앞 곳곳에서 최진영이 말한 집단지성이 발휘되었다.

주변 시민들 중에 기억나는 분이 있나요?
　임신한 분이 국회로 들어오셨어요. 배가 많이 불렀는데 그 임신한 몸으로 남편과 어머님과 같이 들어와서 밤을 새우고 끝까지 지키다 가신 분이 계시고요. 집에서 음식을 싸갖고 온 분들과는 서로 나눠 먹으며 날이 샐 때까지 함께했습니다. 다음날 또 계엄을 할 수도 있다고 생각해서 밤을 새웠고요, 아침에 지하철을 타러 갔는데, 거기에 70대 여성분들이 여섯 분 정도 계신 겁니다. 비상계엄이 다시 발동돼 국회가 위험에 처하면 달려오기 위해서 근처 카페에서 밤을 새우면서 기다리고 계시다가, 해가 뜨니까 비로소 집으로 가시는 길이더라고요.

그날 이후 일상에는 어떤 변화가 있었나요?

특별한 변화는 없었고요. 밥을 못 먹고 토할 것 같아, 회사에 휴가를 내고 조금 쉬는 정도였습니다. 평소에도 SNS를 열심히 했는데, 이제 '어디 집회에 나갑시다' 소식이 들리면 네이버 카페에도 올리고, 단톡방 여러 개에도 올리고 밴드에도 알리고 뭐든 많이 전달하게 됐죠.

마지막으로 하고 싶은 말이 있나요?

예전에 지하철에서 노인 두 분이 서로의 머리를 때리면서 심각하게 싸우는 걸 본 적이 있어요. 신고도 했고 그분들에게 "모두 지하철에서 내리세요"라고 했던 적이 있습니다. 지금도 마찬가지입니다. 국민이 내란 세력에게 "대한민국에서 내리세요"라고 명령해서 해결해야 한다고 생각해요. 우선은 표현해야 하고요. 공감의 하트도 누르고 공유도 하면서 자연스럽게 여론을 만들고 현장으로 나가야죠. 무관심이 참사를 만든다고 생각하거든요. 관심을 가지는 작은 행동 하나하나가 대한민국을 지킬 수 있다고 믿습니다.

> 최진영은 계엄 다음날도 여의도로 발걸음을 옮겼다. 국회를 한 바퀴 돌았다. 출입구마다 삼삼오오 모여서 얘기를 나누고 있는 젊은 여성들이 인상적이었다고 했다. 그들의 표정은 밝았다. 그냥 한 사람 한 사람의 걸음, 그 기억이 오래간다고 했다.

그날 그곳에 있었던 시민의 목소리

김혜정(45세, 한국성폭력상담소 소장)
제가 성폭력상담소에서 활동하면서 배우는 프로그램이 있어요. 피해자들이 내 목소리를 낼 수 있는 만큼 최대한 소리를 질러보는 연습을 하거든요. 여의도로 당장 달려가 뭔가를 바꾸려고 한 것도 그런 훈련과 관련이 있다고 생각해요.

윤현주(31세, 수영 강사)
그날 국회 앞에서 너무 추워서 벌벌 떨고 있었는데요. 원주에서 올라오신 시민분께서 추워 보인다고 은박 담요를 주셨어요. 그분이 오는 길에 다이소에서 급하게 사 왔는데 덮어보라고요. 정말 바람 하나 안 통하고 너무 따뜻했습니다. 지금 생각해 보니까 선견지명이 아니었나 싶어요. 훗날 윤석열 구속 체포 촉구 집회가 지속되면서 2030 여성들이 모인 '키세스단' 시위에서 은박 담요가 유행했는데요. 제가 어떻게 처음 입어보게 됐네요.

석민주(29세, 한의사)
비상계엄 이후 광장에서 응원봉이랑 깃발 만들어 나가자는 분위기가 트위터에 돌았어요. '민주묘총'이나 '설명충 연합' '화실련(화분안죽이기실천시민연합)' 같은 깃발들이 엄청 이슈가 됐잖아요. 나도 해볼까 생각해서 그럼 뭘로 만들 것이냐 고민했어요. 제가 당시에 제일 좋아하던 책이 『일리아스』였거든요. 그래서 그 작품의 첫 문장인 "분노를 노래하소서, 여신이여"라는 문장을 차용해 "분노를 노래하소서, 민중이여!" 깃발을 만들었습니다.

김소원(33세, 법무법인 직장인)
경기도 구리에서 택시를 못 잡아 자전거를 타고 온 분이 있었어요. 한 시간 반 걸려 지하철 타고 온 나도 좀 웃긴데 그분 보고 대단하다는 생각을 했어요. 또 근처에 누가 봐도 국민의힘 지지자인 분들이 있었는데, 한 공간에 참 여러 사람들이 있구나 생각했죠.

이용선(36세, 프리랜서 웹 개발자)
계엄 해제 요구 결의안이 가결됐을 때, 옆에 있던 모르는 분이랑 그냥 부둥켜안았던 게 기억나요. 다 같이 만세도 불렀고 고생했다는 얘기도 나눴죠. 아침에 근처 순대국밥집을 갔는데, 그 시간에 가게 안에서 먹고 있는 사람들에게서 동료의식이 느껴지더라고요.

이지윤(35세, 엔터업계 직장인)
계엄 해제 요구가 가결되고 우리가 뭔가 해냈구나, 싶었죠. 새벽 2시에 밥을 먹으러 갔는데, 국회 주변 국밥집들이 사람들로 꽉 차 있었어요. 좋은 의미의 왁자지껄함이 느껴졌고 더 빨리 올걸, 좀더 앞에서 막을걸 하는 아쉬움이 들었습니다.

김혜정 윤현주 석민주 김소원 이용선 이지윤

| 오종길 | 38세, 국회의사당 인근 식당 자영업자 |

저와 함께
계엄군 버스를 막았던 분을 찾습니다

12월 3일의 비상계엄은 가장 먼저 국회를 직격했다. 현행법상 국회엔 계엄 해제를 요구할 수 있는 권한이 있었고, 이를 무력화하는 것이 계엄을 선포한 윤석열의 우선 과제였을 것이다. 그날 밤 시민들이 몰려든 행선지가 국회일 수밖에 없는 이유였다. 오종길은 그 국회 앞에서 식당을 운영하고 있었다. 오픈한 지 얼마 안 된 신참 사장은 하루하루 매출에 신경이 곤두서 있었을 터였다.

국회로 가야겠다는 생각은 어떻게 하시게 된 건가요?

저는 가족이 다 광주 사람이고, 5.18 때 현장에 어머니가 계셨거든요. 광주의 일이 또 벌어지는 건가 하는 생각이 들었어요.

제가 기억하기로 계엄 선포 직후엔 유튜브에도 잘 안 나오고, 커뮤니티에서도 검색이 잘 안 됐어요. 접속자가 몰려서 그런 건지는 모르겠는데, 검색이 잘 안 돼서 막막해하고 있었어요. 그런데 실시간 라이브에서 이재명 대표님이 시민들에게 국회에 좀 모여달라고 말씀하신다는 방송을 들었어요. 또 때마침 제 가게가 국회 앞에 있다보니 여기서 계엄령 해제 못 하면 내 가게 망한다는 생각이 들더라고요. (웃음)

국회로 간다고 했을 때 어머니가 말리시진 않았나요?

말리셨죠. 안 가면 안 되냐고. 제가 한 성깔 하는데다 성격이 급한 것도 있고, 또 어머니는 광주 계엄군을 겪으셨다보니 그게 얼마나 무서운지 아시잖아요. 그래서 못 가게는 하시는데 제가 따를 수가 없더라고요. "멀리서 그냥 보다가 여차하면 도망치든가 할게"라고 약속했는데, 어머니가 계속 따라가겠다고 하시는 거예요. 그래서 제가 "엄마, 만약에 진짜 막 뭔 일이 터지면 나는 젊어서 도망치는데, 엄마는 늙어서 도망 못 쳐. 그러니까 나 혼자 가야 해. 나 아무것도 안 하고 정말 그냥 멀리서 볼 테니까, 연락 계속할 테니까 계셔" 하고 그냥 나왔어요.

집에서 출발해서 여의도에 온 과정을 설명해주시겠어요?

11시 5분쯤 같이 일하는 친구한테 "미안하다. 근데 나는 가봐야겠다" 문자메시지를 보냈어요. 직원 중 한 명이 자기도 거기 가면 안 되냐고 하길래 못 나오게 말렸죠. 그 친구는 20대고, 사장이 직원 데리고 계엄군 막으라고 했다면 그 직원의 부모님 가슴은 찢어지겠죠. 그래서 못 나오게 했어요.

엘리베이터 타고 내려오면서 뭔 일이 생길지 모르니까 택시보다 차가 낫지 않겠나 싶어 그냥 차 갖고 갔습니다. 저희 집 앞 공군회관 옆에 군 관련 건물이 하나 있어요. 지도에도 안 나오는 건물인데, 예전에 계엄 당시 사람 가두고 뭐 했다는 그 건물이 저희 집 앞에서 바로 보이거든요. 그 건물 보면서, 말로만 듣던 저런 데 나도 가는 건가, 그런 생각도 했어요. 11시 15분쯤에 여의도에 도착했고, 가게 주변에 주차를 했어요.

> 퇴근 후 게임이나 하려고 편하게 입고 있던 오종길은 급히 나오느라 주방에서 일할 때 신던 조리화를 신고 나왔다고 했다. 가게에 들러 운동화로 갈아 신었다. 운동화끈도 단단히 조여 맸다. 그날 국회 앞으로 뛰어온 시민들 중 상당수가 같은 답변을 하곤 했다. 신발끈을 동여맸다는 얘기 말이다.

국회 앞에서 무엇을 보았나요?

11시 50분쯤 두두두두 소리가 나는 거예요. 딱 보니까 헬기가 날아오더라고요. 소리가 너무 크니까 사람들이 일제히 짠 것처럼 그쪽을 쳐다봤죠. 그때부터 다들 진짜 군대가 오는구나, 실감했던 것 같아요. 그리고 이삼 분 간격으로 대테러 버스하고, 저희는 장갑차로 기억하는 전술 작전 차량이 국회 입구 앞으로 오더라고요.

헬기 보니까 진짜 무섭더라고요. 저는 군대 헬기 소리는 영화에서나 접해봤지 실제로 들어보는 건 처음인데, 오금이 저리고 버스까지 보니까 '와, 이거 어떡하지' 이러고 있었는데요. 어떤 분들이 '저 버스를 막아야 한다! 저거는 군인 장교 차량이고 하나는 특수부대 차량이다!' 이렇게 정확히 가리켜주는 거예요. 버스를 막아야 한다길래 바로 뛰어갔죠.

군용 버스 앞으로 뛰어갔다고요? 가서 무엇을 했나요?

전술 차량에서 누가 내리려고 하더라고요. 그런데 아버님들이 "나오지 마" 하면서 문을 다시 차버리셨어요. 어머님들은 보닛 위에 매

달려 핸드폰 플래시를 켜면서 촬영하시고요. 군인들은 얼굴이 찍히면 안 되니까 가리고 있었고, 저는 힘쓰는 일을 하려고 그냥 차량 앞에 매달렸죠. 군인들은 거의 못 나왔어요. 시민분들이 달려드니까 아무래도 당황하셨던 것 같은데, 그냥 거의 미동을 안 했어요.

그러다가 경찰 기동대가 와서 저희하고 버스를 갈라놓더라고요. 오 분 정도 서로 실랑이를 하다가, 아무래도 훈련받은 분들이 구호 외치면서 밀어내니까 밀리더라고요. 저희 수가 많은 것도 아니었고, 도저히 안 되겠다 싶어서 도와달라고 외쳤죠. 그러니까 뒤에 있던 시민분들이 다 우르르 건너오더라고요.

버스를 완전히 감싸서 막으니까 버스가 못 움직였죠. 그렇게 사람들이 다 나오니까 버스들도 다 유턴하기 시작했어요. 한 시간쯤 그렇게 대치한 것 같아요.

특히 기억에 남는 장면이나 사람들이 있나요?

처음 버스를 막을 때 개그맨 서승만씨를 봤어요. 엄청 걱정하고 있더라고요.

그리고 장애인 부자를 봤는데요. 아버지는 파킨슨병을 앓고 있는 것 같았고, 계엄령이 잘못됐다고 생각해서 아들이랑 같이 나왔다고 하셨어요. 아들도 장애가 있다고 했는데 대단하다는 생각을 했어요.

또 어떤 분은 자기가 과거에 계엄군이었는데, 계엄군을 해봤던 입장에서 이게 얼마나 무섭고 위험한 일인 줄 안다, 그래서 나왔다는 분도 계셨어요. 윤석열 뽑았는데, 계엄령은 정말 잘못하는 것 같아서 속죄하는 마음에 나왔다는 분도 계셨고요.

수능 끝나고 엄마한테 피시방 간다 하고 나온 미성년자 학생은

집이 안산인가 그랬는데, 돌아갈 차비 때문에 걱정돼 죽겠다는 얘기를 해서 기억에 남네요.

> 계엄 해제 요구안이 가결되는 것을 본 오종길은 5시쯤 돌아왔다. 가게 점심 장사를 준비해야 했지만 발걸음이 쉽게 떼어지지는 않았다. 생면부지의 사람들에게 뒷일을 부탁한다는 말을 하는 것이 미안하기도 했다. 집으로 돌아온 아들에게 어머니는 1980년 광주에서 겪었던 일을 얘기해주었다. 전남도청에서 근무하던 어머니는 총소리에 놀라 도망쳤다고 했다. 아들에게도 한 번도 말한 적 없던 과거였다. 어머니는 '내가 겪었던 것 같은 그런 일을 네가 또 겪을 줄은 몰랐다'며 대통령을 욕하고 크게 화를 냈다.

계엄이 끝나고 가게 매출에 영향이 있었나요?

타격이 있었죠. 계엄 직후엔 예약 취소가 너무 많았고요. 계엄 다음날인가는 어떤 분이 전화로 "거기 안전해요?"라고 물어보기도 했어요. 12월 연말이 대목인데, 전해와 비교하면 거의 3천만 원 가까이 매출이 줄었죠. 1월도 마찬가지로 힘들었어요.

마지막으로 하고 싶은 말이 있나요?

그날 버스 뒤쪽에서 저랑 같이 힘겹게 기동대원들에게 맞섰던 남성분이 있어요. 그분이 저보다 더 용감하게 막으셨거든요. 그분을 찾을 수 있다면 저희 가게에서 식사 한번 대접해드리고 싶어요. 나는 당신 때문에 힘낼 수 있었다고, 용기 내서 나도 같이 할 수 있었다고. 근데 성함도 모르고 사진만 남아 있으니까. 그분이 이걸 꼭 보면 좋겠네요.

어머니한테는 그래도 아들이 제 나름대로 잘 컸다고 생각해서

그날 버스 뒤쪽에서 저랑 같이 힘겹게 기동대원들에게 맞섰던 남성분이 있어요. 그분이 저보다 더 용감하게 막으셨거든요. 그분을 찾을 수 있다면 저희 가게에서 식사 한번 대접해드리고 싶어요. 나는 당신 때문에 힘낼 수 있었다고, 용기 내서 나도 같이 할 수 있었다고.

그렇게 나섰던 거니까, 너무 걱정 안 하셔도 된다고 말씀드리고 싶어요.

오종길은 경찰 기동대 방패에 부딪혀 밀려날 때를 이야기하면서 웃었다. 체격도 있고 운동도 좀 했는데 속절없이 밀렸다면서 이건 자존심의 문제라고 농담을 했다. 계엄 이후 다시 자전거를 타고 운동을 시작했다. 계엄이 남긴 유일한 긍정적인 영향이었다.

박용진　　54세, 전 더불어민주당 국회의원

그날 밤 국회 앞
어떤 부자 상봉

재선 국회의원으로 8년간 드나들었던 여의도였다. 의정 활동도 화려했다. 유치원 3법으로 전국구 정치인으로 부상했고, 재선 때는 서울 지역 득표율 1위였다. 하지만 지난 총선에서 본선 링에 오르지 못했다. 이재명과 대립하며 대선 경선까지 치렀기에, 언론에 의해 비명횡사 공천의 대표 사례로 오르내렸다. 한동안 여의도를 찾을 일이 없던 그를 불러낸 건 그날의 계엄이었다.

당신은 누구십니까?

저는 박용진이라고 합니다. 전직 국회의원이고 지금은 아닙니다. 서울 강북구에 살고 있고, 두 아들의 아빠입니다. 큰아들은 재수를 해서 대학교 1학년이고요. 둘째아들은 지금 고3이에요. 아내가 몇 년째 수험생 엄마로 고생하고 있습니다.

비상계엄, 네 글자를 듣고 나서 무슨 생각을 하고 어떻게 행동했나요?

방송을 보고 바로 페이스북에 올릴 요령으로 글을 썼어요. 첫 줄이 "대통령이 미쳤습니다"였어요.

'대통령이 미쳤다. 우리 국민들은 여기에 다 저항해야 한다. 내일부터 직장과 공장에서 또 거리에서 학교에서 다 저항해야 한다. 불복종 운동을 해야 한다. 그리고 오늘밤 잠들면 안 된다. 국무위원들, 다 물러나라. 너희가 무슨 국무위원이냐. 이 정부는 끝났다. 군인들은 명령에 불복종하라. 당신들 이런 명령 따르면 안 된다.'

이렇게 쫙 썼고요. "저는 이제 국회로 갑니다. 시민 여러분들도 국회로 와주시고 오늘밤 잠들지 마세요." 이 글을 남기고 바로 국회로 갔습니다.

도착했을 때, 국회 앞은 어떤 상황이었나요?

시민들이 몇백 명 정도 모여 있었고요. 그때까지는 아직 계엄군들도, 머릿속으로 상상했던 탱크도 없고 아무것도 없었어요. 시민들은 막 소리지르고 울부짖고 분노하고 있는데, 제가 옛날에 총학생회장을 해봤거든요. 국회의원이 아니니까 나는 국회 안으로 들어갈 이유는 없고, 그래도 '한때 데모깨나 해봤던 사람이니까 오늘밤 그 실력을 발휘해야지' 생각했어요. 주변 시민들에게 같이 구호도 외치고 또 서로의 이야기도 들으면서, 오늘밤 이곳을 지키자, 모여달라 외쳤더니, 시민들이 바로 같이 호응해주시고 박수 쳐주시면서 다 앉으시더라고요. 앰프나 확성기가 있는 게 아니니까 생목소리로 해야 하는 상황이었는데, 50~100명 정도로 수는 계속 유동적이었지만 함께 이야기하고 구호도 외치고 노래도 부르고 연설도 하면서 그날 밤 국회 앞을 지켰습니다.

박용진은 그날 밤 국회에서 계엄 해제 요구 결의안이 통과되지 못할 경우를 걱정했다. 국회에서 결의안 통과가 좌절될 경우 다음날의 대한민국이 예상됐기 때문이다. 출근을 멈추고 몰려나온 시민들과 밤을 지새워 예민해진 계엄군의 충돌이 너무 선명하게 보였다. 박용진은 대한민국 국민들은 정말 만만치 않은 사람들인데, 이들을 우습게 본 윤석열이 한심했고 바보처럼 보였다고 했다.

자발적인 집회판이 벌어진 건데, 기억에 남는 분들이 있나요?

자유발언을 하는데 고3 학생이 나왔어요. "고등학생인데 오늘 밤 도저히 참을 수 없어서 여기에 왔습니다. 역사책으로만 봤던 이런 쿠데타가 정말 벌어지는군요. 민주주의를 위해서 저도 싸우겠습니다." 이렇게 외치는 고등학생이 있었고요. 또 안산에서 택시 잡아타고 5만 원 내고 왔다는 분, 내가 뭘 해야 할지 몰라서 여길 왔는데 여기서 여러분과 함께 민주주의를 지키겠다고 하시던 분도 있었어요. 60대 어르신은 우리 세대의 잘못이고, 우리가 철저하게 못 해서 지금 후배들이 이런 일을 겪는다, 미안하다고 하시더라고요.

고등학생이 있었나요? 아드님 생각이 났겠어요.

그랬죠. 그런데 부모 마음이라는 게 참 이상하죠. 저 집 아들은 뉘 집 아이길래 애가 저렇게 똘똘하나 싶다가도 우리 아들이 여기 나와 있으면 약간 걱정될 거 같은 거예요. (웃음) 그런데 나중에 보니까 제 아들이 와 있더라고요, 큰아들이. 아들이 제가 나간 뒤에 한 삼십 분 있다가 계엄을 알았대요. 그래서 혼자 곰곰이 생각해보니까 안 되겠다, 자기도 가야겠다 싶었대요. 그런데 엄마한테 얘기하면 못 가게 할 게 뻔하니까, 삐리삐리 소리 안 나게 현관문 건전지를 다 빼낸 다음에 몰래 나와서 택시 타고 왔다는 거예요. 오면서 저한테 문자를 보냈다는데 이미 국회 앞은 문자든 전화든 통신이 원활치 않은 상태였던 것 같아요. 더구나 저는 집회를 주도하느라고 아들이 왔는지, 문자가 왔는지도 몰랐고, 아들은 제가 어디 있는지 못 찾고 있더라고요. 집회가 끝난 뒤에야 현장에서 만났어요. 만나서 "야, 우리 역사적인 현장에 있다. 사진 찍자"하고 둘이 셀카 찍고 그랬지요.

아드님이 동행 없이 혼자 온 건가요?

그렇죠. 그때 '아, 피는 못 속이나보다' 생각했어요. 그 나이에 저도 진짜 위험천만한 일을 많이 했거든요. 그래서 '이거 그대로 돌려받는구나' 그런 생각도 들고, 기특하기도 하고 고맙기도 하더라고요. 아들이 그 밤에 집을 나온 대의명분이 아빠를 보호하기 위해서라고 하니까 웃기기도 하고요. 누가 누굴 보호한다고 하는 건지. (웃음) 그런데 그후에도 며칠 동안 계속 그 얘기를 하면서 잠을 쉽게 못 이루더라고요. 훅 컸더라고요. 그날 밤엔 이미 다 자란 아들을 제가 어린애로 봤던 거죠.

아드님을 보면서 혹시 부모님 생각을 했나요?

저희 아버지가 경찰공무원이셨어요. 그런데 아들은 그 시대에 데모하고 총학생회장이 되고, 수배되고 감옥 가니까 얼마나 힘드셨겠어요. 저 총학생회장 할 때 대공분실에 잡혀가 있는데, 아버지가 찾아오셨어요. 원래 면회가 안 되는데 아버지가 현직 경찰이니까 됐던 거죠. 대공분실 서장쯤 되는 양반이 거의 똥 씹은 표정으로 앉아 있고, 우리 아버지가 막 "죄송합니다. 잘못 가르쳤습니다" 이러시기에, 성격 못된 아들은 잔뜩 화를 내면서 아버지가 뭘 잘못했냐고 소리쳤죠. 그때 아버지가 저를 불러내서 다독이셨는데요. 아버지의 일주일 용돈이었을 것 같은데…… 3만 원을 주고는 '배곯지 마라' 말씀하시고, 그다음에 '매맞지 마라' 그러시더라고요. 다치지 마라, 매맞지 마라…… 그 얘기만 하고 가셨어요. 근데 막상 제 아들을 그날 국회에서 만나니까 딱 아버지 생각도 나고, 어머니 생각도 나고 그랬어요. 인생 살면서 부모님께 죄송했던 일까지 낱낱이 생각나고…… 그랬지요.

현장에서 의원님을 목격한 사람들 말로는 새벽 3~4시까지 계속 소리를 지르고 있었다고 하던데요.

아휴, 그러고 나니까 한 3일 동안 목이 잠기더라고요. 나이를 먹었는지 소싯적에는 안 그랬는데. (웃음)

처음에 국회 앞에 도착해서 저도 상황을 파악하느라 왔다갔다 하고 있는데, 어떤 분들이 저한테 그러시는 거예요. 아니 의원님! 여기 계시면 어떡하냐고, 빨리 들어가서 표결 참여하시라고. 그래서 제가 저 국회의원 아니라고 했더니 "아, 그렇군요. 미안해요. 기운 내세요" 그러고 가시는 분도 있었고요. 어떤 사람은 막 화를 내더라고요. 여기서 대체 뭐하고 있냐고! 저쪽 가면 경찰이 없으니까 담 넘어가실 수 있다고! (웃음) 한 네다섯 치례 그런 분들을 만났어요. 그런데 국회의원이 아니니까 제가 국회 앞 그 현장에 있었겠죠. 의원이었으면 안에서 표결하고 본회의장을 지키느라고 이 역사적인 장면을 또 못 만들었겠죠. 그래서 각자가 의원의 자격으로든 아니면 시민의 자격으로든 다 자기 역할을 잘해준 멋있는 밤이었다고 생각해요.

박용진은 그날 국회를 굉장히 오랜만에 찾은 거라고 말했다. 의원회관에서 짐을 뺀 뒤로 처음이었다. 특히 자신처럼 비자발적으로 관두고 나면 국회는 진짜 돌아가고 싶지 않은 심정이라고도 했다. 하지만 쫓겨난 직장 같았던 국회로 다시 달려갔던 그날 밤을 좀처럼 잊지 못하게 될 거라며, 역시 오랜만에 환하게 웃음을 지었다.

그때 아버지가 저를 불러내서 다독이셨는데요. 아버지의 일주일 용돈이었을 것 같은데…… 3만 원을 주고는 '배곯지 마라' 말씀하시고, 그다음에 '매맞지 마라' 그러시더라고요. 다치지 마라, 매맞지 마라…… 그 얘기만 하고 가셨어요. 근데 막상 제 아들을 그날 국회에서 만나니까 딱 아버지 생각도 나고, 어머니 생각도 나고 그랬어요.

3부

이 계엄을 막기 위해서는 용기를 모아야 한다

| 김진해 | 56세, 경희대학교 후마니타스 칼리지 교수 |

윤석열의 '경고성 계엄' 발언은
언어학적으로도 오염되고 타락했습니다

"진해야, 내일 당장 올라가." 1987년 대학 1학년이던 김진해가 고향 태백에 내려갔을 때의 일이다. 선거 국면에서 대학생이 할 수 있는 일은 많지 않았다. 부정선거에 대한 의문이 퍼질 무렵, 그는 고향으로 내려가 공정감시단으로 활동했다. 아버지는 "우리집에 빨갱이가 있다니"라며 분노했고 큰형은 소주 한 잔을 건네며 서울행을 종용했다. 그 일은 한동안 가족들 사이에서 금기처럼 묻혔다. 그러다 37년 만에 다시 등장한 계엄포고문이 그 시절의 가족을 조용히 불러냈다.

아내, 딸까지 온 가족이 함께 국회로 가셨다고요. 왜 그러셨나요?

누가 먼저랄 것 없이 결정했어요. 아마도 제가 얘기를 먼저 꺼냈던 것 같긴 한데 "안 되겠어. 여의도 가자" 그랬죠. 그냥 편하게 잘 수는 없잖아요. 여기서 어느 누구도 어디로도 어떻게도 도망가거나 피하거나 눈감을 수 없는 상황인 것 같다는 생각이 들었고요. '가서 무슨 일을 해보겠다' 이런 생각보다는 '그냥 가 있어야 하는 거 아니야?' 싶었어요. 그러니까 마치 가족 중에 누가 상을 당하거나 큰 교통사고를 당하거나 하여튼 좀 안 좋은 일이 생겼을 때 모든 일을 다 접고 달려가는 거랑 비슷한 느낌이었습니다.

딸이 그때 운전면허증 받은 지 한 달인가 두 달 정도 됐을 때거든요. 주차도 못하고 운전하다 부딪칠까봐 걱정되던 때인데, 제가 그날 동료들과 맥주를 마시고 돌아왔기 때문에 "네가 운전해라!" 하고 같이 출발했습니다.

> 혼자 간다고 했다면 아내와 딸은 절대 보내주지 않았을 것이다. 서로 떨어져 걱정과 불안에 떠느니, 함께 가는 편이 낫겠다는 생각이 들었다. 아내나 딸보다 몸이 재빠르니 혹시 총격이나 유혈 사태가 벌어진다면 보호할 수 있지 않을까? 김진해는 그렇게 스스로를 설득했다. 물론 속으로는 여러 걱정이 많았지만 말로는 차마 꺼낼 수 없었다. 언어학자도 때론 침묵으로 말한다. 그때는 그랬다.

혼자 가는 것도 어려운 일인데, 가족이 함께 간다는 건 위험도 더 커질 수 있는 결정이잖아요. 그런 용기는 어디에서 비롯된 건가요?

옛날부터 제가 저 자신에게, 그리고 우리 식구들한테, 학생들한테도 많이 하는 얘기인데요. '나는 겁쟁이다. 겁도 많고 부끄러움도 많다! 미안하다, 겁이 많아서.' 근데 제 느낌에는 여의도에 나오신 분들 중 대부분은 겁쟁이들일 거예요. 겁이 많은 사람들은 항상 안전함을 더 간절하게 추구하거든요. 그리고 겁쟁이들은 안전하게 살려면 자기 혼자서는 어떻게 안 된다는 걸 알고 있어요. 그러니 더더욱 이 세계가 안전해져야만 내면의 겁쟁이다움을 어느 정도 숨기면서 살 수 있습니다. 세계가 안전해야 나 자신이 마치 약간 용기 있는 사람처럼 말도 약간 힘차게 할 수 있거든요. 그런데 세계가 가혹해지면 그런 말조차 꺼내지도 못하죠. 그날의 상황은 겁쟁이들을 못살게 하는 상황으로 되돌리는 거였어요. 그래서 겁쟁이로서 같이 갈 수 있었어요.

국회 앞에서 위험한 상황은 없었나요?
저희 식구들이 다 같이 있었는데 갑자기 딸이 경찰들 속으로 막 들어가더라고요. 마치 소용돌이 속에 빨려들어가는 것처럼 한순간에 가운데로 쑥 들어가 있었어요. 그러더니 군용 차량 옆에 완전히 뒤엉켜 버렸어요. 그래서 저도 확 들어가서 딸을 끄집어냈죠. "야, 너 너무 들어갔잖아. 언제 그렇게 들어갔냐" 이랬더니 "나도 몰라" 이러더라고요.

딸의 행동을 보고 어떤 생각이 들었나요?
말이 안 된다고 느껴지는 어떤 사건과 감정에 대해 기성세대들보다는 훨씬 솔직하게 반응하는 것 같아요. 자기 삶이나 행동을 자기만의 신념과 감정에 잘 던지고 맡기는 모습을 보여주더라고요. 이전 세대들은 뭔가 많이 재고 고민했던 것 같은데 말이죠. 내일이나 앞으로의 일에 대한 걱정보다는 지금 당장 자기 마음속에서 격동하는 것에 솔직하게 기대고 응답한다고 생각했습니다.

언어학자로서 본 계엄의 언어는 무엇이었나요?
윤석열이 이 비상계엄을 '경고성 계엄이었다'고 표현했잖아요. 언어학적으로 보면 꽤 재미있는 말입니다.
중국 춘추전국 시대에 공손룡이라는 사람이 있었어요. 그 사람의 주장 중에 '백마비마白馬非馬'라는 말이 있거든요. '흰말은 말이 아니야' 이런 뜻이에요. 이해가 안 되죠. 그런데 실제로 우리가 일상생활에서는 그런 논리를 많이 적용합니다. 예를 들면 아이를 양육해야 할 부모가 아이에게 적절한 육아를 하지 않았을 때, 아니면 폭력을 행사한다거나 부당한 행위를 했을 때 주변에서 '저 사람들은 부모도 아니다' 이런 말을 하잖아요. 이번에 윤석열씨가 그 논리를 동원한 거예요. '경고성 계엄'이란 말은, 결론적으로 어떤 뜻이냐 하면 '계엄이 아니다'라는 주장이죠.

'경고성 계엄은 계엄이 아니다' 이 논리의 허점은 뭔가요?

윤석열씨가 결정적으로 놓치고 있는 점이 있어요. 힘을 더 갖고 있는 사람들은 말 자체가 행위가 되는 경우들이 있어요. 언어학에서는 그걸 '언어의 수행성'이라고 하는데요. 예를 들면 심판이 "아웃!" 이렇게 외치면 타자가 아웃되잖아요. "스트라이크!" 이러면 스트라이크인 거고요. 판사가 "당신은 유죄!"라고 선고하면 유죄인 거죠. 그저 발화하는 순간에 유죄가 되기도 하고 무죄가 되기도 하고 타자가 아웃이 되기도 한단 말이에요. 그러한 권한이 주어지기 때문에 그러합니다. 관중은 아무리 "아웃! 아웃!" "세입! 세입!" 소리쳐봤자 현실성이 없죠.

'언어의 수행력'이라는 것은 발화자가 가진 권리, 권한, 권력과 관계된 것이거든요. 그러니까 계엄을 선포할 수 있는 유일한 사람이 윤석열씨였기 때문에 그 사람이 한 말은 앞에 어떤 수식어를 붙여도 '계엄'인 거예요. 그런 면에서 윤석열의 '경고성 계엄' 발언은 언어를 근본적으로 오염시키고 타락시킨 행위라고 생각합니다.

계엄을 겪으며 느낀 것은 무엇인가요?

계엄이 해제되기까지 이러저러한 우연들이 막 계속 겹쳐 일어 났잖아요. 날씨가 도와주기도 하고 군인들도 태업을 하고 시민들이 막아서기도 했죠. 그 각각의 우연들이 계속 촘촘하게 엮여 있었기 때문에 가능성이 거의 1%로밖에 안 되어 보이던 계엄 해제가 실현될 수 있었습니다. 그런데 그게 신의 계획이 아니라 '겁 많은 시민들이 이루어낸 것'이라는 점이 중요해요. 우리 평범한 사람들은 거의 대부분 연약하고 취약합니다. 그렇게 연약하기 때문에 곁에 다른 사람들이 반드시 필요한 것이죠. 그런 면에서 각각의 개인이 좀더 나은 사회를 꿈꾸며 좀더 나은 관계들을 소망하고 추구하는 것은 법과 제도를 뛰어넘는 일이라고 생각합니다.

> 새벽 2시 30분쯤 김진해는 아내와 딸과 함께 집으로 향했다. 밖과 달리 집안은 훈훈했다. 추위에 떨던 몸도 이내 노곤해졌다. 금방이라도 잠이 올 것만 같았지만 쉬 잠이 오지 않았다. 그래서 식구들과 함께 맥주 한 병을 나눠 마셨다. 겁쟁이 셋이 모이니, 세상에 무서울 게 없었다.

'언어의 수행력'이라는 것은 발화자가 가진 권리, 권한, 권력과 관계된 것이거든요. 그러니까 계엄을 선포할 수 있는 유일한 사람이 윤석열씨였기 때문에 그 사람이 한 말은 앞에 어떤 수식어를 붙여도 '계엄'인 거예요. 그런 면에서 윤석열씨의 '경고성 계엄' 발언은 언어를 근본적으로 오염시키고 타락시킨 행위라고 생각합니다.

김진해_ 경희대학교 후마니타스 칼리지 교수

그날 그곳에 있었던 시민의 목소리

안덕훈(60세, 소설가, 논술 강사)
겁이 많아서 젊은 시절에도 동료들이 앞장설 때 항상 뒤로 빠지는 편이었어요. 하지만 이번에도 모른 척하면 평생 후회하면서 자책할 것 같더라고요. 지하철을 타고 갔는데, 절반 정도가 비슷한 눈빛으로 같은 곳에서 우르르 내렸던 것이 기억납니다.

최보근(23세, 성공회대 사회학과 대학생)
친구가 여의도로 가는 길에 정말 너무 무서워서 몸을 덜덜덜 떨면서 다리가 풀려 주저앉더라고요. 등을 두드리면서 일어나야 한다고, 정신 붙들자고 얘기했는데, 그 친구가 나중에 그때 힘들었지만 안 갔으면 후회했을 것 같다고 해서 끝까지 가길 잘했다고 생각했죠.

권병진(66세, 전 초등학교 교장)
사실 저는 살 만큼 살았으니까요. 그런데 지금 내 아들딸과 젊은이들이 살아가야 할 세상이 어떻게 되는 건가 하는 생각을 했어요. 집이 신길동인데 늦은 시간에 계엄이 터졌기 때문에 국회까지 걸어가는 게 빠르겠다 싶어서 바로 나왔죠.

권마로(33세, 직장인)

저희 아버지가 추위를 많이 타셔서 양말을 늘 신고 계시다가 침실에 드시기 전에만 벗으세요. 그날은 아버지를 살짝 쳐다봤는데 TV를 계속 보시다가 다시 양말을 신으시더라고요. 이런 일에 혼자 가시게 둘 수는 없으니까 옆에 있다가 같이 갔어요.

박건(28세, 카이스트 AI대학원 대학원생)

넘어진 군인 위로 저도 엎어져서 안경도 거의 벗겨지고 그 상황에서 휴대폰을 뺏기지 않으려고 꼭 잡고 있었습니다. 나중에 문형배 헌법재판소장(대행)께서 시민의 저항 덕분에 막아냈다고 말씀하셨는데, 그걸 들으면서 '아, 내 얘기로구나' 싶어서 뿌듯했습니다.

조예찬(26세, 웨딩 영상 작가)

제가 웨딩 작가인데요. 매번 행복하고 사랑스러운 영상만 찍다가 그날 밤에는 위기감 속에 있는 국민들을 찍다보니 적응이 안 됐죠. 그래도 역사가 왜곡되지 않았으면 좋겠다는 생각으로 촬영했어요. 웨딩을 찍는 이유도 그때의 기억을 다시 떠올리기 위해서잖아요.

한일환(25세, 대구대 역사교육학과 대학생)

대구에서 출발해서 새벽에 서울톨게이트를 지나는데, 일단 엄마에게 국회로 간다는 것을 알리는 게 우선이라는 생각이 들었어요. 만약 유혈 사태가 일어나면 아들이 거기에 죽어 있을 텐데, 엄마가 얘가 어쩌다가 거기 갔을까 하는 사연은 알아야 불효가 아닐 것 같았습니다.

| 오현옥 | 52세, 한양대학교 정보시스템학과 교수 |

부정선거 의혹 때문에 계엄이라니
기술자도 웃는다

아들을 군대에 보낸 아버지였다. 아들은 최전방 강원도 화천의 제7사단에서 복무중이었다. 그날 밤 아들 부대에도 비상이 걸렸다. 새벽 1시쯤 부대 간부들이 모두 모였고, 외부 보초병들에게는 실탄이 지급됐다. 다행히 거기서 멈추고 출동을 하지는 않았다. 만약 부대에 출동 명령이 떨어졌으면 아들은 아버지와 만날 뻔했다. 아버지 오현옥은 그날 밤 여의도에 있었다.

당신은 누구십니까?

저는 한양대학교 교수 오현옥입니다. 암호와 블록체인을 연구하고 실생활에 필요한 응용을 개발하고 있습니다. 블록체인을 투표 시스템에 적용해서 투표를 더 안전하고 투명하게 만들자, 이런 얘기를 많이 들어보셨을 텐데요. 블록체인 기술이 투명하기 때문에 비밀 투표가 굉장히 어렵거든요. 그래서 제가 연구하고 있는 분야는 암호화된 상태로도 이 투표가 맞다는 걸 확인할 수 있는 증명 방법을 보여주는 기술입니다.

그날 국회에 도착해서는 무엇을 했나요?

차를 가져갔다가는 못 돌아올 수 있다는 생각에 일단 지하철을 타고 국회에 가까이 갔습니다. 대중교통으로도 국회에 접근하지 못하게 된다면 뛰어서 가야겠다고 생각했어요. 다행히 9호선 국회의사당역에서 내렸고 "가서 국회를 지킵시다"라고 서로 화이팅하면서 한 20명 정도가 같이 밖으로 나갔습니다. 정문에 사람들이 엄청 많이 모여 있는 걸 봤어요. 보좌관이라면서, 기자라고 하면서 담장을 넘어가는 사람도 있었고요. 그 사람들이 도와달라고 하는데 담장이 제 가슴 높이 정도로 혼자서 넘기에는 약간 어려운 높이라, 그 사람들을 도와주고 넘겨줬어요.

경찰들이 친 낮은 바리케이드를 흔들면서 문 열라고 하는 사람도 있었고, 내년에 내 아들이 군대 가는데 이거 어떻게 할 거냐고 우는 아주머니들도 있었습니다. 속으로 저는 '내 아들은 이미 군대 가 있는데……' 하면서 더 슬프기도 했고요. 그런데 경찰도 정문 근처에만 있고 담장 전체를 빼곡히 막고 있지 않아서 좀 의아하긴 했어요.

현장에서 본 경찰들의 분위기는 어땠나요?

일선 경찰들은 그렇게 적극적이지 않았던 것 같아요. 담장을 넘는 사람들에게도 그저 얘기를 할 뿐 완력을 행사하는 일은 섞었고요. 그래서 경찰들도 어쩔 수 없이 끌려왔다는 느낌을 많이 받았습니다. 제가 돌아서 후문 쪽으로 갔을 때, 거기 있는 지휘부처럼 보이는 젊은 경찰이 했던 얘기가 기억에 남아요. 지금 집에 있는 와이프가 제일 무섭다고. 와이프가 계엄령 때문에 화가 엄청 많이 나 있다고 하더라고요. 전체적으로 경찰들은 조용했어요. 눈도 잘 안 마주치려 했고요. 가끔 시민들이 욕하면 경찰 20명에 1명 정도는 욱하면서 나서려고 하는 경우가 있었는데, 다른 경찰이 그 사람을 제지하는 상황이었습니다.

> 계엄 해제 요구 결의안 가결 소식에 잠깐 환호했지만, 경찰들은 아직 명령이 내려오지 않았다며 봉쇄를 풀지 않았다. 오현옥은 군인들이 다시 투입될 가능성을 걱정하는 시민들과 함께 국회 외벽을 따라 후문 쪽으로 가다가 전화를 한 통 받았다. 제자였다.

평소에도 사회적 이슈에 대해서 제자들과 대화하는 편인가요?

뭐가 옳은지 그른지 판단할 수 있는 나이이기 때문에 어느 정도 하죠. 사실 계엄 다음날 아침 9시부터 수업이 있었거든요. 대학원생 한 명한테 제가 수업에 못 갈 수도 있으니까 '아침에 내가 학교를 못 가게 되면 나 대신 휴강 공지를 해달라'고 문자를 보냈죠. 그 대학원생들은 그날이 마침 박사 심사날이었어요. 심사 끝나고 저녁을 먹다가 계엄이 터진 것을 보고 가야 하는지 말아야 하는지 고민하던 중에 제가 보낸 문자를 본 거예요. 그래서 1시 반쯤 제자 3명이 차를 타고 와서 국회 정문 쪽에서 만났어요. 그 친구들이 오는 길에 장갑차가 막고 있는 걸 봤다고 했습니다.

현장에서 제자들을 만나니 반가웠나요?

많이 반갑죠. 사실 나올 거라 기대를 안 했는데. (웃음) 혼자 밤새우는 것보다는 같이 얘기할 사람이 있어 좋았죠. 이야기할 수 있는 사람이 있어서 외롭지 않게 그 밤을 지낼 수가 있었습니다. 제자들과 많은 이야기를 했는데 '계엄이 되게 엉성한 거 아니냐, 술 먹고 한 거 아니냐'

이런 얘기를 했고, 그때가 계엄 해제 선언 전이라 제2차 계엄으로 언제 또 군인들이 들이닥칠지 모르니까 계속 지켜야 한다고도 했어요. 그때가 바람이 많이 불어서 추웠거든요. 그래서 조명 앞이 따뜻하다는 얘기도 했네요. 그러다가 계엄 해제 선언이 나오는 것을 보고 귀가했습니다.

계엄이 해제될 거라고 예상했나요?

제가 처음에 생각한 최선의 시나리오는 소수의 사람들이 희생되고 그걸 보고 분개한 시민들이 더 나와서 시민 세력이 커지는 것이었어요.

그 소수에 교수님이 포함될 수도 있었는데요.

사실 각오하고 갔습니다. 계엄 상황이라는 건 우리나라에 희망이 없다는 걸 뜻하고, 누군가 희생해야 한다면 사실 저라도 좋다고 생각했어요. 왜냐하면 교수라는 직업을 가지고 있기에 사회적으로 더 주목받을 것이고, 제가 희생한다면 더 많은 시민들이 나올 수 있는 토대가 될 수 있을 거라고 생각했죠. 그게 우리 사회로부터 제가 받은 혜택에 대한 보답이고요.

희생을 감수하겠다는 생각은 일종의 직업적 윤리이기도 한 건가요?

직업의식을 벗어나서 대한민국 국민이라면 누구나 해야 하는 바라고 생각하고요. 사실 그날 소식을 너무 늦게 알았다든지, 잠을 잤다든지, 멀리 떨어져 있었다든지, 발만 동동 구르고 있었던 분들이 대다수였을 거예요. 하지만 마음은 다들 똑같았을 거라고 생각하거든요. 그런 염원이 모여서 빨리 해결됐다고 생각하고 있어요.

윤석열은 계엄의 이유로 부정선거에 대한 의심을 들었다. 선관위에 최정예 정보사 요원들이 투입되기도 했다. 오현옥은 마침 투개표에 블록체인을 적용하는 문제를 연구하는 학자이기도 했다. 그는 연구 성과를 인정받아 홍조근정훈장을 받았다고 했다. 대통령실에서 초청하여 기술 시연을 한 적도 있다고 했다. 그에게 부정선거에 대해 물어봤다.

윤석열 당시 대통령은 계엄의 이유로 부정선거에 대한 의혹 해소를 들었습니다.

부정선거에 대해 망상을 하는 사람들이 그렇게 많은 줄 몰랐어요. 때로 시험 성적이 안 나오면 그 이유를 나에게서 찾지 않고 바깥에서 찾는 경우가 많잖아요. 부정선거 의혹도 그런 거죠. 결국은 내가 떨어졌는데, 나의 탓으로 생각하지 않고 외부요인, 즉 부정한 방법으로 내가 당선되지 않았다고 외부에서 평계를 찾는 거죠. 실제로 저는 부정선거가 있다고 전혀 생각하지 않거든요. 왜냐하면 우리나라 선거 과정을 보면 이해관계자들이 다 확인하잖아요. 그렇기 때문에 조작할 수가 없는 상황인데도 부정선거 의혹을 믿는 사람들이 그렇게 많다는 게 정말 믿기지가 않습니다.

교수님이 새로운 기술로 투표시스템에 접근하려 하는 걸 보면, 기존 선거제도에 불만을 가진 게 아닌가 생각하는 사람들이 있었을 것 같은데요?

이메일을 받은 적이 있어요. 이런 결과가 나왔는데 이래도 부정선거가 아니냐고요. 기존의 선거에 문제가 있다는 식으로 저한테 발언하게 만들려고 하는 시도들이 있었던 것 같아요. 하지만 저는 새로운 기술이 투표를 더 투명하고 안전하게 만들고, 저비용으로 더 빠르고 효율

때로 시험 성적이 안 나오면 그 이유를 나에게서 찾지 않고 바깥에서 찾는 경우가 많잖아요. 부정선거 의혹도 그런 거죠. 결국은 내가 떨어졌는데, 나의 탓으로 생각하지 않고 외부요인, 즉 부정한 방법으로 내가 당선되지 않았다고 외부에서 핑계를 찾는 거죠. 실제로 저는 부정선거가 있다고 전혀 생각하지 않거든요.

적으로 할 수 있으니까 많이 썼으면 좋겠다는 희망을 가지고 있었던 거지, 기존 투표제도에 문제가 있으니까 버려야 한다고 생각하지는 않습니다. 부정선거론자들의 의혹은 사실 어떤 기술을 도입하더라도 끝이 안 날 거라고 생각하고 있어요.

오현옥과 함께 베드민턴 클럽에서 운동을 하는 지인도 그날 여의도에 있었다. 그는 1980년 5월 광주에서 계엄을 실제로 지켜본 사람이었다. 계엄의 무서움을 아는 그는 부인에게 사실대로 얘기하지 못했다. 친구와 술자리가 있다고 거짓말을 하고 국회 앞으로 나왔다고 했다. 모두 희생을 생각한 걸음이었다. 쉽지 않은 한 걸음이었다. 하지만 그 한 걸음 덕분에 계엄을 막을 수 있었다.

이재승　　61세, 건국대학교 법학전문대학원 교수

국가폭력의 가해자들도
결국 트라우마로 고통받는다

그해 가을을 넘어가면서 정권의 위기감은 커져갔다. 이미 야당은 과반을 넘긴 것은 물론 국회선진화법을 무력화할 수 있는 180석을 훌쩍 넘긴 상황이었다. 대통령의 거부권도 무너뜨릴 수 있는 200석이 아슬아슬했다. 무엇보다 영부인이 문제였다. 윤석열 정권 출범 초부터 온갖 구설의 주인공이었던 영부인은 명태균 석 자가 불거지면서 아예 자취를 감춰버렸다. 영부인을 겨냥한 특검에 집권 여당의 일부가 동조할 수 있다는 분석이 나오기 시작했다. 정국엔 날씨를 뛰어넘는 냉기가 감돌았다. 이재승이 대통령의 하야를 요구하며 동료 교수들과 시국선언을 준비한 것도 이즈음이었다.

당신은 누구십니까?

네, 저는 1964년생이고 건국대학교 법학전문대학원에서 법철학을 가르치고 있습니다. '진실·화해를위한과거사정리위원회' 상임위원을 한 적이 있습니다. 주로 국가폭력과 과거 청산 분야의 문제를 집중적으로 연구해왔습니다. 1980년 5월 광주에 있었습니다.

12월 3일 비상계엄 선포 당시 어디서 뭘 하고 계셨나요?

그 전주에 건국대학교에서 시국선언을 하자고 제가 먼저 말을 꺼냈거든요. 그래서 문과대 선생님들하고 의견을 맞춰서 선언서를 작성하고 동참할 분도 모집해서 12월 4일에 선언할 계획이었어요. 준비가 얼추 끝나서 3일 저녁엔 학교 근처에서 주도한 분들 4명이 모여서 회식을 하고 있었습니다. 그런데 누가 비상계엄을 선포했다고 그러는 거예요. 저는 우리 단톡방에도 이렇게 헛소리를 하는 사람이 있는가 싶어서 '우리 모임에도 유머감각이 뛰어난 사람이 있네' 생각했죠. 그런데 검색했더니 말장난이 전혀 아니어서 바로 심각하게 느꼈습니다.

계엄을 인지하고 어떻게 했나요?

집이 가까워서 가볍게 샤워하고 속옷도 갈아입었어요. 마지막 날이 될지 몰라서. (웃음) 택시 타고 여의도로 향했습니다. 평소 친하게 지내던 인권활동가를 국회 정문 바로 아래쪽에서 만났죠. 봉쇄하고 있던 경찰과 담을 넘어가기 위한 실랑이를 계속했는데요. 제가 약간 흥분해서 "나는 담장에서 떨어져 죽으려는 게 아니라 저 안에서 죽을 거다!"라고 소리를 쳤어요. 그러다가 옆에 차가 빠져나오는 공간이 있는데 그 문이 살짝 열렸습니다. 일고여덟 명이 동시에 들어간 것 같아요. 거기서 국회의사당 본관까지 250~300미터 정도는 되는 것 같은데, 걸어가는 동안 인생 전체가 주마등처럼 지나가는 느낌이 들었어요. 사사롭게는 다른 사람들한테 잘못한 일도 떠오르고, 크게는 대학 다닐 때 비겁했던 기억도 떠올랐어요.

진입을 막는 경찰들에게 무슨 말을 했나요?

국가폭력의 가해자들도 나중에 엄청난 죄의식과 그로 인한 트라우마를 겪거든요. 공적인 불법 행위 범죄에 가담하고 나면, 양심이 더 선명한 사람일수록 굉장한 고통을 겪는다는 걸 여러 사례를 통해 알고 있었습니다. 그래서 경찰들에게 어떤 것도 하지 말고, 폭력을 쓰지 말라고 얘기했어요. 1933년에 히틀러가 독일을 집어삼킨 얘기도 하고요.

가해자도 트라우마가 생길 수 있다는 얘기는 어떤 의미인가요?

5.18 관련해서 검색하면 가해자 김모씨에 대한 이야기가 나와요. 그분은 2017~2018년 전후로 5.18 무렵만 되면 광주 시내를 넋 나간 사람처럼 떠돌곤 했죠. 군인이었던 걸로 알고 있습니다. 5.18 진상조사위원회가 작년에 활동을 마감하지 않았습니까? 거기서 가해자들의 이야기를 채록한 것이 있는데요. 비록 가해자일지라도 한 개인에게는 엄청난 정신적 붕괴로 보이는 부분이 있거든요.

> 이재승은 1980년 5월 당시 광주에 있었다. 고등학교 1학년 학생이었다. 부모는 아들을 시골로 보냈지만 이재승은 다시 광주로 돌아왔다. 공수부대가 전남도청에 진입하던 그 순간까지 광주 시내의 집에 머물렀다. 계엄군이 시민군을 학살하던 순간은 목격하지 못했지만, 집이 망월동 묘역으로 가는 길목이어서 시신을 싣고 줄지어 이동하던 트럭을 본 기억이 아직도 선명하다. 같은 학교 선배들 중에도 총을 잡고 나간 이가 있었다. 12.3 비상계엄 선포를 보며 5월 광주를 떠올리는 것은 국회 본관 앞에서 계엄군과 직접 대치한 이재승에게는 자연스러운 일이었다.

국회로 바로 향한 것에 과거 광주의 영향이 있었나요?

처음 갈 때는 이제 내가 예순 살이 됐다, 이제 살 만큼 살았다, 이런 생각이 들었죠. 5.18을 계속 생각하고 글을 쓰면서 '어떤 상황이 온다면 어떤 태도는 갖추고 임해야겠다'는 건 입력되었다고 할 수 있겠습니다. 1980년 5월 26일, 그때 방송을 했던 여성 아나운서가 있지 않습니까? 나중에 가혹하게 폭행당하고 고문당해 생을 일찍 마감하신 분들, 그분들의 목소리를 광주에 있었던 사람들은 대부분 다 기억하고 있을 거라고 봅니다. 많은 사람들이 그 말을, 그 목소리를 기억하고 살아왔을 거라고 봅니다.

12월 3일, 국회 앞을 메운 시민들의 모습을 보면서 어떤 생각을 했나요?
저는 그날 온 사람들이 5.18 때 시민군이었다고 생각하고, 프랑스혁명 때 혁명을 지키기 위해서 프랑스 애국가를 부르면서 나갔던 시민들이 아닐까 합니다.

이재승은 그날 국회 앞에서 5월 광주에서 저항하던 시민들을 봤다고 했다. 계엄이 실패로 돌아가고 윤석열은 탄핵됐다. 하지만 한남동 관저에서 농성하며 지지자들의 결집을 유도했다. 일국의 지도자였던 사람이라고는 도무지 볼 수 없는 치졸한 행동이었으나, 효과는 있었다. 한남동과 광화문에 모인 사람들이 태극기와 성조기를 흔들며 저항권을 부르짖었다. 이재승은 민주화가 진행되었지만 사회가 그것을 따라가지 못한 데서 생기는 성장통, 반발로 보고 있었다. 그러면서 한 사회가 감정적으로 분리되지 않도록 주의해야만 민주주의를 온전히 지킬 수 있다고 했다.

국가폭력의 가해자들도 나중에 엄청난 죄의식과 그로 인한 트라우마를 겪거든요. 공적인 불법 행위 범죄에 가담하고 나면, 양심이 더 선명한 사람일수록 굉장한 고통을 겪는다는 걸 여러 사례를 통해 알고 있었습니다. 그래서 경찰들에게 어떤 것도 하지 말고, 폭력을 쓰지 말라고 얘기했어요.

그날 그곳에 있었던 시민의 목소리

유하영(26세, 이화여대 사회학과 석사과정 대학원생)
〈임을 위한 행진곡〉의 "사랑도 명예도 이름도 남김 없이"라는 가사가 떠올랐어요. 제가 국회에서 계엄군에게 죽으면 개죽음이 되겠지만, 그래도 그렇게 수없이 스러져가며 개죽음을 당한 이름 없는 분들 덕분에 지금의 민주주의를 이룩할 수 있었던 거잖아요. 저도 거기에 무임승차하면 안 된다고 생각했어요.

최희윤(36세, 직장인)
비상계엄 전주 수요일에 독서모임에서 한강 작가님의 『소년이 온다』를 읽었어요. 그때 역할극처럼 혹시 그런 일이 터지면 우리는 어떻게 해야 할지에 대해 얘기했던 기억이 나요. 그 책을 계엄 직전에 읽었던 것이 현장에 나가는 데 엄청난 영향을 주었습니다. 국회 안에서 대치 상황이 이어지고 시민들이 한 분 한 분 자유발언을 하는데 누군가 갑자기 애국가를 부르더라고요. 『소년이 온다』에도 5.18 당시에 시민이 애국가를 부르자, 주인공 동호가 '국가가 우리한테 이렇게 나쁜 짓을 하고 있는데 저분들은 왜 애국가를 부르냐'고 묻는 장면이 있어요. 같이 있던 이는 필사적으로 '우리는 고깃덩이가 되면 안 되기 때문에, 우리의 뜻을 알려야 하기 때문에, 우리가 정당하다는 것을 우리 스스로 인식하기 위해서 애국가를 부르는 것'이라고 설명해주는 장면이 나옵니다. 그때 들려오던 애국가가 그런 느낌이었습니다.

이지훈(57세, 인테리어 목수)

제주 4.3과 광주 5.18 때 사람들이 많이 죽었잖아요. 그때 그 처절한 희생 때문에 지금 이렇게 평화로운 거죠. 12월 3일 내란의 밤에 평소에 그다지 정의롭게 살지는 않던 저까지 달려 나간 것은 제주와 광주에서 돌아가신 그분들의 힘이 아닌가 생각합니다.

황인수(57세, 성바오로수도회 수사)

여의도역에서 국회의사당까지 가는데 어디선가 몰려오는 사람들이 있었어요. '도대체 이 사람들이 어디서 오는 거지?' 그런데 막 와요. 그 사람들하고 같이 국회로 걸어갈 때 느꼈던 그 감동, 이게 바로 한강 작가가 말했던 과거가 현재를 돕고, 죽은 사람이 산 사람을 살린다는 뜻이구나 했죠.

김희정(58세, 이태원 참사 유가족)

저는 이태원 참사 유가족입니다. 그날 밤 모여든 시민들을 보면서 '막아낼 수 있겠다' '국민들의 힘이 뭉치면 뭐든지 할 수 있겠구나' 생각했어요. 한 사람 한 사람의 힘이 모이면 막을 수 있겠다는 확신을 얻었고, 양심이 시키는 대로 움직였던 밤이었습니다.

| 정구승 | 36세, 변호사 |

그날 계엄군을 향한 변호사의 외침
'형이 무죄 만들어줄 테니 항명하라'

일행은 이미 만취였다. 몸을 가누기 힘들 정도였다. 연말 심야에 흔한 풍경이었다. 술자리의 주된 이야기는 명태균의 황금폰에 대한 것이었다. 술이 안 들어갈 수 없는 소재였다. 그런데 잔을 홀짝거리던 정구승 주변에서 웅성거림이 들려왔다. 사람들의 시선을 따라 TV 화면을 쳐다봤다. 자막에 '계엄' 두 글자가 보였다. 술집은 국회에서 100미터 거리였다. 정구승은 자막을 보자마자 뒤도 돌아보지 않고 자리에서 일어나 국회로 뛰기 시작했다. 만취 상태였던 일행들을 뒤에 두고 정구승은 달렸다.

당신은 누구십니까?

법무법인 일로 대표 변호사 정구승입니다. 저는 형사 전문 변호사이고, 현재 박정훈 대령(해병대 채상병 순직 사건 관련 상관에 항명했다는 혐의로 기소됐다가 무죄 확정된 전 해병대 수사단장)과 강혜경님(명태균 사건 공익신고자)의 변호인을 맡고 있습니다.

12월 3일 그날 어디에서 누구와 무엇을 하고 계셨는지 궁금합니다.

다른 변호사, 국회 보좌관 몇 분과 여의도에서 회식을 하고 있었습니다. 명태균씨와 관련된 증거들이 이제 세상에 나온다는 얘기가 있어서, 진실이 밝혀질 것이라는 기대 속에 저희끼리 조촐한 축하 자리를 만든 거죠. 공익 제보의 보람에 대해 얘기하면서 계속 술을 먹고 있는 와중에 방송을 보게 되었습니다.

국회로 뛰어가기까지의 일이 기억나나요?

윤석열이 계엄을 포고하는 방송이 끝나기 전 바로 뛰어나갔고, 술집이 국회 본관 앞 정말 가까운 지점이었기 때문에 경찰들이 막 오기 시작하고 있었어요. 통제를 시작하던 시점이었던 걸로 기억합니다. 제가 도착했을 때는 신원 확인 정도만 하는 수준이어서, '박정훈 대령, 강혜경씨의 공익 제보 변호인이고 국회에 볼일 있다' 이런 식으로 밀고 들어갔죠.

그다음에는 무엇을 했나요?

경찰들을 설득했어요. '국회의원을 못 들어오게 하는 것 자체로 너네도 내란 동조자다, 위법하다, 너네 다 책임져야 된다, 사람들이 이렇게 많이 찍고 있는 게 안 보이냐' 막 이렇게 얘기를 했죠. 일선에 있던 경찰분들이 몹시 당황했던 걸로 기억합니다. 사실 일선 경찰들은 법조인이 아니다보니까 이 사태가 위법한지 적법한지에 대한 판단을 하기 쉽지 않죠. 그래서 저희가 얘기할 때마다 당황해서 자의적으로 열어주거나 아니면 위에 보고하거나 우왕좌왕하는 모습을 초반에 보였던 걸로 기억합니다. 그런데 어느 순간부터는 아예 통제를 하더라고요.

정구승은 국회 정문 앞에서 조국 대표를 봤다. 조국 대표는 언론과 인터뷰중이었다. 그때 헬기 소리가 들리고 사람들이 소리치기 시작했다. 그는 인터뷰중이던 조국 대표에게 다가가 신원을 밝히고 '지금 군대가 온다고 한다. 빨리 가셔야 한다'고 말했다. 국회 정문에서 본관까지는 넓은 잔디밭이 펼쳐져 있었다. 조국 대표를 비롯해 몇몇 의원들, 보좌관들, 모든 사람들이 그 잔디를 가로질러서 뛰기 시작했다. 정구승은 헬기 소리를 등뒤로 하고 뛰던 그 순간이 정말 무서웠다고 말했다.

계엄 소식을 주변에 알렸나요?

오만 군데에 전화를 돌렸죠. 서울지방변호사회 단톡방이 있어서 "저는 정구승 변호사고 군대가 온다고 합니다. 저는 국회 안에 들어와 있고 이 사실을 변호사들이 좀 알아주셨으면 좋겠습니다"라고도 올렸고요. 와이프한테 '나는 아마 국회 본관 입구에 있을 거고, 내가 잡혀가거나 나쁜 일을 당하더라도 본관 앞에서 찾으면 될 거다' 이렇게 당부했어요. 부모님에게도 전화를 드렸죠. 어머니는 우시는데, 아버지가 '알겠다. 그러면 네가 가능할 때마다 연락해라' 이러셨어요.

국회 본청 앞 상황은 어땠나요?

입구로 올라오는 계단 쪽에서 시민들이 먼저 1차 저지선을 만들었어요. 저도 처음에는 그 앞에서 군인들에게 막 소리를 질렀죠. '이것은 내란이다, 반란이다. 나는 박정훈 대령 건 변호하고 있고, 내가 항명 전문이다, 무죄 만들어줄 수 있다' 이런 얘기도 했고, 군인들이 저보다 어리잖아요. "형 변호사고 나 항명 사건 잘해, 군 사건도 많이 해, 형이 무죄 만들어줄게, 이러지 마." 이렇게 술김에 명함도 뿌렸는데, 명함을 그 자리에서 다 쓴 것 같아요. (웃음) 계속 소리를 질렀죠. "너네 이거 진

군인들에게 막 소리를 질렀죠. '이것은 내란이다, 반란이다. 나는 박정훈 대령 건 변호하고 있고, 내가 항명 전문이다, 무죄 만들어 줄 수 있다' 이런 얘기도 했고, 군인들이 저보다 어리잖아요. "형 변호사고 나 항명 사건 잘해, 군 사건도 많이 해, 형이 무죄 만들어줄게, 이러지 마." 이렇게 술김에 명함도 뿌렸는데, 명함을 그 자리에서 다 쓴 것 같아요. (웃음)

짜 인생 망치는 길이야, 이거 실패하면 너네 반란이야, 반란군이야."

항명을 해도 된다는 것은 법적인 근거가 있는 것인가요?

정당한 명령이 아니라면 불복종은 항명이 아니라는 대법원 판례가 있고, 이번 박정훈 대령님 역시 같은 판례에 따라서 무죄가 나왔습니다. 요건 자체가 '정당한 명령'이어야 합니다.

> 정구승은 인터뷰중 박정훈 대령 사건에 대한 이야기를 길게 했다. 그는 박대령을 변호하면서 국가권력이 우리가 지켜왔던 가치를 뛰어넘어서 행동할 수 있다는 점, 한 권력자의 의지와 결정으로 수많은 공무원과 법조인들이 나서서 사실을 왜곡할 수 있다는 점을 알게 됐다고 말했다. 특히 그는 박정훈 대령의 항명 사건에서 이첩 중단 지시를 어겼다는 주장은 위법한 명령이었기 때문에 처벌할 수 없다는 판결이 나왔다는 점을 자세히 설명했다. 그리고 박정훈 대령의 항명 건을 군이 지켜보고 있었다는 점에서 이번 계엄군의 소극적인 행동에도 영향을 주었을 것이라고 말했다.

윤석열은 경고성 계엄이었다고 주장하고 있습니다.

경고성 계엄은 나중에 갖다붙인 변명에 불과합니다. 경고성이었다면 군대를 동원할 이유가 전혀 없죠. 현장에 있던 사람으로서는 유서를 남길 정도로 각오를 다져야만 갈 수 있었던 상황이었습니다. 오히려 제가 그쪽의 변호사라면 경고성 계엄이었다는 발언을 굉장히 말렸을 것 같습니다. 반성의 의지가 없는 거고 범행을 정당화하고 있다는 것은 양형 기준에서 가장 안 좋거든요. 피고인들이 오히려 형사 전문이기 때문에 자신들에게 승산이 없다는 사실을 알고 있어서 법적으로 해결하지 않기 위해 정치적 프로파간다를 밀어붙이는 거라고 생각합니다.

지금까지 그들이 말해온 사법 절차에 대한 존중, 그리고 기존 시스템을 따르겠다는 보수의 이념과는 정말 동떨어진 행동이죠.

다시 12월 3일로 돌아간다면 또 국회 앞으로 갈 건가요?

유서 안 남기고 그냥 담담하게 가지 않을까 싶습니다. 지금 와서 보니까 제가 전화를 오만 군데에 다 했더라고요. (웃음) 그런 거 안 하고 멋있게 딱 가지 않을까 싶습니다.

정구승은 형사사건 전문이다. 그는 평소에 존경했던 선배 법조인들이 이번 계엄과 관련해 저항권 운운하며 사이비 법조인처럼 평소와는 다른 행태를 보이는 것에 놀랐다고 했다. 그는 시민들이 헌법을 읽어봐야 한다고 강조했다. 사이비 법조인들에게 휘둘리지 않는 것이 중요하다고 했다.

그날 그곳에 있었던 시민의 목소리

오일남(49세, 프리랜서 기획·연출가)

채수근 해병의 사건 이후에 계속 마음이 불편했어요. 박정훈 대령님을 그렇게 탄압하는 게 올바른 것인가에 대한 분노가 있었거든요. 그 이후부터 종종 촛불집회에 나갔는데요. 어떤 특정 정당이나 지지 세력이 있어서가 아니고, 순수하게 대한민국에 정의와 진실이 있길 바라는 마음을 가졌습니다. 그리고 그것을 대표하는 건 태극기가 아닐까 싶어서 대형 태극기를 사서 회사 트럭에 갖고 있었습니다. 가로 약 3.5미터, 세로는 약 2미터 정도 되는 대형 태극기예요. 그 트럭을 몰고 국회로 출발했어요. 출발하기 전에 뭔가 남겨야 할 것 같았어요. 혹시라도 계엄군이 총구를 들이대거나 하는 일이 생기면, 저는 기록도 없이 떠날 수 있는 상황이라고 생각해서 제 셀카와 영상, 그리고 "저도 경황이 없지만 우선 가서 조금이라도 힘을 보태겠습니다"라는 메시지를 인스타그램에 올리고 출발했습니다. 빨리 가야 한다는 생각밖에 없었어요.

박평화(27세, 의료통역사)

현실적으로 일어날 수 있는 일이었는지 여의도를 다녀온 뒤에도 혼란스럽더라고요. 자고 일어나서 뉴스 보니까 시민들이 장갑차를 막고 있는 장면이 나왔는데, 내가 저 자리에 있었던 게 맞나 싶을 정도였습니다.

박범수(41세, 비상행동 사회자, 진보당 안산시지역위원회 위원장)
역사를 공부했지만 이런 상황에서 어떻게 해야 하는지는 선뜻 결정하기 쉽지 않았죠. 하지만 여의도에 가보니 아이를 재우고 나온 분, 부인이 나가라고 격려해줘서 나온 분 등등 정말 많은 사람들이 있었어요. 대단한 용기들이 한곳에 모인 것 같았죠.

김경현(39세, 독립서점 '다시서점' 대표)
옆에 연배가 있는 어르신이 계셨는데, 목이 쉴 때까지 구호를 외치셨어요. 그러다가 그분이 목이 쉬니까 옆에 있던 다른 사람이 외치고, 또 목이 쉬면 다른 분이 소리를 질러대면서 쇳소리 위에 쇳소리가 얹어지는 게 인상적이었어요.

한동수(58세, 전 판사, 전 대검찰청 감찰부장)
12.3 비상계엄은 친위 쿠데타라고 생각합니다. 어느 지점에서 내란의 기획이 이루어졌고, 어떻게 모의하였고, 어떻게 역할 분담을 했고, 어떠한 실행 계획을 세웠고, 누구누구가 참여했는지 이런 기본적인 사실관계들을 면밀하게 분석해야 재발을 방지할 수 있습니다.

강구섭 천세승 박지수 배호성 정덕교 | 해병대 의열단

국회로 모인 시민들 안심시킨
해병대 의열단 단원들

'빨강'은 흔히 열정을 나타내는 색이다. 불의 색이자 피의 색이다. '검정'은 모든 빛을 흡수하는 색, 강인함과 죽음, 권위를 상징한다. 또 애도의 색으로도 사용한다. 해병대의 상징으로 빨강과 검정만 한 게 있을까? 그날 검은 장례식장에서 뜨거운 불의 심장을 가진 사나이들, 해병들이 한자리에 모였다. 한 번 해병은 영원한 해병이었기에 동료의 슬픔도 당연히 함께였다. 그렇게 위로로 시작된 만남이 다음날 아침까지 이어질 거라고는 아무도 상상하지 못했다.

당신은 누구십니까?

강구섭_ 저는 해병 520기 강구섭입니다. 거주지는 성남 살고 있습니다.

배호성_ 저는 해병대 767기 배호성입니다. 집은 부산입니다.

정덕교_ 저는 773기 정덕교이고 서울 마포구에 거주하고 있습니다.

천세승_ 저는 648기 해병 천세승이고요, 서울 강남구에 거주하고 있습니다.

박지수_ 저는 753기 박지수라고 합니다. 사는 곳은 동탄입니다. 저희는 해병대 의열단이라는 단체이고요, 제가 해병대 의열단의 단장을 맡고 있습니다.

해병대 의열단이란 단체에 대해 소개해주세요.

박지수_ 해병대 의열단의 태동은 2023년 9월 23일로 거슬러올라갑니다. 그때 채수근 상병의 순직과 박정훈 대령의 사건으로 인해서 분노한 해병들이 대통령실 앞에서 집회를 했습니다. 그때 모였던 선후배들이 해병대 의열단의 모체가 됩니다. 그러다가 2024년 5월 15일 창립총회를 갖고 정식으로 해병대 의열단을 발족시켰습니다. 그리고 그해 9월부터 해병대 단체 중 최초로 윤석열 탄핵을 기치로 내걸고 활동해 왔습니다.

2024년 12월 3일로 돌아가보겠습니다. 그날 비상계엄 소식은 언제 어디에서 접하게 됐나요?

강구섭_ 그날 우리 의열단 후배의 와이프, 그러니까 제수씨가 하늘나라를 가서 병원 장례식장에 있었습니다. 장례식장에서 이런저런 대화를 나누고 헤어졌죠. 헤어지고 집으로 가는 도중이었습니다. 저는 지하철 안에서 선배로부터 '윤석열이 지금 계엄을 선포하고 있다'는 내용의 카톡을 받아서 장난인 줄 알았습니다. 그런데 핸드폰으로 여기저기 들어가보니까 진짜더라고요.

정덕교_ 부인상 당한 의열단 친구가 제 동기라서 다른 분들은 댁에 들어가셨고 저 혼자 계속 장례식장에 남아 있었어요. 그러다가 밖에서 웅성거리는 소리가 들리더라고요. 대학병원 장례식장이라 규모가 꽤 컸거든요. 그런데 비상계엄이라고 그러더라고요. 그래서 저도 거짓말이겠지 하고 핸드폰을 켜서 봤는데 진짜였어요.

박지수_ 집에 도착했는데 와이프가 계엄이 선포됐다고 했습니다. 제 아이가 지금 초등학생인데 "아빠 계엄이 뭐야?"라고 묻더라고요. 그때 와이프가 빨리 국회로 가라고 해서 바로 환복하고 출발했습니다. 동탄에서 국회까지 오는 시간이 있기 때문에 굉장히 빨리 차를 몰았어요. 근데 출발 전에 제 나름대로 생각한 게 계엄이 선포됐으니까 차량 통제가 있지 않을까 싶어서 차 트렁크에 자전거를 하나 실었던 기억이 납니다. 3주차장 쪽에 일단 차를 세워놓고 자전거를 꺼내서 국회 쪽으로 달려왔습니다.

국회로 향하는 이동 과정은 어땠나요?

강구섭_ '이 나라 끝났다. 이거 미친놈 아니냐. 군대도 안 갔다 온 놈이 무슨, 군대 문턱도 안 가본 놈이 무슨 계엄이냐, 지금 이 시국에. 이거 보통 문제 아니다.' 저는 전철 안에서 이런 말이 오가는 카톡을 보면서 가다가 집 정류장 전에 내렸습니다. 택시를 잡고 "일단 국회로 갑시다" 그랬더니 기사가 "손님, 죄송한데 저는 갈 수 없습니다" 그러더라고요. 사실 그 마음은 이해가 갔습니다. 그래서 어플로 택시를 잡으려고 하는데 뒤에 택시 하나가 오더라고요. 그걸 딱 잡고 "영등포!"라고 했습니다. 국회로 가자 소리 안 하고요. 그때 헬기 소리가 나더라고요. 그래서 보니까 성남, 지금 생각하니까 1공수 쪽이에요. 이천시 마장면에 1공수가 있거든요. 거기서 병력이 오는 거예요. 헬기를 보니까 UH-60 블랙호크(중형 다목적 수송 헬기)였어요. 아, 저거는 분명히 특수 목적으로 병력을 싣고 오는구나 싶었어요. 그게 여의도 쪽으로 가더라고요. 택시 기사한테 최대한 빨리 가자고 다그치는데, 여의도 들어오니까 기사가 "여기서 내리시면 안 되겠습니까? 무서워서 못 들어가겠습니다" 이러는 겁니다. 할 수 없었죠. 무릎도 다친 상황이라 절뚝거리면서 국회 정문까지 달리기를 했죠.

두렵지는 않았나요?

박지수_ 제 아이가 앞으로 살아갈 세상이 지금 망해가는구나…… 그게 제일 두려웠습니다. 그래서 아빠로서 할 일은 달려가는 길밖에 없었습니다. 제가 한 아이의 아빠로서 그리고 한 시민으로서 그리고 해병 명찰을 달았던 사람으로서 달려가는 데는 단 1초도 의심의 여지가 없는 선택이었습니다.

강구섭_ 최악의 경우 지휘관이 발포 명령을 내리거나 누구를 내리거나 하면 상황이 커지지 않습니까? 그럴 상황이 벌어질 수도 있겠구나, 그렇다면은 우리가 가서 막지 못하면 여기서 대한민국은 끝장이다 싶었습니다. 솔직히 두려운 마음은 진짜 죽어도 요만큼도 없었습니다. 근데 너무 어이가 없고 황당하니까 어떻게 틀어막아야겠다, 그러지 않으면 나라는 전복된다는 마음뿐이었어요. 막상 가보니까 시민들이 많이 모여 있었어요. 애국시민들이요.

정덕교_ 감동이었죠.

강구섭_ 정말 울컥하더라고요.

배호성_ 겁이 나도 가야 할 때는 가야 하니까. 또 제가 서울에 있어서 다행이었죠. 물론 부산에 있었어도 쫓아나갔을 겁니다.

강구섭_ 이 후배가 고생 많았습니다. 왜냐하면 그때가 날이 추웠지 않습니까? 저희는 외투를 입고 있었는데, 이 친구는 얇은 와이셔츠에 검은 양복 차림, 장례식장 복장 그대로였어요. 추운 것도 모르고 와이셔츠 바람으로 가서 거기서 목이 터져라 연설하고 있었습니다.

배호성_ 집이 부산이니까 따뜻하거든요. 그래서 그냥 그 정도 입으면 부산에서는 뭐 문제없습니다. 근데 그날은 춥긴 춥더라고요. 그래서 저는 계속 부산에 살려고요.

> 장례식장에서 곧장 온 강구섭, 배호성, 정덕교는 검은 정장 차림이었다. 반면 천세승과 박지수는 집에 들렀다 다시 국회로 향했기에 옷을 갈아입었다. 그들은 '환복'이라고 했다. 일상에서는 그저 옷을 갈아입는다고 하지만, 그날 그들에게는 환복이었다. 그날 국회에 나온 대부분의 사람들이 두터운 패딩을 챙길 때 그들은 주저 없이 전투복을 꺼내 입었다. 옷은 그들의 이름이자 살아 있는 맹세였다.

국회에 나올 때 전투복을 입었다고 들었는데, 어떤 의미였나요?

천세승_ 복장에서 마음가짐이 나온다고 생각합니다. 그래서 집에서 출발할 때 전투복을 입고 나왔습니다. 보통 극우 집회나 태극기 집회에서 나이가 좀 있으신 영감님들이 이렇게 입고 계시는데, 그날은 저희 빼고는 그런 위장복이나 해병대 군복을 입은 분들이 없었어요. 저희가 갔을 때 호응도 좋고 해서 힘을 얻었고요. 시민분들도 크게 도움까지는 안 되지만 그래도 위로는 받으셨던 것 같습니다.

박지수_ 저희 단체 이름이 김원봉 선생님의 '조선 의열단'에서 나왔는데요, '의열'의 뜻이 '의를 맹렬하게 좇는다'는 의미이지 않습니까? 그렇기 때문에 당연히 환복하고 가는 것이 맞다고 생각했습니다.

강구섭_ 대한민국에서 '해병대'라고 하면 대부분 '저것들 보수 꼴통이야'라는 인식이 팽배합니다. 그래서 저희는 '아, 해병대는 진짜 국민의 군대이고 국민과 국가만 생각하는 게 해병대구나!' 이런 걸 알리기 위해서 그 자리에 선 겁니다. 다른 건 없습니다.

그날 계엄군과 직접적으로 마주친 적이 있었나요?

천세승_ 서강대교 남단에 주차하고서 흑복을 입은 군인을 만났어요. 제가 그 앞을 두 번 지나가면서 얼굴을 마주보려 하는데 그 군인이 외면하더라고요. 그래봐야 거리가 멀리 떨어진 게 아니라 반 팔만 뻗으면 닿을 만한 거리였거든요. 옆에 지나가면서 얼굴을 보는데 그 군인이 끝끝내 외면하고 얼굴을 안 마주쳤어요. 그때 이 사람들이 적극적으로 뭘 밀어내려는 사람은 아니라는 확신이 들었습니다. 그리고 주차장

계단을 올라와서 서강대교 위쪽에 올라왔을 때 거기 서 있는 군인도 저랑 눈을 못 마주치더라고요. 제가 계속 뚫어져라 쳐다보고 얼굴을 마주치려고 하는데도 외면했어요. 군인들이 적극적이지 않다는 것을 그때 처음 느꼈습니다.

정덕교_ 특전사 707 같은 병력들이 실제로 대테러 훈련하는 거 보면, 순식간이에요. 버스나 항공기에도 순식간에 진입하거든요. 10명만 있어도 국회는 순식간에 진입해서 국회 문 다 부서졌을 거예요. 근데 그걸 안 했다는 건…… 군인들도 알고 있지 않았을까요? 아마 그 친구들도 직업군인이니 저만큼 자부심이 대단할 겁니다. 근데 함부로 행동하지 않았다는 건 '군인이지만 이것은 하면 안 된다'고 생각하고 판단했을 겁니다.

국회 앞에서 한 일은 무엇이었나요?

배호성_ 저희도 일찍 간 편인데 그렇게 많은 사람들이 빨리 올 줄은 몰랐습니다. 혹시나 소요 사태가 일어나면 담이라도 넘어가야 한다고 생각했는데, 도착하니까 특히 정문에서는 같이 계속 계엄 해제라고 구호를 외치고 있었고, 마이크를 잡으신 분들도 있었습니다. 저도 거기서 연설을 했는데요. 제 첫마디가 이것이었습니다. '나는 해병대 출신이다. 만약에 소요 사태가 일어나거나 폭력 사태가 일어나면 우리 해병대가 가만히 있지 않을 것이다.' 그다음에 '지금 선후배들이 오고 있으니까 너무 걱정하지 마라. 이것은 우리 힘으로 제어해볼 수 있는 상황일 것이다.' 이렇게 연설했습니다. 시민들이 '역시 해병대다' 하시면서 다들 같이 호응해주시고 조금 안심하는 모습도 보이셨습니다.

해병대 하면 떠오르는 빨간색 티셔츠와 모자. 태극기 집회와 같은 보수단체 집회에 해병대 예비역들이 이 옷을 입고 나오면서 어느덧 해병대는 보수의 또다른 이름으로 오해받고 있었다. 해병대 의열단은 일부러라도 빨간색 티셔츠와 모자를 착용하지 않는다고 했다. '국민의 군대' 해병에 대한 편견을 바로잡고 싶었다. 다섯 명의 해병은 검은색 의열단 티셔츠와 팔각모를 전원 착용한 채 인터뷰에 응했다.

계엄에 해병대는 동원되지 않았는데요. 그날 해병대 후배들이 동원된 건 아닐까 하는 걱정은 없었나요?

천세승_ 제가 어려서 겪은 5.17 계엄(1980년 5월 17일 전두환 등 신군부가 전국에 비상계엄을 선포한 조치)이나 이전에 있었던 1970년대 위수령 때도 해병대가 서울에 온 적은 없었어요. 그래서 큰 걱정은 없었죠.

강구섭_ 그날 국회에 해병대가 만약에 출동했더라면, 아마 저희들이 더 많이 갔겠죠.

정덕교_ 설득력 있게 막을 수 있기 때문에.

강구섭_ 저희는 기수 문화가 있기 때문에 못 하게 막았겠죠. 해병대에서 역린과 같은 세 기수거든요. 너희들 몇 기냐, 나는 몇 기다. 현역 애들 거기 출동하면 정말 그때는 우리가 가서…… 완전히 뭐, 자신 있습니다, 그거는!

정덕교_ 첨언하자면 저희가 현역 때 교육을 시킵니다. '해병은 국민의 군대다'라고 항상 얘기하거든요. 그러면서 예로 드는 게 이 일이에요. '예전 부마항쟁 때 해병대는 가서 시민들이 던지는 돌을 맞으면서도 대응하지 않고 그냥 스크럼을 짰을 뿐이다. 서로 팔짱을 끼고 맨 앞에 병장과 장교부터 서고 제일 후임들은 뒤로 보냈다. 만약 시민들 앞에 출동하게 됐을 때 시민들이 때리면 때리는 대로 맞아라.' 이렇게 배우거든요. 이것을 우리는 자랑스러운 역사로 가르쳤어요.

계엄 해제안 가결의 순간, 어떻게 기억하고 있나요?
배호성_ 다 기억하죠.

강구섭_ 만세 부르고 그랬으니까.

배호성_ 3.1운동인 줄.

강구섭_ 만세 부르고 난리였어요. 막 춤추고 그러다가 누군가가 외친 것 같아요. 계엄을 또 할 수 있다! 여기서 헤어지면 안 되겠다! 그래서 아침까지 있었습니다. 거기서.

배호성_ 3.1운동 때 유관순 열사가 있었던 아우내 장터처럼 다들 막 뛰어나와가지고 그 추운데 입김 불어가면서 전부 다 춤추고…… 이게 참 울컥하는 느낌도 들었고요. 그렇게 많은 사람들이 하나같이 소리 지르고 이러니까 솔직히 약간 거짓말을 섞자면 거의 입김으로 구름이 만들어졌습니다.

'예전 부마항쟁 때 해병대는 가서 시민들이 던지는 돌을 맞으면서도 대응하지 않고 그냥 스크럼을 짰을 뿐이다. 서로 팔짱을 끼고 맨 앞에 병장과 장교부터 서고 제일 후임들은 뒤로 보냈다. 만약 시민들 앞에 출동하게 됐을 때 시민들이 때리면 때리는 대로 맞아라.' 이렇게 배우거든요. 이것을 우리는 자랑스러운 역사로 가르쳤어요.

박지수_ 그날 계엄이 해제된 이후의 모습은 흡사 만민공동회를 보는 것 같았습니다. 그 많은 시민들이 계엄 해제를 축하하면서 단상에 나가 서로 돌아가면서 자기 얘기를 했어요. 진짜 예전 만민공동회가 이런 것이 아니었을까 생각했습니다.

강구섭_ 추워가지고 편의점 가서 사발면 먹고.

배호성_ 경찰 아저씨들하고 같이 먹고. 제가 경찰 아저씨 음료수 사줬거든요!

천세승_ 그 편의점 위치가 국민의힘 당사 앞에 있는 편의점입니다. 거기 가니까 저희같이 국회 온 사람들도 있고 취객도 몇 명 있고 사복경찰 같은 분도 몇 분 계시고……

강구섭_ 사발면도 조금 늦게 갔으면 못 먹었습니다, 다 떨어져서.

천세승_ 사발면은 있는데 물이 안 끓어 있는 거죠. 그래서 그렇게 뜨겁지 않은 물로 사발면을 대충 익혀 먹었던 기억이 납니다.

언제 귀가했나요?
강구섭_ 아침에 집으로 들어가니까 '아니 거기서 죽지 왜 왔냐'고 하더라고요. 그래서 '나라가 잘돼야 가정사가 잘된다' 저는 그 말만 했습니다, 다른 말 안 하고.

박지수_ 저는 12.3 계엄으로 인해서 와이프를 의심하게 됐습니다. 다른 사람들 가족은 '거길 미쳤다고 가냐' 다 그렇게 얘기를 했다는데, 제 와이프는 빨리 가라고 했거든요. 그래서, 농담이지만, 저도 의심하게 됐습니다. (웃음)

배호성_ 원래 해병대 남편을 둔 가족들은 전부 다 같이 해병대입니다. 똑같습니다. 또 아닌 사람도 있겠지만 대부분 다 그렇습니다.

강구섭_ 해병대에는 '해병혼海兵魂'이라는 게 있습니다. 훈련소 때 해병혼이 씌게끔 훈련을 시키는데, 해병혼이 씌면 미칩니다.

> 팔각모의 사나이들은 아침 7시 20분이 지나서야 집으로 향했다. 아내와 아이들도 밤을 꼬박 지새운 얼굴이었다. 지청구가 오갔지만 짧았다. 아마 원망보다는 안도감이 컸을 것이다. 국회를 지켰던 해병들도, 그들을 기다리던 가족들도 그제서야 긴장이 풀렸는지 이내 잠에 들었다. 아침잠이 아니었다. 긴 밤을 지나온 사람들만이 아는, 깊은 잠이었다. 사나이들은 굳게 믿었다, '해병혼'이 우리 가정을 지켜줄 거라고.

| 안보람 | 46세, IT 개발자, 하남시민연대 조직국장 |

"아빠, 왜 손들고 있어?"
계엄군과 대치하다 텔레비전에 나온 아빠

안보람은 전경으로 군 복무를 마쳤다. 시위를 막는 것이 주요 임무였다. 첫 출동을 기억하고 있었다. 농민운동을 하는 단체였다. 농민 시위는 과격 시위로 번지는 게 보통이라고 했다. 트랙터가 동원되고 돌과 다름없는 감자 고구마가 날아들어 머리가 깨지기 일쑤라고 고참들은 겁을 줬다. 잔뜩 긴장해서 동원된 현장에는 몸뻬바지를 입은 할아버지 할머니들이 전부였다. 고참들을 포함해서 출동한 전경 모두가 당황했던 기억이 있었다. 안보람은 12월 3일 그날이 떠올랐다고 했다.

당신은 누구십니까?

46세, 개발자로 일하고 있는 안보람입니다. 하남시민연대라는 시민 모임에서 조직국장을 맡고 있는데요. 그날 여의도로 간 것은 시민으로서 간 거니까요. 그냥 '시민 안보람'입니다.

12월 3일 밤, 무엇을 하고 있었나요?

네, 그날 들고 있던 주식이 좀 잘돼가지고, 사고 싶었던 자전거를 유튜브로 검색하고 있었어요. 다음주에 주식이 한 번만 더 오르면, 자전거가 아니라 차를 바꿀 수도 있다는 생각을 했기 때문에 자전거를 사진 않았죠. (웃음) 그런데 아내가 안방에서 나와서 계엄이라고 얘기해서 그제야 뉴스를 확인했어요. SBS에서 영상을 보여주고 있더라고요. 10시 40분쯤이었습니다.

제일 먼저 무엇을 했나요?

112에 전화를 걸었어요. 전화해서 "계엄 관련해서 듣는 거 있냐" 이렇게 물어봤더니 자기들도 TV 보고 알았다고 얘기하더라고요. 뭔가 정부기관이 치밀하게 계획한 건 아닌 것 같다고 조금은 안심을 했고요. 그다음에는 이제 환율을 확인했죠. '이 주식 다음주에 큰일났는데' 이러면서. (웃음)

국회로 가야겠다는 생각을 한 계기는 무엇이었나요?

사실 계엄의 심각성을 잘 몰랐어요. 제가 광주를 모르는 세대이기도 하고, 그게 어떤 의미를 가지는지 소설 몇 줄로만 알았고, 공감을 하기엔 아는 게 많지 않았던 것 같아요. 그런데 이재명 대표 라이브를 보고, 시민들은 국회로 모여주시라는 말씀이 나오사마사 나섰죠. 이유를 물어보면 '그냥'이죠. 트럭에서 물건이 왕창 떨어져서 시민들이 우르르 몰려가서 정리해줄 때, 그게 무슨 생각이 들어서 그렇게 하는 게 아니잖아요. 그냥 그때는 몸이 먼저 움직이는 거죠.

안보람_IT 개발자

주식 방송과 자전거 구매 후기를 번갈아 보다가 알게 된 계엄이었다. 그러고도 환율과 그 다음날 주식이 걱정이었다. 차를 몰아 여의도로 가면서도 마음은 질주하고 싶었지만, 시속 80킬로미터 구간 단속을 어기지는 않았다. 소시민 안보람은 평소보다 오 분 정도 덜 걸려서 국회 앞에 도착했다.

국회에 도착해서 어떻게 했나요?

정문 앞으로 갔어요. 경찰들의 방패를 보고 저걸 뚫을까 말까 고민하다가, 스크럼 짤 때 방패 아래쪽을 들면 방패로 못 막아서 틈이 생기거든요. 제가 전경으로 제대해서 알고 있었죠. 그래서 몸으로 밀어서 방패를 뚫고 들어갔어요. 그때 멀리서 헬기 소리가 들렸습니다. 헬기가 머리 위를 지나가는 때에 맞춰 흰 눈이 떨어지는데 큰일났다는 생각이 들면서도, 그 와중에 이 광경이 영화 같다는 생각이 들었어요.

그리고 나서 일단 국회 본관으로 뛰어갔어요. 시민들은 로텐더홀 안으로 가야 한다고 생각해서 바깥에서 문을 열고 강제로 들어가려던 상황이고, 국회 사무처분들은 갑자기 사람들이 몰려오니까 진정시키고 막으려는 과정에서 바깥 유리문이 파손됐어요. 언성도 높아지고 시끄럽던 와중에 국회 사무처 직원분이 오셔서 "여기는 우리가 막겠다. 우리가 안을 막겠다. 우리를 믿어달라"고 한 것이 인상적이었어요. 그때 사람들이 좀 안정을 찾았죠. 그후 계단으로 군인들이 올라왔고 대치가 시작됐죠.

처음 맞닥뜨린 계엄군의 규모는 어느 정도 됐나요?

2~3개 분대 정도? 많지는 않았어요. 그런데 어떤 군인이 마주치는 순간에 반사적으로 총에 손을 얹던데 그게 좀 섬뜩했죠. 삼십 분 정

이유를 물어보면 '그냥'이죠. 트럭에서 물건이 왕창 떨어져서 시민들이 우르르 몰려가서 정리해줄 때, 그게 무슨 생각이 들어서 그렇게 하는 게 아니잖아요. 그냥 그때는 몸이 먼저 움직이는 거죠.

도 군인들과 밀거니 당기거니 하다 그후에는 서로 밀지 않기로 얘기하고 소강상태로 대치하고 있었어요. 그때 군인분들이 탄창을 놓쳤는데 보니까 탄은 없어서 조금 마음을 놓았어요. 그 와중에도 중간중간에 아내한테 연락이 와서 "너 TV에 나오는데 위험하게 왜 그러고 있냐"는 얘기도 했고요.

막다가 흥분하면 우발적으로 사고가 생길 수 있어서 그게 제일 불안했죠. 혹시 만에 하나라도 그런 상황이 생길까봐 온몸으로 나에겐 아무것도 없다는 걸 군인들에게 보여주려고 두 손을 들고 밀었는데 그게 TV 생중계에 나갔나봐요. 나중에 딸이 "아빠 왜 손들고 있어?"라고 하더라고요. 멋이 없어 보였나요. (웃음)

어쨌든 서로 밀지 않겠다고 합의된 상태로 진정하고 있었는데, 1시쯤에 디지털 군복을 입은 군인들이 우르르 몰려오는데 진짜 뚫으러 왔다 싶은 거예요. 그래서 정신없이 막았어요. 자칫해서 우발적으로 사고가 나면 돌이킬 수가 없다는 생각을 가지고 계속 막았던 것 같습니다. 군인들의 눈빛에 살기는 없었어요. 그러다 누군가 계엄 해제 요구 결의안이 가결됐다고 얘기해줬습니다.

12월 3일 이후로 일상이 바뀐 것이 있나요?

네, 제 업인 개발일이 팀워크가 중요한데, 그전까지는 그래도 내 앞가림, 내 몫을 하는 게 더 중요하다고 생각했어요. 다른 사람한테 별로 관심 없는 제 성향도 한몫했을 테고요. 그런데 12월 3일, 군인들을 막고 나서 처음으로 그 생각이 들었어요. '이거 내가 혼자 왔으면 못 막았을 텐데.'

어려운 주제임에도 증언을 하기로 결심한 이유가 있나요?

예전에 자주 가는 커뮤니티에 어떤 분이 3.1운동에 관한 채록을 올려주셨어요. 채록 내용은 밀양에 있던 15세 정도 되는 청소년들이 만세운동을 하게 되는 이야기인데요. "야, 옆집에 어떤 형님이 부산에 갔다 왔는데, 부산에 만세운동이 있었단다. 우리도 밀양이니까 우리 동네가 가만있을 수 있냐" 해서 그날 친구들이랑 의기투합해서 그 다음날 바로 만세운동을 했대요. 그게 이상하게 마음에 남더라고요. 다들 아시다시피 3.1운동은 곳곳에서 산발적으로 만세운동이 길게 이어졌잖아요. 그렇게 개개인이 그 나름의 채록을 남기는 게 의미가 있다고 생각했습니다.

> 안보람은 그날 최악의 경우 우발적으로 시작되는 총성도 각오했다고 했다. 시민들이 대단한 일을 했다는 찬사에 그는 여의도에 자주 가봐서 지리에 익숙했을 뿐, 그것 말고는 자신은 별 대단한 일을 한 게 없다고 답했다.

그날 그곳에 있었던 시민의 목소리

황푸하(37세, 새민족교회 목사, 포크 뮤지션)

12월 3일 전의 일요일이 대림절 첫번째 주일이었어요. 대림절은 기독교에서 성탄절을 준비하며 그리스도의 재림을 기다리는 시기거든요. 전주에 정해져 있었던 성경 말씀이 누가복음에서 예수님이 종말에 대한 이야기를 하시는 내용이었어요. '세상에 무서운 일들이 일어나거든 머리를 들어라'라는 말씀이었습니다. 세상에 오는 종말을 당시 그리스도교인들은 단지 무서움으로만 받아들이지 않고, 또다른 희망과 구원으로 해석했던 맥락이 있었던 거죠. 저도 설교할 때 '우리가 예수님의 오심을 기다리는 절기에 들어섰는데, 무서울 때가 바로 우리가 일어날 타이밍이다' 이렇게 말했던 걸로 기억합니다.

계엄을 만나 다들 같은 공포와 두려움을 느꼈을 텐데요. 용인에서 한 청년이 여의도로 택시를 타고 왔어요. 제가 '용인에서 어떻게 왔냐, 멀리서 어떻게 여기까지 왔냐'고 묻자, 집에서 뉴스를 보는데 '무서울 때가 일어날 타이밍'이라는 목사님 설교가 생각나서 그냥 왔대요. 무서워서 왔다는 거죠. 교회에서 나눴던 말씀이, 이 사회에서 일어나는 일들에 직면할 수 있구나 하고 깨달았습니다.

이형숙(58세, 전국장애인차별철폐연대 공동대표)
12월 3일은 UN이 정한 세계 장애인의 날이에요. 저희 같은 장애인들이 모여서 매년 행사를 합니다. 국회의사당역 지하에 있다가 계엄 소식을 들었죠. 몰려든 지상의 시민들과 함께하고 싶었지만 휠체어가 오히려 불편을 줄 것 같아서 지하를 잘 지키고 있었습니다.

조영주(67세, 전직 간호사)
시민들이 자유발언대를 만들었어요. 10대 어린애들과 20대 젊은이들이 정말 많이 올라오더라고요. 항상 억압받고 자랐던 우리 세대와는 다르게 자유롭고 당당한 세대이기 때문에, 최소한의 기본과 원칙이 무너질 때는 참지 않고 앞으로 나서는구나 감탄했습니다.

박승렬(65세, 한우리교회 담임목사, 한국교회 인권센터 대표)
아이들에게 '이런 상황이니 국회로 가야겠다' 이야기했더니 아이들이 가지 않았으면 하는 염려스러운 눈빛으로 저를 바라보았어요. 아이들도 제가 여러 인권단체에서 일하고 있는 걸 알고 있기 때문에 적극적으로 만류하지는 않았습니다. 그런데 짐을 싸고 내려와서 집을 올려다보았을 때 만감이 교차했죠. 돌아올 수 있을까, 며칠이나 걸릴까, 저 아이들이 살아갈 미래는 또 어떤 세상일까에 대한 염려.

| 김선영 | 53세, 금속노조 자동차판매연대지회장 |

그날 농성천막에서 스피커를 꺼내 시민들을 위해 설치한 그 사람

1997년은 모두에게 가혹했다. 기업이 무너지고 회사원들은 졸지에 거리로 나앉았다. 그해 겨울이 지나고 정규직은 개념조차 생소했던 비정규직이 되었고, 파견직이 되었고, 계약직이 되었다. 김선영은 그 파도가 한차례 지나간 즈음 현대차에 판매사원으로 입사했다. 기본급도 없고 4대보험도 없는 비정규직이었다. 10년을 넘게 일한 회사에서 노조를 만들었고 회사는 바로 폐업으로 응수했다. 김선영은 스스로를 해고노동자로 부르지만, 아직 현대차는 그와의 고용관계를 인정하지 않고 있다. 김선영은 처음에는 현대차 앞에 천막을 쳤고, 재작년 봄에 국회 앞으로 천막을 옮겼다. 그리고 그 천막에서 비상계엄과 정면으로 마주했다.

당신은 누구십니까?

저는 1972년생 김선영입니다. 현재 만 9년째 해고 투쟁중인 해고노동자입니다.

12월 3일 비상계엄은 농성중인 천막에서 알게 된 건가요?

여느 때와 마찬가지로 저녁 퇴근 선전전을 하고 자려고 누웠습니다. 저는 천막에서 매일 잠을 자고 투쟁을 하는데, 그래서 더 규칙적인 생활을 하려고 노력합니다. 아침 5시 반에 일어나고 밤 10시면 되도록 자려고 노력합니다. 천막은 바람만 막아줄 뿐이고 낮에는 난로를 켜서 그래도 훈훈하게 할 수 있지만, 난로를 켜고 자면 잘못하면 죽을 수도 있기 때문에 밤에는 난로를 켜지 않죠. 그래서 흔히 '생노숙'이라고 표현하는데요, 그냥 추위를 견뎌가면서 침낭 속에 들어가서 잠을 자는 거죠.

그날도 역시 10시 넘어서 침낭을 깔고 자려고 누워 있었는데, 갑자기 같이 있던 동료가 저한테 막 소리를 지르는 거예요. '큰일났다, 지금 윤석열이 계엄을 선포했다!' 그래서 제가 무슨 뚱딴지같은 소리냐고 했는데 YTN 속보가 나오고 있더라고요. 도대체 뭐가 어떻게 된 상황인가 어리둥절했습니다.

계엄 사실을 알게 된 이후로는 어떻게 했나요?

일단 벌떡 일어나서 침낭 정리를 했죠. 침낭을 잘 갰는데 전화통에 불이 나는 거예요. 빨리 일단 몸부터 피해라, 100% 잡혀간다, 이런 전화가 많이 왔죠. 하지만 피하지 않았어요. 마음속으로 이 비상계엄은 반드시 실패한다고 생각했어요. 하지만 몸은 긴장을 했던 것 같고. (웃음) 그런 와중에 집에 전화를 했는데요. 아내가 전화 연결이 안 되더라고요. 그래서 계엄이 뭐냐고 묻는 중학교 2학년짜리 막내한테 '아빠가 전화 통화가 안 될 수도 있고, 잡혀갈 확률이 매우 높은데 걱정은 하지 마라. 잡혀가더라도 죽지는 않는다. 그러니 걱정하지 마라' 이렇게 말하고 끊었던 기억이 있어요.

국회 앞에서 어떤 활동을 했나요?

우리가 투쟁하고 있는 천막 농성장에 대형 스피커 두 짝이 있었습니다. 총 4개죠. 소리가 굉장히 큽니다. 그런데 사람들이 순식간에 많이 모였는데, 누군가 마이크를 잡고 시민들한테 얘기하고 이런 게 없는 거예요. 시민들이 구호만 외치는 상황이었어요. 잠시 후 민주노총의 한 간부가 저희 천막에 와서 스피커를 설치할 수 있냐고 묻더라고요. 제가 스피커를 설치하면 경찰이 와서 부수든지 뺏어가든지 할 거라고 했더니, 민주노총에서 모든 걸 책임지겠다고 했어요. 그래서 제가 웃으면서 "아싸, 잘됐습니다. 스피커가 노후돼서 바꾸고 싶었는데, 그럼 이거 정말 민주노총에서 사줘야 합니다?"라고 했죠. 스피커를 설치하고 경찰의 접근을 막기 위해 시민들이 스피커를 둘러쌌어요. 다음날 아침 7시 반까지 그 스피커를 통해서 시민들한테 호소하고 같이 연설하면서 계엄군을 막아냈던 거죠.

경찰이 스피커를 뺏으려는 시도가 있었나요?

제가 놀랐던 게 뭐냐면, 스피커 바로 앞에 경찰차가 있었어요. 당연히 뺏어갈 거라고 생각했죠. 그런데 시민들이 많다보니 경찰차가 시위대에게 둘러싸인 모양새가 된 거예요. 그래서 경찰차를 빼달라고 요청했어요. 당연히 안 빼줄 것으로 알았는데, 경찰차를 이동하는 거예요. 너무 놀랐습니다. 경찰들도 이 비상계엄에 동의가 안 되는구나, 우리와 똑같은 생각이구나, 그래서 스피커도 안 뺏어가겠구나, 그때 생각했어요.

스피커를 설치하고 경찰의 접근을 막기 위해 시민들이 스피커를 둘러쌌어요. 다음날 아침 7시 반까지 그 스피커를 통해서 시민들한테 호소하고 같이 연설하면서 계엄군을 막아냈던 거죠.

김선영_ 금속노조 자동차판매연대지회장

스피커 외에도 천막 안에 있던 물품을 사용했나요?

스피커를 사용하려면 당연히 전기가 필요해서 발전기를 켰고요, 많은 분들이 우리 천막에 와서 물을 달라고 부탁하셔서, 커피 믹스를 끓여서 밤새 대접했죠. 그리고 핫팩이 필요하다고 해서 나눠주었습니다.

> 그날 밤 그의 천막 안으로 많은 사람들이 드나들었다. 의원 보좌관은 배터리가 떨어져 의원과 연락이 안 된다며 급하게 충전기를 찾았고, 우왕좌왕하던 국회 직원들이 천막을 스쳐갔다. 밤이 깊어가면서 추위를 녹일 무언가를 찾아대는 시민들도 있었다. 김선영은 발전기를 계속 돌렸고 민주노총 위원장은 그의 스피커로 밤과 새벽 내내 국회 앞에서 투쟁 지침을 외쳤다. 계엄의 밤은 천막의 밤이기도 했다.

스피커를 이용해 발언한 시민들 중에 기억에 남는 분이 있나요?

새벽 3시가 넘어가면서 사회자도 없고, 오픈 마이크처럼 하고 싶은 얘기 있는 분들이 줄 서서 얘기하기 시작했어요. 20명, 30명씩 계속 줄을 서더라고요. 시험공부를 하다가 열받아서 나왔다는 중학교 3학년 학생이 있었고, 연세가 여든이 넘었다는 어르신이 월남전 참전 유공자라며 계엄은 시민들이 막아야 한다고 했어요. 또 '비상 응급 키트를 가져왔다. 혹시라도 총에 맞든, 두드려맞든 부상을 당하면 내가 치료해주겠다'던 학교 선생님도 있었고요. 전라도 광주에서 택시를 타고 왔다는 시민도 기억나네요.

국회의 계엄 해제 요구 결의안이 가결되고도 스피커를 이용한 집회는

계속되었나요?

원래 새벽 5시 정도까지 하기로 했는데, 시민들의 줄이 멈추지 않는 거예요. 그래서 7시 반까지 하고 정리했어요. 저는 여느 때와 마찬가지로 천막 농성장을 지켰습니다. 밤새 잠을 못 잤기 때문에 낮에라도 잠을 청해야 했는데 그날은 잠을 잘 수가 없었죠. 왜냐하면 수많은 사람들이 낮에도 방문을 했어요. 밤새 괜찮았는지, 제 안부를 걱정해주시는 분들이 꽤 많더라고요. 그래서 하루종일 천막에 있었고 또 그 이후로도 스피커를 틀고 선전전을 계속했습니다.

김선영은 탄핵과 파면으로 이어지는 광장의 한복판을 계속해서 지켰다. 계절이 바뀌었고 입술이 부르텄다. 윤석열은 파면됐고 새로운 대통령이 선출됐다. 하지만 김선영의 천막은 그대로다. 우리에게 노란봉투법으로 더 잘 알려진 노조법 2조와 3조의 개정을 보아야 한다고 했다. 노란봉투법에 거부권을 행사한 것은 윤석열이었다. 부모나 자녀, 형제자매, 친구 중의 한 명 또는 여러 명이 비정규직인 사회, 비정규직의 노동조건을 너무 잘 알고 있는 그는 계속 천막을 지킬 요량이라고 했다. 노란봉투법은 2025년 8월 24일 국회 본회의를 통과했다.

그날 그곳에 있었던 시민의 목소리

권영국(62세, 민주노동당 대표, 변호사)
경찰이 계속 국회 앞을 통제하는 상황이었어요. 이 상황에서는 시민들이 흩어지지 말아야 한다고 외치고 우리가 해야 할 적극적인 역할에 대해서도 알려야 했죠. 육성으로 외치려고 보니 제가 키가 작아서 소리가 완전히 묻혀버리더라고요. 다행히도 주위에 메가폰을 들고 계신 분이 있었어요. 그래서 제가 메가폰을 빌릴 수 있겠냐고 했더니 냉큼 저한테 빌려주셨어요. 그런데 평지에 서서 얘기하니까 이번에도 소리가 잘 들리지 않더라고요. 그때 옆에 계시던 상당히 키가 크고 덩치가 좋으신 분이 갑자기 저를 번쩍 들어 목말을 태워서 올려준 거죠. 그러니까 연단에 올라간 것 같았어요. 거기에서 메가폰을 잡고 비상계엄 상황에 대해 시민들한테 알렸습니다. "이제 윤석열의 명령에 따르는 자는 쿠데타와 내란죄의 공범입니다. 자, 이제 확실히 탄핵 사유가 만들어졌습니다. 그래서 탄핵을 외치겠습니다. 윤석열을! 탄핵하라!"

권민성(67세, 주부, 서울여대 민주동문회 회장)
제가 가끔 윤석열 탄핵 집회에 나갔거든요. 거기에는 거의 60, 70대 노인들만 있더라고요. 그래서 참 답답하고 미래가 보이지 않았거든요. 그런데 그날 국회 앞엔 젊은 사람들도 꽤 있었어요. 젊은이들이 아무 말 없이 국회의사당역에서 탁탁 내리더니 한곳을 향해서 쫙 가는 거예요. 저도 그 뒤를 따르는데…… 약간 소름이, 그러니까 전율이 느껴진다고 할까요. 소리 없는 아우성 같았어요. 그때는 아, 희망! 희망을 봤어요. 12월 3일 이전에 저는 사실 집회에 그렇게 적극적이진 않았어요. 가끔 나갔다가도 어떤 때는 실망하며 돌아왔어요. 그런데 12월 3일 이후부터는 하루도 빠짐없이 나갔으니까 윤석열이 저를 전사로 만들어줬네요.

백경진(72세, 제주4.3범국민위원회 이사장, 민청련동지회 회장)

권민성과 백경진, 우리 두 사람은 1978년도부터 만나서 지금까지 쭉 살고 있는데 그 당시 제가 조그마한 종이에 써준 내용이 있습니다. "살며, 사랑하며, 싸우자"였습니다. 그 이후부터 우리 둘은 동지고 애인이었죠. 현재는 부부로서 모든 사회적 문제가 있으면 같이 의논하고 같이 나가보면서 살고 있습니다. 우리는 '더도 말고 덜도 말고 건강하게 함께 살아가자' 그렇게 생각합니다. 비상계엄 이후로 한 6개월을 길 위에서 살아갔잖아요. 그렇게 길 위에서 계속 사는 삶이 되진 않았으면 좋겠다는 바람이 있습니다. 그래도 요구가 있으면 우리는 언제나 같이 나갈 겁니다.

고나린	25세, 한겨레신문 기자

'비상계엄 호외' 발행하기 위해
국회 앞을 취재한 한겨레 막내 기자의 그날

"모든 언론과 출판은 계엄사의 통제를 받는다." 계엄사령부의 포고령이 발령되자 언론사들은 순식간에 비상사태에 돌입했다. 특히 정부를 향해 쓴소리를 아끼지 않았던 몇몇 언론사들의 긴장감은 더욱 고조되었다. 긴급호출을 받은 직원들은 계엄 소식을 접하자마자 회사로 달려갔다. 언론사의 심장이라 할 수 있는 윤전기가 위험에 처했다. 반드시 지켜야 했다.

당신은 누구십니까?

저는 한겨레신문 사회부에서 기자로 일하고 있는 스물다섯 살 고나린입니다. 2023년에 입사해서 이제 3년 차 기자로 사회부에서 일하고 있습니다. 주로 경찰서나 법원 검찰청을 출입하면서 범죄 관련 사건 사고를 다루거나 시민들의 집회 등 사회에서 벌어진 사건들을 취재하고 있습니다.

12월 3일에는 어디에서 취재 활동을 했나요?

겨울이니까 한파 관련해서 취재해보려고 낮에 개미마을이라는 서울의 마지막 남은 판자촌 마을에 가서 주민분들을 취재했어요. 저녁에는 저희 사회부 송년회 회식이 있었고요. 한 10명 넘었던 것 같아요. 20대부터 40대까지 부장도 오고 다양하게 모였지요. 1차에서 맛있게 먹고 2차 가서 치킨이랑 맥주를 시켰거든요. 그런데 치킨이 나오자마자 윤석열 전 대통령이 담화를 한다는 소식이 있어서 다들 핸드폰을 들고 라이브로 지켜보았어요.

다양한 연차와 직책이 함께한 회식이었는데, 각각 반응이 달랐나요?

저연차나 나이 어린 기자들은 약간 어이가 없어서 이게 뭔 일이지 하면서 상황 파악이 안 되는 모습을 보였어요. 반면 직급이 높고 연차가 높을수록 얼굴이 사색이 되면서 '이거 빨리 회사에 가야겠다'고 했고요. 회사 자체가 위험해질까봐 심각하게 여기는 분위기였죠. 그때 회사에서도 계엄 이후에 국장이랑 부장들은 다 회사로 모여달라는 집합 공지를 내렸거든요. 이전에 계엄을 겪으셨던 선배들은 혹시 몰라서 양말이랑 속옷을 엄청 많이 챙겨서 회사로 들어갔다고 하시더라고요. 계엄군이 회사에 들어올 수도 있고 단전 단수를 해서 기사 발행을 막을 수도 있는 거잖아요. 저희는 신문을 찍어내는 기계, 윤전기가 돌아가는 윤전실을 지켜야 했어요. 한 회사 안에서도 계엄을 겪었던 세대랑 교과서로만 배운 세대가 반응이 너무 달랐죠.

실제로 한겨레신문사도 단전 단수 대상 언론사였잖아요. 나중에 그 사실을 알았을 때 어떤 생각이 들었나요?

나중에 수사 과정에서 단전 단수 계획이 있었다는 사실을 저도 기사를 통해서 접했거든요. 보고 나니 '진짜 위험했을 수도 있겠다, 우리가 기사를 못 만들 수도 있었겠구나' 싶어서 무서웠고요. '정말 치밀하게 준비했구나, 가장 먼저 언론의 입을 막으려 했구나' 하는 생각에 소름이 돋았습니다.

후에 일화가 하나 있었어요. 계엄 이후 낮시간대에 잠깐 어떤 문제로 한겨레신문에 정전이 됐어요. 그런데 구성원들이 '어, 이거 혹시 단전 단수 아니냐'고 엄청 가슴을 졸였다고 들었어요. 단순한 기계 결함 때문에 생긴 정전인데도 다들 그렇게 심장이 벌렁벌렁했던 거죠.

국회 앞으로 취재를 갔을 때 기억에 남는 장면들이 있나요?

제가 가장 소름이 돋았던 장면은 국회 상공 위로 헬기가 지나가는 소리가 날 때였어요. 그때 헬기 소리 사이로 그 앞에 서 계시던 시민분들이 〈임을 위한 행진곡〉을 부르는 소리가 겹쳐 들렸어요. 그때 내가 70, 80년대에 와 있나 하는 착각이 들 정도로 기분이 묘한 거예요. 사실 저는 한 번도 이 노래가 와닿았던 적이 없었거든요. 집회에서 이 노래가 나오면 저에겐 잠깐 취재 타이핑을 치는 타임이거나 숨을 돌리는 시간이었어요. 그런데 이 노래가 처음으로 절절이 와닿아서 울컥했어요. "앞서서 나가니 산 자여 따르라"라는 가사가 있잖아요. 앞서 돌아가신 분들이 만들어낸 민주주의가 파괴되는 상황 앞에서 이렇게 수많은 산 자들이 모여서 이 노래를 부르는 것 자체가 너무나 인상깊었습니다.

이전에 계엄을 겪으셨던 선배들은 혹시 몰라서 양말이랑 속옷을 엄청 많이 챙겨서 회사로 들어갔다고 하시더라고요. 계엄군이 회사에 들어올 수도 있고 단전 단수를 해서 기사 발행을 막을 수도 있는 거잖아요. 저희는 신문을 찍어내는 기계, 윤전기가 돌아가는 윤전실을 지켜야 했어요.

고나린_ 한겨레신문 기자

고나린은 휴대폰 메모장에 취재메모를 적어서 바로바로 회사 메신저로 전송했다. 평소 같으면 자리를 잡고 노트북으로 기사를 작성해서 송고해야 했지만 그럴 만한 상황이 아니었다. 그렇게 현장 기자들이 메모를 보내면 하나하나 취합해서 사무실에 있는 팀장이 기사를 썼다. 실시간으로 기사가 송출되어 국회 앞 상황을 전했다. 비상 상황에서 언론이 해야 할 역할이었다.

취재 결과물은 어떻게 나왔나요?

(호외를 보여주면서) 12월 4일에 나온 한겨레 호외입니다. 보통 1면 톱기사를 제일 먼저 배치하고 그다음에 일반 기사를 배치하는데 이날만큼은 사설이 앞으로 왔어요. '계엄령, 국민에 대한 반역이다'라는 사설을 1면 톱에 배치했어요. 그다음이 계엄 당시 상황과 국회 상황, 그리고 국회 앞 시민분들의 상황을 취재한 기사가 담겼고, 법조계 반응과 향후 전망, 계엄포고령 전문도 여기 실려 있어요. 계엄 상황을 전하기 위해서 정말 급박하게 만들었던 결과물입니다. 영화 같은 데서 호외라고 하면 누가 돌아다니면서 "호외요!" 외치면서 뿌리잖아요. 실제로 2024년에 호외가 나올 거라고는 생각을 못 했거든요. 신문을 만드는 사람인 저조차도 낯설고 신기했습니다.

호외가 나오기까지의 과정이 궁금합니다.

원래 일간지 기사는 기자들이 현장에서 4시 정도까지 마감하면 그때부터 디지털 기사를 신문으로 옮기는 작업이 이루어지는데요. 보통 마지막까지 수정되는 게 10시 정도고 그때부터 윤전기가 기사를 돌리죠. 문제는 비상계엄이 10시 반 이후에 일어난 일이어서 12월 4일 자 신문은 이미 다 만들어져 있었다는 거예요. 그런데 그날은 그때부터 다시 기사 쓰고 기계로 옮기고 윤전기가 신문을 찍어내는 과정까지 그 밤에 다 해낸 거죠.

호외는 다른 신문과 달리 구독자들한테 배달이 가는 시스템이 아니라 지하철역 등에 누구나 볼 수 있게 비치하는데요. 그 당시 손이 부족하니까 회사에 나와 있던 직원분들이 호외를 직접 들고 지하철역에 놓으러 다니셨다고 들었습니다.

한겨레는 12월 10일 '민주주의 수호 에디션' 1만여 묶음을 온라인에서 판매했다. 비상계엄이 벌어진 지 일주일 만의 일이었다. 고나린 기자가 작성한 기사가 포함된 12월 4일 새벽 발행된 호외와 탄핵 투표가 이뤄진 12월 7일 국회 앞에서 배부한 특별판, 투표에 불참한 국민의힘 의원 105명의 명단을 1면에 넣은 12월 9일자 신문을 묶은 상품이었다. 날짜가 지난 신문을 다시 인쇄하고, 심지어 인터넷에서 판매하는 건 매우 드문 일이었다. 오랜만에 윤전기가 쉴새없이 돌아갔다.

최화식　　　65세, 육군 예비역 준장

김용현의 육사 동기,
계엄 앞에 선 자리와 마주한 풍경이 달랐다

육사 38기를 졸업하고 임관했다. 만 36년의 군 복무를 마치고 준장으로 전역했다. 군인의 영예라는 별을 달기는 했지만 하나였다. 동기들 중에는 별 둘, 셋, 넷이 더러 있었다. 그중 한 명의 이름은 김용현이었다. 김용현은 별 셋, 중장으로 전역했고, 윤석열의 최측근이 되어 국방부 장관까지 되었다. 둘은 12월 3일 동시에 계엄이라는 단어와 마주했다. 다만 서 있는 곳이 달랐다.

군 출신인데, 혹시 계엄에 대해 일반 시민들보다 좀더 알거나 정보를 접할 기회가 있었나요?

1년마다 정부와 군이 함께하는 을지훈련이라는 것이 있습니다. 을지훈련의 한 과정으로서 계엄 상황을 실제처럼 연습합니다. 제가 훈련의 실무자 역할을 해서 다른 분들보다는 계엄 업무에 비교적 배경지식이 갖춰져 있는 상태였죠. 그래서 그날도 우리나라가 지금 비상계엄을 할 시기가 전혀 아닌데 비상계엄을 선포하는구나, 원색적으로 얘기해서 '야, 이거 미쳤구나' '정말 미친 새끼네, 저놈' 하고 제가 해야 할 행동을 준비하기 시작했죠.

비상계엄은 전쟁 났을 때 하는 겁니다. 전쟁이 불가피하거나 임박했거나, 실제 전쟁이 일어났을 때 국가 전체를 전쟁을 할 수 있는 태세로 갖추기 위해서 비상계엄을 하는 것이죠. 그런데 전쟁 안 났잖아요. 참 당혹스러웠습니다.

비상계엄 소식을 듣고 가장 먼저 무엇을 했나요?

당시 둘째아들이 함께 집에 있었는데 '나는 국회로 간다. 그리고 한 3~4일 정도 집에 안 들어올 것이다. 지금부터 그 짐을 좀 같이 싸자'고 말했습니다. 식구들한테 그렇게 얘기하고 나서 용인에 있는 지인들한테 같이 가자고 전화를 했습니다. 10시 반에 담화가 있었는데, 10시 50분 정도에 출발했어요. 3~4일 분량으로 투쟁할 수 있는 준비를 마치고 나가려는데 둘째아들이 카드를 주는 거예요. '아빠, 내 생각에는 아마 아빠도 도망 다녀야 할 상황이 될지 모르겠다. 도망 다니면서 아빠 카드 쓰면 잡힌다. 내 카드 써라' 그러더라고요. 참 든든했습니다.

국회에 도착했을 때는 어떤 상황이었나요?

용인에서 차로 한 시간쯤 걸렸어요. 국회 옆 한강 둔치 주차장이 거의 만차였는데요. 어찌어찌 수자하고 국회로 걸어가는데 이떤 젊은 분이 국회는 어디로 가면 되냐고 물어보더라고요. 국회가 어디 있는지도 모르는 젊은이가 지금 국회로 달려가고 있는 것이었죠. 큰 힘을 느꼈습니다.

국회 앞에는 이미 경찰 버스들이 차벽을 형성하고 있었어요. 국회 정문 앞까지 계속 걸어갔죠. 그런데 이때 젊은 사람들이 모이는 것을 보고 놀랐어요. 국회 정문에 거의 도달했을 때 젊은이 대여섯 명이 막 뛰어오는 거예요. "계엄군이 후문 쪽으로 온다! 거기를 막아야 한다!" 하면서 뛰어가는 거예요. 저도 나서려고 했더니 "어르신은 오지 마세요. 어르신은 저 정문 지켜주세요" 하는 거예요. 참 감격스러웠죠.

정문에 도착했더니 200명 정도 시민들이 "계엄 철폐 독재 타도"를 외치면서 별다른 준비도 못 하고 A4용지에 대충 구호를 써서 집회를 하고 있었어요. 조금 뒤엔 시민들이 급격하게 불어났습니다. 저는 계엄군이 국회 본청 안에 이미 진입해서 다 장악하고 있는 줄 알았는데, 놀랍게도 아직 아니더라고요. 계엄군보다 우리 시민들이 빨랐던 거죠.

> 최화식은 여의도로 달려오면서 페이스북에 글을 올렸다. '대한민국 국군이 과거 정치 개입의 오명을 씻을 수 있는 절호의 기회가 왔다. 대한민국 국군은 윤석열, 김용현에게 충성하지 말고 국민한테 충성하라. 이건 내란이다. 내란의 수괴를 체포해서 국민 앞에 대령시켜라'라는 내용이었다. 최화식은 지금의 군은 과거의 군과 다를 거라 믿고 싶었다.

이런 상황에서 군인에게 명령과 복종이란 어떤 의미를 갖는 것인가요?

죽음을 무릅쓰고 반드시 수행해야 한다는 것을 전제로 하는 것이 명령입니다. 그래서 명령엔 복종하는 것이 원칙이죠. 명령을 받으면 이것이 적법한 것인지 위법한 것인지 따져서 적법하다고 판단한 다음에야 복종하는 그런 군대는 있을 수 없습니다. 그런데 분명히 위법한 명령이 있다는 게 문제가 됩니다. 이번 경우에는 이 명령이 적법한 것인가를 따져서 복종 여부를 판단해야 하는 사람들은 따지지 않았고, 비교적

"대한민국 국군은 윤석열, 김용현에게 충성하지 말고 국민한테 충성하라. 이건 내란이다."

명령 수행 체계의 하부 구조에 있는 사람들, 어떻게 보면 적법성을 따지기에는 어려운 상황에 있는 분들인데, 그분들이 따졌어요. 거꾸로 됐습니다. 1980년에도 군의 최상층부에서 그와 같은 일이 벌어졌죠. 그런데 그때 계엄에 동원되었던 초급 지휘관들과 이번 12.3 비상계엄 때 우리 젊은 군인들과는 차이가 있었습니다. 군인은 어떠한 일이 있어도 국민에게 총구를 겨눠서는 안 된다는 공동체 정신이 생긴 것이죠.

김용현 전 국방부 장관은 계엄을 사전에 준비한 걸까요?

저는 김용현 장관과 육사 동기생이기 때문에 그 사람에 대해서 비교적 잘 압니다. 국회에서 답변하는 그 사람의 태도, 어휘 등을 봤을 때 '아, 이거 계엄 준비하고 있는 거 맞구나' 하는 생각을 그 당시에도 했습니다.

김용현 전 장관은 육군사관학교를 제 기억으로 370명 중 6등 정도로 졸업했습니다. 수재죠. 얼굴도 잘생기고 사교성도 좋았죠. 그런데 김용현 전 국방장관이 경호처장이었던 2023년 가을에 경호 구역 내 군 그리고 경찰에 대해서 경호처장이 지휘 감독하겠다며 시행령을 개정해서 저는 굉장히 놀랐습니다. 명분은 경호작전을 위해서라는 것이었죠. 그런데 왜 그동안 없었던 지휘 감독 권한을 달라고 할까. 그때 제가 '계엄 상황에서 경호처장이 직접 운용할 수 있는 병력이 필요한 것이다. 그렇기 때문에 그 경호구역 안에 있는 군과 경찰에 대한 지휘 감독 권한을 요구하는 것이다. 저 사람 머릿속에 계엄이 있다' 그렇게 판단했어요. 그래서 그 이후부터 계속 주변 사람들에게 이거 계엄과 관련있다는 얘기를 했습니다.

이번 계엄의 정확한 내막은 저도 아직은 모르겠어요. 그런데 김용현 전 장관이 국회에서 한 말 속에 일부의 답이 있습니다. '우리가 계엄한다 그래도 밑에 군인들이 따라주겠느냐. 그건 불가능한 얘기다.' 아주 능청스럽게 웃으면서 그랬잖아요. 김용현 장관도 이같이 정치적인 목적에 동원되어서 계엄을 발령할 경우에는 군이 잘 따라주지 않을 수 있다는 생각을 했던 건 같아요. 아직도 밝혀져야 할 부분이 많아요.

실제로 현장에 자신들의 임무가 정확히 뭔지 모르는 채 출동한 군인들이 많은 상황이었잖아요.

비밀 유지 때문에 그럴 수도 있었을 것 같고요. 실제로는 거기 동원된 부대의 지휘관들로부터 여러 차례의 회합을 통해서 충성도 맹세받고 비교적 구체적인 계획도 있었으나, 그들은 군이 정치적 목적에 동원되는 것에 대해서 전적인 동의를 하지 않았던 것 같습니다. 군의 정치적인 중립에 대한 생각이 기본적으로 튼튼하게 있었기 때문에 기대를 했음에도 불구하고 결과적으로는 시행이 안 된 것 같아요. 예를 들어서 수방사의 제1경비단도 소규모의 초동 부대가 국회로 먼저 출동한 상태에서 국회 본청 진입 명령을 듣고는 이건 아니라고 판단했어요. 후속 부대에 서강대교를 넘지 말라고 했잖아요. 국회 의결이 있고 나서 10~20분 뒤에는 국회 내부에 있던 계엄군들이 다 철수했어요. 저는 계엄군들이 대통령이나 장관의 지시를 받아서 철수한 게 아니라 스스로 철수했을 것이라고 생각했어요.

나중에 밝혀진 바에 의하면 계엄군을 다시 투입할 수 있느냐 했을 때 곤란하다 했고, 특전사 병력을 선관위로 보내서 재투입할 수 있느냐 했을 때 곤란하다 했죠. 현장에 출동한 지휘관이 곤란하다고 얘기하는 것은 실제적 물리적으로 곤란해서 그렇게 답하는 경우도 있겠지만,

그것을 '하지 않겠다'는 뜻이 내포되어 있어요. 계엄 지휘부인 대통령이나 장관 입장에서 현장에 있는 지휘관들이 명령을 이행하지 않는다는 것을 알면 어떤 생각이 들겠어요? 당혹스러운 정도가 아니라 공황 상태였을 거예요.

현장 지휘관들은 왜 그런 판단을 했을까요?

일단 현장에 출동했지만 실제로 시민을 대상으로, 헌법기관인 국회를 대상으로, 선관위를 대상으로 임무 수행에 착수하려고 하다보니 이건 위법하다고 생각한 거죠. 그리고 국회 앞 계엄군과 시민과의 대치 상황에서 수적으로도 압도당한 거죠. 현장 지휘관들은 아마도 굉장히 큰 고민을 했을 것이고, 중간 지휘관들은 대통령과 장관 그리고 부하들 사이에서 고뇌했겠죠. 밀어붙였으면 그대로 진행할 수는 있었겠으나, 그 지휘관들도 결국에는 과감하게 행동을 안 한 거죠.

만일 계엄군이 의원과 시민들보다 일찍 도착했다면 어떻게 됐을까요?

한번 생각해보세요. 계엄군이 먼저 도착했어요. 텅 빈 국회 울타리와 본청을 다 점령하고 일절 출입 금지하는 건 비교적 쉬운 일이에요. 본회의장에 들어가 있는 국회의원들을 끌어내는 것보다는 비교적 부담이 없는 임무인 거죠. 그랬다면 결과가 달라졌을 가능성도 있습니다. 그랬다면 민주주의를 다시 회복하는 과정에서 옛날에 우리가 흘렸던 피를 다시 흘려야 하는 상황이 올 수도 있었겠죠.

군 후배들에게 하고 싶은 이야기가 있나요?

이번 12.3 쿠데타를 통해서 군이 통수권자의 정치적 목적 달성을 위해 동원되지 않았습니까? 그런데 정치적인 중립과 공동체의 가치, 자유민주주의를 훼손할 수 없다고 생각한 군인들이 사실상 명령을 복종하지 않음으로써 쿠데타가 실패하고 우리 체제가 지켜졌단 말이죠. 이번 상황을 통해서 시민들이 우리 군을 더 사랑하고 존중할 수 있는 상황이 되지 않을까 하는 조심스러운 생각을 해봅니다. 다만 위헌적이고 불법적인 지시에 따랐던 몇몇 주요 지휘관들의 경우에는 대단히 유감스럽습니다.

제가 같은 위치에 있었다면 명령이 부당하다고 여겨 거부한 특전사령관처럼 그렇게 잘하지는 못했을 것 같아요. 명령의 위법성 위헌성을 판단해서 명령을 거부하는 것이 결코 쉽지는 않거든요. 그렇기에 이번 상황을 통해서 우리 후배 군인들을 더 사랑하고 존경하게 되었습니다.

> 최화식은 인터뷰 내내 군 후배들을 칭찬했다. 현장 지휘관들이 일단 출동은 했지만 적극적으로 명령을 이행하지 않는 것이 느껴졌다고 했다. 그는 무조건 가능하고 안 되는 게 없는 것이 군이라고 했다. 그런 군을 동원했고, 쿠데타는 실패했다. 헌재도 탄핵 심판에서 임무에 소극적이었던 군경 덕분이라는 표현을 썼다.

그날 그곳에 있었던 시민의 목소리

한교훈(29세, 취업준비생)
여자친구가 국회 보좌관이라 담을 넘었거든요. 그런데 그 순간에 국회 경내에 있던 경찰 5명하고 맞닥뜨렸는데, 경찰들이 여자친구를 보고도 그냥 모른 척하고 지나가더라고요. 이게 잘 짜인 계엄이 아닐 수도 있겠다는 생각에 마음이 조금 놓였습니다.

김창규(53세, 직장인)
계엄군들이 우리 자식 나이 또래의 친구들이었거든요. 실제로 저희 큰아들의 친구들 가운데 군 복무중인 애들도 있고, 그날 밤 실제로 출동한 친구도 있다고 하더라고요. 아내가 몸싸움하던 계엄군들에게 말했어요. 우리에겐 너희 같은 아들이 있다고.

김규현(40세, 변호사)
저는 해병대를 나왔어요. 교육훈련단에 입소했을 때, '적법한' 명령을 따라야 한다고 배웁니다. '불법한' 명령에도 따라야 한다고 배우지는 않거든요. 사실 훈련소에서 누구나 다 배우는 거예요. '힘센 사람의 말이니까 따라야지' 이것은 민주공화국의 시민은 아닌 거죠.

이용진(36세, 김영진 국회의원실 비서관)

계엄군과 대치하던 중에 물을 꺼내 마시면서 옆에 조금 앳되어 보이는 군인한테 "물 드실래요?"라고 물었더니 당황하더라고요. 제가 할 수 있는 선에서 최대한 상황을 격화시키지 않으려고 노력했어요.

류삼영(60세, 더불어민주당 서울 동작구을 지역위원장, 전 경찰 총경)

국회에 진입해보니 계엄군과 시민들이 엉켜 있었습니다. 집회 시위 상황을 관리하는 데 제1번 수칙이 '변수 없는 안전관리'거든요. 어느 누가 넘어져 밟히기라도 하면 서로 흥분하는 거죠. 그래서 저는 변수가 발생하지 않도록 양쪽을 어느 정도 제지하는 역할을 했습니다.

| 김성회 | 52세, 더불어민주당 국회의원 |

한 사람의 망상이 빚어낸
끔찍한 소용돌이 속 하루

'소용돌이'는 앞에 '역사' '격변' '파국' '운명'이 올 때 잘 어울리는 명사다. 국어사전에는 "바닥이 팬 자리에서 물이 빙빙 돌면서 흐르는 현상, 또는 그런 곳"이라고도 하고 "힘이나 사상, 감정 따위가 서로 뒤엉켜 요란스러운 상태를 비유적으로 이르는 말"이라고도 한다. 그래서 문학이나 역사적 서술에 자주 등장한다. 통제할 수 없는 소용돌이 속에서 한 개인은 도대체 무엇을 할 수 있을까? 김성회는 마치 역사의 거대한 소용돌이 한가운데로 빨려들어가듯 그날 그곳으로 걸음을 옮기고 있었다.

비상계엄 선포에 대해 예상하거나 상상해본 적이 있나요?

제가 이미 공개적으로도 여러 차례 우리 당 김민석 최고위원님께 사과는 드렸어요. 2024년 9월에 김민석 최고위원이 계엄이 있을지 모른다는 말씀을 하셔서 '아, 지금 21세기에 무슨 계엄이냐? 그런 일은 있을 수가 없다'는 정도의 입장을 가지고 있었어요. 그 당시 풍경을 다시 돌이켜보면요. 계엄을 선포할지 모른다고 했을 때 우리의 반박 논리는 '계엄을 선포한다고 하더라도 국회의원 과반이 모여서 해제하면 되는데 무슨 의미가 있느냐?'는 것이었어요. 그걸 다른 말로 하면 국회에 일단 모여서 계엄 해제하는 게 우선적인 과제라는 것을 그해 가을부터 겨울까지 우리가 공유하고 있었던 거죠.

국회 본청에 도착한 다음, 가장 먼저 한 일은 무엇이었나요?

저는 그때 이 사실을 국민들에게 알리는 게 필요하겠다고 생각했어요. 또 개인적으로는 가족들한테 보여주는 제 마지막 모습이 될 가능성도 배제할 수 없다고 보았고요. 그래서 유튜브로 라이브 중계를 하는 게 좋겠다고 판단했어요. 이것도 보좌관한테 허락을 받아야 합니다. '지금 상황에서 라이브를 켜는 게 말이 되냐?' 이럴 수도 있기 때문에 판단을 받아보기 위해서 함께 일하는 제 동료 보좌관에게 전화를 했고요. 보좌관이 좋다고 동의해주어서 라이브를 켰습니다.

> "담치기를 해서 지금 국회 본회의장으로 들어가고 있는 중입니다. 긴급하게 라이브를 켰고요. 지금 151명을 넘겨야 하는 상황인데 저는 자리에 들어왔고요. 지금 민주당 의원들 이미 결집하기 시작해서 들어오는 모습 보여드리고 있습니다."
>
> _김성회 의원 유튜브 라이브 중에서

유튜브 라이브를 하다가 갑자기 중단했는데, 무슨 이유였나요?

안에 들어가서 상황을 잠깐 알리다 생각해보니까 안에 누구누구가 있는지를 알려주는 것 자체가 계엄군에게는 정보가 되겠더라고요. 그래서 그건 좀 위험하다고 판단했습니다. 과반이 모이면 계엄을 해제할 수 있는데 우리가 얼마나 모였는지 상대방에게 패를 드러내는 것은 문제가 있잖아요. 그래서 계엄군이 작전을 진행할 때 정보를 제공하는 꼴이 될 것 같아서 영상 송출을 중단했죠.

가장 기억에 남는 순간은 언제였나요?

본회의장에 많은 분들이 들어오면서 과반을 모을 수 있겠다는 판단이 섰을 때예요. 자리에 앉아서 집에 전화를 했어요. 아내가 받더라고요. 그래서 아내에게 "본회의장인데 아무 일도 없어. 걱정하지 말고 있어. 그냥 아주 고요하고 조용해. 아무 일도 벌어지지 않을 테니까, 빨리 의결하고 끝낼 테니까 너무 걱정하지 마"라고 말했어요. 그랬는데 전화기를 들고 제 말을 듣던 아내는 텔레비전과 유튜브에서 계엄군이 유리창을 깨고 있는 걸 보고 있었대요. 정작 현장에 있던 저는 보지 못하고 있었는데 말이죠. 실제로도 본회의장 안은 고요하기만 했습니다.

> 김성회는 비상계엄이라는 역사적 소용돌이 한복판에 있었는데 국회 본회의장은 너무 고요했다고 했다. 밖에서는 계엄군이 유리창을 깨고 안으로 들어오고 있었다. 국회 보좌진들은 소화기를 뿌리며 방어에 나섰다. 나무 문짝, 대형 화분, 책상, 의자 등이 동원됐다. 소화기의 하얀 연기가 마치 현실이 아닌 것처럼 모든 것을 흐릿하게 만들었다. 본회의장 밖에는 폭풍이 몰아치고 있었고, 안에는 태풍의 눈 같은 고요가 있었다.

아내와의 통화로 군이 국회로 들어왔다는 걸 알게 된 가운데 계엄 해제 의결 과정이 진행됐습니다. 당시 의결은 어떻게 진행됐나요?

아내에게 "본회의장인데 아무 일도 없어. 걱정하지 말고 있어. 그냥 아주 고요하고 조용해. 아무 일도 벌어지지 않을 테니까, 빨리 의결하고 끝낼 테니까 너무 걱정하지 마"라고 말했어요. 그랬는데 전화기를 들고 제 말을 듣던 아내는 텔레비전과 유튜브에서 계엄군이 유리창을 깨고 있는 걸 보고 있었대요.

김성회_ 더불어민주당 국회의원

군이 들어왔다는 사실을 알게 됐고 유튜브를 통해서도 확인했습니다. 계엄군이 2층을 다 뚫고 3층까지 올라오는 데 걸리는 시간이 삼십 분 안쪽일 거라고 봤습니다. 물론 보좌진들이 막고 있기 때문에 쉽게 뚫리지 않을 거라고는 생각했지만 알 수 없는 상태였어요. 그런 상태에서 국회의장은 조금만 더 기다리라고 말씀하시는데 그게 거의 한 시간 가까이 됐거든요. 아니 모아놓고 '계엄 해제에 찬성하는 사람 손들라' 그러면 끝날 것 같은데 뭘 저렇게 절차에 집착하나 생각했죠. 우원식 의장이 적법한 절차를 밟아갔던 것이 계엄을 해제하고 탄핵까지 가는 데 굉장히 큰 역할을 했다는 것을 저희가 나중에 알게 됐지만, 당시에는 밖에서 계엄군이 밀려들어오고 있는 상황이었기에 차분하게 진행되는 게 답답했어요. 그때 제 국회 의석이, 제 앞에 한 줄밖에 없거든요. 코앞에서 의장님을 바라보면서 빨리 진행해달라고 항의하는 상황이었죠. 그런 것들이 마구 뒤엉켜서 긴장감을 만들어내고 있었습니다.

계엄 해제 결의안이 가결됐을 때 어떤 생각이 들었나요?

화면에 찬성표가 하나둘 뜨는 걸 보고 안도의 한숨을 쉬었어요. "해제 결의안이 가결되었음을 선포합니다"라고 말씀하시면서 의장님이 한 번, 두 번, 세 번 의사봉을 치시던 게 생각납니다. 세번째가 스냅이 좋으셨는데 뭔가 시원한 느낌이 들었죠. 물론 한편으로는 계엄 해제라는 것이 별 의미가 없을 수도 있다고 생각했어요. 또다시 계엄을 선포할 수도 있는 것이고 어떻게 돌아갈지 알 수 없는 상황이었으니까요. 게다가 군을 동원해서 국회까지 들어온 상황이라면 여기서 물러나겠는가 하는 걱정도 있었기 때문에, 긴장감은 하나도 낮춰지지 않았습니다.

비상계엄이 남긴 상처는 무엇이라고 생각하나요?

제가 행정안전위원회 전체 회의를 하면서 정치 인생에서 크게 회의를 느꼈습니다. 계엄은 잘못된 거잖아요. 그런데 그 회의에 들어와서 국민의힘 의원들 몇몇 사람들이 계엄이 별문제가 아닌 것처럼 이야기하더라고요. 몇몇 사람들은 부끄러워했고. 같은 자리에 앉아서 같이 밥 먹고 회의하는 정치인들이잖아요. 국민들로부터 선출받은 선출 권력이고요. 그런데 내 앞에 앉아 있는 국민의힘 의원이 저를 보면서, 또 옆에 앉아 있는 민주당 동료 의원들을 보면서 '아, 저 사람들은 잡혀가도 싼 사람들이야. 혹은 계엄군에 의해 죽더라도 뭐 어쩔 수 없는 일이지' 정도로 여겼다고 생각하니까 동료 의원으로서 함께 무엇인가를 하기가 너무 어려워지더라고요. 저는 이 상처가, 저뿐만 아니라 모든 의원들에게 새겨진 이 상처가 꽤나 오래갈 거라고 생각해요. 이런 마음을 안고 국민의힘 의원들과 진정한 의미의 토론과 협치가 가능할까? 윤석열이라는 한 사람의 망상이 빚어놓은 이 끔찍한 흉터가 얼마나 오랜 기간이 지나가야 회복될까? 그런 게 참 걱정됩니다.

> 그날 밤 김성회의 동네 친구이자 당원이 전화를 걸어왔다. '여의도 앞에 와 있는데, 우리가 뭘 하면 되겠냐'고 물었다. 눈물이 왈칵 쏟아지는 순간이었다. 국회의원은 본회의장이라는 적법한 공간에서 어떤 면에서는 보호를 받고 있는 상황이었지만 시민들은 달랐다. 맨몸으로 군인들과 맞서고 장갑차를 막았고 국회를 지켰다. 김성회는 그들에게 목숨을 빚졌다고 했다. 역사의 소용돌이 속에서 시민들은 언제나 옳은 길로 움직였다.

| 천하람 | 39세, 개혁신당 국회의원 |

'윤석열이 대한민국 보수를 결딴내는구나'
탄식한 청년 보수 정치인의 그날

대구에서 태어났다. 법을 전공하고 변호사가 됐다. 여기까지는 기존 한국 사회 정치인의 전형이다. 하지만 천하람은 전라남도 순천에 정치적인 터를 잡았다. 가족들과 함께 이주도 했다. 누군가는 그의 진정성에 대해 말했지만 누군가는 호남의 보수정당 정치인이라는 희소성을 노렸다며 평가 절하하기도 했다. 하지만 그는 '그러거나 말거나' 젊은 나이만큼이나 쿨하게 정치 활동을 이어갔다. 그러던 중 청년 보수 정치인으로서 계엄을 맞았다.

당신은 누구십니까?

개혁신당의 원내대표를 맡고 있는 천하람 의원입니다. 1986년 생이고 올해 우리 나이로는 마흔이고요. 윤석열 나이로는 아직 서른아홉입니다. (웃음)

의원님의 12월 3일, 그날이 궁금합니다.

평범한 하루였고요. 국민의힘 소속 여당 의원님들하고 편하게 저녁식사를 하고 술도 몇 잔 했던 것 같습니다. 김건희 여사를 분리시켜야 할 것 같다, 여사에게 엄격한 태도를 취해야 한다, 이런 얘기를 했던 것이 기억납니다.

그리고 집에 도착해서 아들이랑 노느라고 휴대폰을 던져놨어요. 아들이 초등학교 3학년인데 아빠랑 같이 게임하는 걸 굉장히 좋아하거든요. 그런데 와이프가 전화가 끝없이 온다고 저한테 확인해봐야 할 것 같다고 건네주더라고요. 부재중 전화에 단톡방에 아주 난리가 났더라고요. 바로 포털에서 뉴스를 봤더니 대통령이 비상계엄을 선포했다고 떠서 깜짝 놀랐죠.

'비상계엄'이라는 네 글자를 봤을 때 어땠나요?

제가 법조인이잖아요. 저희가 헌법을 공부할 때 비상계엄과 경비계엄 이런 것들을 공부해요. 물론 실현 가능성이 없고 시험에도 나오지 않기 때문에 열심히 공부하진 않습니다. 그래서 법대 다닐 때 책에서 그냥 훑고 지나갔던 것이 갑자기 떠올랐고요. 법조인스럽게 계엄의 요건이 되나를 먼저 따져봤죠. 북한이 쳐들어오는 정도의 사태가 있어야 하는데, 그래서 맨 처음에는 국지전 같은 도발이 있었나 하는 생각도 했습니다. 어쨌든 바로 국회로 가서 상황을 파악해야겠다고 생각하고 집을 나가는데, 갑자기 조금 전까지 놀다가 막 심각하게 옷 갈아입고 하니까 아들이 걱정하더라고요. '아빠 왜 갑자기 다시 회사 가야 되냐, 언제 다시 오는 거냐'고.

국회 진입은 어떻게 했나요?

저희 보좌진들이 어느 쪽으로 가면 월담이 가능한지 파악해서 알려주고 있는 상황이었고요. 여의2교에서부터 차가 안 움직이더라고요. 그래서 차라리 뛰어서 이동해야겠다고 생각해서 내렸습니다. 그런데 담이 제 생각보다 높기도 했고, 거기까지 숨차게 뛰어온데다 제가 평소에 운동을 잘 안 하거든요. 훌쩍 넘기가 쉽지 않더라고요. (웃음) 몇 번 잘 못 넘고 있으니까, 옆에 있던 시민분이 아예 이렇게 땅에 엎드려서 본인의 등을 밟고 올라가라고 해주셔서 담을 넘었습니다. 그런데 갑자기 누가 쿵 떨어지니까 경찰 2명이 달려왔습니다. 그래서 제가 엄청 큰 소리로 현역 의원이라고 막지 말라 하고 또 뛰었죠. 입에서 정말 단내 나도록 뛰는 일이 그렇게 많지 않은데, 그때는 정말 열심히 뛰었습니다.

> 천하람은 포고령 1호를 보고 윤석열이 같은 법조인 출신인데 어떻게 이런 포고령을 쓸 수 있는지 화가 치밀었다고 했다. 국회의 정치 활동 금지는 애초에 불가능하고 위헌이라는 것이 너무 명백했기 때문이었다. 이런 식으로 하면 국회의원들이 겁먹고 쫄아서 활동하지 않을 거라고 믿었다면 의원들을 너무 우습게 보는 처사라고 생각했다. 계엄을 겪어보지 않은 세대로서 두려움보다는 어처구니없는 상황에 대해 분노가 먼저 치밀었다.

본회의장에 입장했을 때, 무엇이 눈에 띄었나요?

숨을 헐떡거리면서 뛰어들어가니까 박수를 치는 분들이 있었고요. 평상시 본회의장은 국회의원이 아니면 출입이 굉장히 엄격하게 제한되는데, 한동훈 대표님이 들어와 계셔서 그게 특이했어요. 계엄군들이 어디까지 들어왔나, 국회 직원들이 계속 체크하는 소리도 들렸고요. 그리고 대한민국이 징병제 국가라는 사실이 여실히 느껴지는 게, 국회를 방어하는 사무처, 당직자, 보좌진 모두가 바리케이드를 굉장히 잘 쳤어요. 방어도 그 나름대로 체계적이었고요. 확실히 예비군들이 많더라고요.

야당이긴 하지만 보수 계열 정치인으로 분류되는데요. 계엄을 대하는 감정이 민주당 의원들하고는 달랐을 것 같습니다.

저는 오히려 윤석열 대통령이 더 미웠죠. 민주당 의원님들 같은 경우에는 너무 황망하고 큰 사건이니까 당연히 그 순간에 공포도 느끼고 위기의식도 느꼈겠지만, 이제 바로 조기 대선의 가능성이 열리는 순간임을 알았을 거예요. 이미 정권이 붕괴할 수 있는 선을 넘어섰다는 걸 저도 직감했거든요. 저를 포함해서 정치인들은 어떤 순간에도 정치적 계산을 합니다. 솔직히 윤석열 정부가 무너지고, 인간 윤석열이 실패한 대통령으로 기록에 남는 것은 국가적으로 안타까운 일이지만 그럴 수 있어요. 하지만 그때 저는 대한민국의 보수 진영 자체가 전부 무너져내리고 있다고 생각했어요. 윤석열이라는 저 작자가 정말 대한민국의 보수를 결딴내는구나, 그런 생각을 그 당시에도 정말 많이 했습니다.

사실 보수 정치라고 하는 것은 기존의 법과 제도를 잘 지키면서 조금씩 개선해나가자는 겁니다. 준법이나 헌법 질서에 대한 존중이 기본적으로 깔려 있는 거예요. 그런데 보수인 국민의힘이 배출한 대통령인데, 이 사람이 헌법 질서를 깡그리 무너뜨려버리는 거잖아요. '아, 보수의 암흑기가 굉장히 길어질 수도 있겠다' 생각하니까 진짜 엄청나게 원망스러웠어요.

예전에 김건희 여사가 이런 얘기를 한 적이 있어요. '우리 남편이 문재인 대통령의 충신이다. 지나고 보면 다 알 거다.' 이건 뭐 그냥 농담입니다만 진짜 윤석열이라는 인물이 진보 진영의 스파이인가, 문재인 대통령이 보수 진영을 정말 깡그리 무너뜨려버리라고 보낸 충신인가, 그런 망상까지 할 정도로 아주 원망스러웠습니다.

비상계엄이 보수를 포함한 우리 정치권에 남긴 영향은 뭘까요?
스스로 잘해서 득점하는 정치가 굉장히 오랜 기간 실종되겠다는 생각을 했습니다. 글쎄요, 대선을 겪으면서 느꼈던 점이기도 하지만 결국 '상대방이 더 싫어요'만 남는 정치가 계속되는 것 같아 걱정입니다. 지금 한국 정치에서 불평등 해소, 규제 개혁 같은 새로운 거대 담론이 잘 나오지 않고, '니들이 그런 말을 할 자격이 있어?'라는 물음들만 반복되면서, '쟤들이 더 나빠요' '우리도 좀 나쁠지 모르겠지만 쟤들이 더 나쁘니까 우리 찍어주세요'라고 주장하는 상황이 한국 정치에서 상당 기간 반복되지 않을까 싶습니다.

> 윤석열 나이로 아직 마흔이 안 됐지만, 천하람은 천생 정치인이었다. 계엄을 막아냈다는 것보다는 계엄이 남긴 정치적 폐해에 대한 이야기를 오래 했다. 해법이 있느냐는 질문에 그는 세대교체를 말했다. MZ가 싸가지 없다고 얘기들을 하지만, 그날 밤 국무회의에 싸가지 없는 장관이 한 명쯤 있었으면 뭐라도 달라지지 않았겠냐고 반문했다. '격렬하게 반대하던 장관이 계엄 선포를 하러 간다고 나가는 윤석열에게 백태클이라도 했어야 하는데' 하며 아쉬워하는 청년 정치인에게선 계엄보다는 계엄 이후가 더 선명하게 보였다.

저를 포함해서 정치인들은 어떤 순간에도 정치적 계산을 합니다. 솔직히 윤석열 정부가 무너지고, 인간 윤석열이 실패한 대통령으로 기록에 남는 것은 국가적으로 안타까운 일이지만 그럴 수 있어요. 하지만 그때 저는 대한민국의 보수 진영 자체가 전부 무너져 내리고 있다고 생각했어요. 윤석열이라는 저 작자가 정말 대한민국의 보수를 결딴내는구나, 그런 생각을 그 당시에도 정말 많이 했습니다.

| 류용재 | 48세, 드라마 작가 |

⟨개와 늑대의 시간⟩ 드라마 작가가 목격한 짐승의 시간, 인간의 얼굴

드라마는 개연성 있는 상상력의 공간이다. 2007년 드라마 ⟨개와 늑대의 시간⟩으로 데뷔한 작가 류용재는 ⟨기생수: 더 그레이⟩ ⟨종이의 집: 공동경제구역⟩ ⟨라이어 게임⟩ ⟨피리 부는 사나이⟩ 등을 통해 시청자들에게 강렬한 긴장감을 선사해왔다. 하지만 19년 차 드라마 작가 류용재가 그날 그곳에서 마주한 건, 구상조차 할 수 없는 드라마였다.

12월 3일, 그날 무엇을 하고 있었나요?

저는 집필 작업을 하고 있었어요. 보통 제가 새벽 네다섯 시쯤 집에 들어가서 점심 이후에 출근하는 루틴으로 일하거든요. 작업실이 여의도 국회대로 바로 앞에 있는 오피스텔 건물이에요. 창밖으로 국회도서관이 바로 보이는 환경이죠. 그날은 일을 하느라 잠시 핸드폰도, TV도 안 보고 있었어요. 그러다 잠깐 한숨을 돌리려고 핸드폰을 켰더니 카톡에 친구가 "비상계엄이래" 이런 톡을 보낸 거예요. 그래서 다들 그러셨겠지만, 저도 처음에는 장난인 줄 알고 "뭔 소리임" 이렇게 답했어요. 그리고 다른 톡방에 들어갔더니 이미 난리가 나 있더라고요. 제가 국회의사당 바로 앞에서 일하는 걸 다 아는 친구들이었기 때문에, 그리고 이런 일이 있을 때 제가 늘 나가보는 편이라는 걸 알기 때문에, "야, 국회의사당 앞인데 안 나가봐?" "가서 생중계해줘야지" 막 이런 얘기들을 했어요. 저도 "이미 옷 갈아입고 가방 챙기고 있음" 이렇게 보내고 뛰쳐나간 게 11시 30분경이었습니다.

국회 앞에 나간 이유는 무엇이었나요?

저는 처음엔 비상계엄 뉴스를 딱 봤을 때 전혀 심각하게 생각하지 않았거든요. 그냥 '이런 미친 일을 벌이다니' 하는 약간의 황당함 같은 걸 느꼈죠. 그래서 이 황당하고 웃긴 상황을 아마 많은 사람들이 국회 앞에 모여서 이야기하거나 규탄할 것이기 때문에, 어떤 의미에서는 되게 흥미로워하는 태도를 갖고 나갔던 면이 있어요. 어떤 행위에 적극적으로 가담하거나 정의감에 나간다기보다는 사람들을 좀 관찰하고 싶었던 것 같아요.

비상계엄이란 소재는 영화나 드라마에 종종 등장하곤 하는데, 실제로 비상계엄이 선포될 거란 상상을 해본 적이 있나요?

비상계엄이 실제로 진행된다면 어떤 일들이 벌어질지에 대한 지식은 있었는데, 그게 실제로 벌어질 수 있다는 상상 자체를 하지 못했던 것 같아요. 현장에 나가서야 '아, 이게 그냥 해프닝이 아니구나' 하는 실감을 조금씩 느끼기 시작했어요. 11시 36분 그 건널목을 건너서 국회 앞에 도착한 순간부터 이게 단순한 해프닝이 아니라, 내가 지금 어떤 역사적인 사건 속에 있는 거구나, 조금씩 깨달았습니다.

여의도 작업실을 오래 쓰면서 여러 집회와 시위 현장을 지켜본 경험이 있잖아요. 그날 그곳의 분위기는 어떻게 달랐나요?

원래 집회에는 어떤 어젠다가 있고, 그에 동의하는 사람들이 특정 조직을 통해서건 아니면 삼삼오오 무리를 만들어서건 함께하기 마련이잖아요. 그런데 그날은 '몇 날 몇 시에 모여서 어떻게 해보자'가 아니라 '이런 일이 벌어졌는데 어떡하지?' '국회 앞에 나간다고 뭘 할 수 있는지도 사실 모르겠는데, 일단 나는 여기 있어야 할 것 같아' 그런 기분으로 나온 사람들의 눈빛이나 공기가 맴돌고 있었어요.

화가는 그림으로 기억을 묘사한다면 작가는 어떤 인상을 글이나 문장 혹은 어떤 영상으로 남기려고 하기 마련이잖아요. 그날 국회 앞에 모여 있던 사람들 주위에 감돌던 그 공기와 분위기가 너무 강렬해서, 원래 제가 대문자 T라 울컥하는 상황이 잘 없는데도, 그때 그 사람들에 대해 얘기하려고 하면 좀 울컥하게 돼요. 그때 그 장면과 사람들이 계속해서 제게는 어떤 질문이 된 거 같아요. '저 사람들은 도대체 왜 나왔을까' '저 사람들을 움직인 힘은 뭐였을까?' 그걸 계속 탐구하고 있어요.

당시 상황이 심각하다는 걸 느낀 건 언제였나요?

갑자기 헬기 소리가 나기 시작했어요. 그래서 그 헬기를 제가 핸드폰으로 찍었어요. 그리고 '내가 이걸 찍었다'고 친구들과의 톡방에 사진을 보냈죠. 근데 그때까지만 해도 저는 그게 군용 헬기일 거라고는 절대 생각조차 못 했어요. 국회의장이든 누군가가 다급하게 국회로 와야 하니까 헬기를 타고 왔나보다 이런 순진한 생각을 해서 "아, 헬기 왔어요~' 이런 톤으로 올린 거죠. 그런데 단톡방에 있던 누군가가 '그 헬기에 혹시 무장이 돼 있느냐, 군용이냐 민용이냐' 묻는 거예요. 다시 톡방에 있던 누군가가 "그게 공수부대 헬기래" "거기서 군인들 총 들고 내렸어" 하는데 '이걸 지금 주변 사람들한테 말을 해야 하나?' 고민했어요. 너무 걱정되는 거예요. 총소리가 터지면 여기 있는, 저를 포함한 여기 있는 사람들이 도망가지 않고, 국회 문 너머로 달려들어갈 것 같았어요.

왜 그런 생각이 들었는지는 아직도 알 수 없다. 류용재는 분명 직감했다. 그날 그곳에 있던 사람들은 국회 문 안쪽으로 향할 거라고. 총성이 울려도 피하지 않고 오히려 그곳으로 달려갈 거라고. 드라마를 쓴다면 당연히 군중이 그 문 너머로 들어가게끔 극적으로 썼을 것이다. 하지만 현실은 달랐다. '제발 그런 일이 일어나지 않기를.' 그 밤 그는 그렇게 간절히 빌었다.

본인을 포함한 사람들이 도망갈 것 같지 않았다고 했는데, 왜 그런 예감이 들었나요?

저도 그게 의문이에요. 제가 저를 알잖아요. 적어도 저는 그런 사람이 절대 아니거든요. 또 제가 하는 일이 드라마 작가다보니 캐릭터에 대해서 연구를 많이 해요. 그래서 생각을 많이 해봤어요. '왜 그랬을까?'

드라마 쓰는 사람들은 이런 얘기들을 해요. 어떤 캐릭터가 본질적으로 어떤 사람이냐, 이기적인 사람이냐 이타적인 사람이냐 아니면 정의로운 사람이냐 비겁한 사람이냐 하는 문제는 그 인물이 평소에 하는 말—드라마에선 대사겠죠—을 통해서 드러나는 게 아니라 두 가지 서로 다른 가치가 상충되는 딜레마적인 사건을 맞닥뜨렸을 때 그 캐릭터가 취하는 '행동'을 통해서 드러난다고. 그런데 그날 제가 받았던 인상 혹은 경험에서 '엇, 내가 잘못 이해하고 있었구나' 깨달았어요. 저는 어떤 인물의 숨겨져 있던 본질이 그런 딜레마적인 상황이나 사건에서 드러난다고 생각했는데, 그게 아니라 그 순간 그 사건을 통해서 만들어지는 거였어요. 왜냐면 저는 분명히 제 자신을 아니까. 그런 일이 벌어졌을 때 저는 제일 먼저 도망갈 수 있는 사람이거든요. 달리기도 정말 빠르고. 그런데 그날 제가 느낀 감정은 저조차도 약간 낯선 기분이었어요. 그래서 이것의 정체가 과연 뭘까, 그 이후로도 많이 생각했어요.

그 정체는 무엇이었을까요?

드라마 작가들은 이야기란 '사건'을 통해서 전개되는 것이라고 들 말해요. 그렇다면 사건이란 무엇인가. 어떤 일이 벌어진 순간 그 이전으로는 되돌아갈 수 없는 일을 '사건'이라고 하거든요. 저는 지식으로 알고 있던 것을 그날의 경험 이후에 다시 생각하게 됐죠. '아, 그날 거기서 벌어진 일은 사건이었구나.' 그날 그 일은 저 개인에게도 또 대한민국 국민들에게도 혹은 우리 역사에서도 그 이전으로 결코 돌아갈 수 없는 사건이었어요. 그 사건을 통해서 그게 어떤 방향인지는 구체적으로 알 수 없지만, 저는 이전과는 다른 사람이 되었다고 느낍니다.

'그 사건으로 인해서 내가 바뀌었구나' 하는 것을 언제 느꼈나요?

사실 제가 하는 일 자체가 대중을 상대하는 일이고, 작품은 작품 자체로 전해지는 게 가장 좋잖아요. 드라마에는 수많은 스태프들의 노력과 또 많은 돈과 시간이 들어가고요. 그래서 저는 어떤 정치적인 견해나 특정 사안에 대한 개인적인 호불호조차 잘 표현하는 편은 아니었어

어떤 일이 벌어진 순간 그 이전으로는 되돌아갈 수 없는 일을 '사건'이라고 하거든요. 그날 그 일은 저 개인에게도 또 대한민국 국민들에게도 혹은 우리 역사에서도 그 이전으로 결코 돌아갈 수 없는 사건이었어요. 그 사건을 통해서 그게 어떤 방향인지는 구체적으로 알 수 없지만, 저는 이전과는 다른 사람이 되었다고 느낍니다.

류용재_ 드라마 작가

요. 제가 아주 친한 분들께 이 비상계엄 인터뷰에 응하려 한다고 했더니 걱정해주시는 분들도 계셨어요. 그날 그 사건 앞에서 그냥 뭐라도 해야 할 것 같아서 나왔는데요. 그것도 이전의 저라면 전혀 안 할 짓인데 왜 제가 이런 결정을 하게 됐는지는 스스로 더 생각해봐야 답이 나오지 않을까요.

여러 걱정을 무릅쓰고 인터뷰에 응한 특별한 이유가 있을까요?

네, 사실은 저는 좀 빠지고 싶었어요. 그런데 또 다른 사람들의 이야기는 듣고 싶었어요. 그날 제가 직접 보고 궁금했던 그 많은 사람들의 이야기들을. 그런데 제가 붙잡고 물어볼 수가 없잖아요. '아니 도대체 쓰레빠 신고 왜 나오셨어요, 거기를?' 혹은 '아니 안에서 총소리 나면 어쩌려고 그러셨어요?' 이런 걸 막 물어보고 싶었는데 이렇게 저 대신 물어봐주시는 분들이 계셔서 감사해요.

사실 제가 엄청 투철한 시민의식을 가지고 그 자리에 나간 사람은 아니에요. 그날 느낀 감정의 정체를 아직도 잘 모르겠는데요. 그걸 마치 어떤 확신을 갖고 있는 것처럼 말하기도 힘들어서 고민했는데, 인터뷰 제안을 받고 오히려 다시 보게 됐어요. 그리고 그날 제 주변에 서 있던 혹은 그 근처에 서 계셨던 다른 분들의 이야기를 보면서, 저는 질문을 안게 됐어요. 그 질문들에 대한 답은 당장은 모르겠어요. 제가 작가로서 작품을 통해서든, 한 시민으로서 어떤 참여를 통해서든 답을 찾는 과정이 이어지지 않을까 생각합니다.

마지막으로 하고 싶은 말이 있나요?

드라마나 영화의 주인공들은 보통 주인공으로서의 어떤 자격을 가지잖아요. 시청자나 관객이 봐야만 할 가치가 있는 주인공성을 가지고 있기 마련인데, 저는 작가로서 그런 인물들은 원래 그 본질을 자기 안에 갖고 있다가 어떤 사건이나 행동을 통해서 발현되는 거라고 생각해온 측면이 있어요. 그런데 이번 일을 겪고 나서는 '그게 아니라 사건을 통해서 형성되는 거구나, 당사자조차도 깨닫고 있지 못한 어떤 면이 사건과의 만남을 통해서 생겨날 수도 있는 거구나' 하는 점을 알게 됐어요. 애초에 그 자리에 서는 사람들은 그럴 만한 정도의 각오를 품고 있었거나 혹은 평소 드러나지 않았다 하더라도 강인함을 가진 사람들일 거라고 생각해왔는데요. 아닐 수도 있다는 걸 깨달았죠. 정말 평범한 한 사람이 어느 정도의 우연이 작동해서, 혹은 그저 그날의 기분에 따라 길을 지나다 하필 거기 있었을 뿐인데, '그 상황에서 어떤 선택을 하느냐'가 결국 그 사람을 그 이전과는 완전히 다른 사람으로 만들어놓을 수도 있는 거라고.

그날의 기억을 이야기하는 동안 류용재는 '주인공' '드라마' '질문'이란 단어를 자주 되뇌었다. 그날 그곳에서 마주한 사람들을 떠올리며 수많은 질문이 머릿속을 맴돌았다고 했다. 왜 그들이 그 자리에 있었을까. 그 우연과 필연의 경계는 어디였을까? 그는 지금도, 그 답을 찾아가고 있는 듯했다.

| 에필로그 | **그날 그곳을 온몸으로 버텨낸
우리 모두에게** |

운전대를 잡은 손이 덜덜 떨렸다. 처음이었다. 몇 번이고 다시 확인했지만 도무지 실감이 나지 않았다. 주변에 사는 후배 두 명을 채근해 차에 태우려고 시동은 켰는데, 손 떨림은 좀처럼 멈추지를 않았다. 서너 달 후, 정확히 같은 경험담을 들을 수 있었다. 53번째로 인터뷰에 응해준 조영주씨였다. 쉴새없이 울리는 단톡방을 확인하려 했는데, 휴대폰이 흔들려서 보기가 힘들었다고 했다. 알고 보니 화면이 아닌 몸이 떨리고 있었다며 웃었다.

인터뷰가 거듭될수록 그날의 기억은 때론 겹치고, 때론 범접하기 힘들었다. 겹친다면 주저함이 없었든, 망설이다가 뒤늦게 나섰든 국회 앞으로 달려왔다는 점이었다. 하지만 언뜻 평범해 보이는 시민들이 토해내는 그날 밤의 기억들은 전혀 평범하지 않았다. 충남 당진 소재

공장의 생산직 노동자 홍원기씨는 야간 근무 직전 몸을 돌렸다. 속도위반 딱지만 수십 장을 떼가며 여의도로 질주했다. 학기말 석박사 과정을 지도하던 오현옥 교수는 사회로부터 받은 혜택이 많은 자신이 희생되는 편이 나을 거라며, 가족을 두고 혼자 지하철을 탔다. 일주일 치 고양이 밥을 주고 나오거나, 며칠 노숙할 행장을 꾸려 출발했다는 기억들이 흔했다.

너 나 할 것 없는 공통된 기억에는 죽음이라는 단어도 당연했다. '자근자근 밟히겠다' '발가벗기고 구타부터 당하겠구나' 이 밤이 마지막일 수도 있다는 생각에 셀카를 찍어 남기거나 저마다의 SNS에 국회로 간다는 말을 남겼다. 연락이 끊기면 국회 본관 앞을 찾아보라고 가족들에게 일러두거나, 연행과 고문에 대비해 휴대폰 유심을 뺄 준비를 했다.

아무 일도 일어나지 않았다고 윤석열이 주장한 그날 밤에 대해 시민들은 생생한 기억으로 답했다. 특전사의 헬기 굉음은 찢어질 듯했고, 바람에 날리는 낙엽이 때리는 얼굴은 아팠다. 군용 차량을 보고 한 사람이 뛰기 시작하자 여러 명이 같이 뛰어 그 앞을 막았다. 구호를 선창하다 목이 쉬면 그 옆 사람이 외쳤다. 쇳소리에 쇳소리가 겹쳤다고 했다. 계엄군에게 '추리닝'을 입은 채로 얻어맞기 싫어서 코트에 구두까지 신고 온 시민이 있는 반면, 계엄군을 만나면 동네 산책으로 위장하기 위해 잠옷에 패딩을 입고 뛰어온 부부도 있었다.

2024년 12월 3일.

날이 좋았다. 이대선씨는 청계천을 산책하던 오후를 기억했다. 강정욱 보좌관은 여야 합의로 민생 입법을 통과시킨 뿌듯한 날로 기억했다. 활동가 이형숙에게는 UN이 정한 세계 장애인의 날이었다. 국회는 김장 행사로 떠들썩했고, 저녁에는 키르키스스탄 대통령의 국빈 방문 기념 만찬이 있었다. 송년회 시즌이 시작된 여의도의 밤은 술잔을 부딪치는 소리로 요란했다. 누구에게도 일상이 곤두박질칠 거라는 예상은 없던 그런 날이었다.

시민의 한 사람으로, 방송일로 20여 년 밥을 벌어먹은 제작자의 한 사람으로, 그날 밤을 다시 복기해본다. 덜덜 떨리는 손에 힘을 줘가며 운전대를 움켜잡았다. 어떤 밤길이 될지 모르니 와이프는 걱정이 가득했고, 구김살 없는 아이들은 궁금해하며 눈을 동그랗게 떴다. 하지만 두근거리며 도착한 국가기간방송 KBS 앞은 고요했다. 국회 정문 앞 시민들이 질러대는 함성이 지척인데, 방송국의 적막이 기이했다. 물론 계엄이라는 자막을 보자마자 뛰어나온 선후배들로 뉴스와 시사 프로그램은 분주하게 전파를 타거나 앵글을 잡았다. 거기에 섞여 계엄의 밤에 한 컷이라도 보태기 위해 휴대폰을 들이댔다. 한동안 동료들은 격랑의 정국 속에 방송을 막느라 눈에 핏발이 가시지 않았다. 하지만 비상계엄 선포 직후, KBS에서 목격한 적막은 긴 여운으로 남았다. 계엄군은 국가기간방송보다 대형 유튜브 채널에 관심이 많았다.

넷플릭스에 〈특종의 탄생scoop〉이라는 영국 영화가 있다. 카메라는 영국 왕실의 부패 연루 의혹을 파헤치는 BBC 시사 프로그램 〈뉴스나이트〉 제작팀을 그린다. 그런데 후반부에 유독 눈길을 끄는 신scene이 하나 있었다. 프로그램이 방송되는 시각, BBC 제작팀이 모니터를 위해 모인 사무실 내부를 비추는 장면이다. TV 모니터 옆으로 유튜브, 페이스북, X, 인스타그램을 비롯한 각 SNS의 실시간 반응과 댓글이 복잡한 그래프와 얽힌다. 제작팀은 화면과 동시에 넘쳐나는 온라인 매체를 체크하느라 눈을 떼지 못한다. 영화는 방송 다음날 인터뷰의 영향력을 보여주는 장면도 TV 화면으로 잡히는 시청률이 아닌 SNS를 타고 흐른 바이럴로 구성한다.

 2024년 가을, 미국 대선은 현실이었다. 〈뉴욕타임스〉, CNN 등 기라성 같은 전통의 매체들이 박빙일 거라 판을 벌였지만, 결국 트럼프는 간단하게 예측을 비웃었다. 미국에도 간판 시사프로그램이 있다. CBS의 〈60분 60minutes〉이다. 해리스는 〈60분〉과 인터뷰를 했다. 하지만 트럼프는 하지 않았다. 그리고 텍사스까지 날아가 팟캐스트에 출연했다. 미국에서 가장 유명하다는 조 로건의 팟캐스트였다. 조 로건과 세 시간을 넘게 떠드느라 유세 일정을 조정해야 할 정도였다.

 계엄의 밤도 분명했다. 기존 매체들과 뒤엉켜 계엄군과 맞닥뜨린 취재진의 상당수는 휴대폰 하나에 의지한 1인 미디어들이었다. 우원식 국회의장이 담을 넘었다는 사실도, 한동훈 국민의힘 대표가 계엄 해제를 위해 국회로 진입하던 모습도, 계엄군의 총구를 손으로 잡던 안귀령 민주당 대변인의 얼굴도, 김원이 의원실 보좌관의 총 맞으면 산재 처리해주냐던 물음도, 소파와 책상으로 쌓은 바리케이드 앞으로 계엄군이 뛰어오자 소화기를 분무하던 장면도, 지상파 화면과 유튜브의 경계는 흐릿했다. 되려 직접적인 호소는 지상파의 몫이 아니었다. 이재명 민주당 대표의 국회로 와달라는 라이브에 시민들이 호응했다. 팬덤이 있는 유튜버들은 실시간으로 국회 구석구석을 중계하며 구독자들을 독려했다. 그리고 그 밤이 가기 전, 윤석열의 친위 쿠데타는 막을 내렸다.

 그 며칠 사이에 지상파 제작진으로서 할 수 있는 일이 무엇이 있을까를 찬찬히 궁리해봤다. 전두환 이후 40여 년 만에 등장한 계엄의 광기였다. 속보와 중계를 넘어 현장의 열기를 보존하고, 어떤 구조와 메커니즘 속에서 발생, 유지, 은폐되었는지를 드러내기 위한 증언을 모으는 것이 급하다고 봤다. 〈시사직격〉의 MC였던 임재성 변호사를 비롯한 몇몇이 제주4.3평화재단과 5.18진상규명조사위원회의 끈질긴 증언 채록 작업에 대해 알려줬다. KBS 12.3 비상계엄 증언 채록 프로젝트 〈그날 그곳에 있었습니다〉의 시작이었다.

그날 밤 현장에 있었던 시민, 의원, 군경, 취재진 등 목격자, 저항자, 참여자 모두의 기억을 채록하는 콘텐츠를 기획했다. 두 시간짜리 내란이 어디 있냐고 강변하는 헌정 파괴 세력에게, 두 시간으로 그칠 수 있었던 그날의 기억을 온전히 보존해 기록으로 남겨놓는 것을 목표로 했다. 헌법재판소가 탄핵 심판에서 적시한 '시민들의 적극적인 저항'과 '군경의 소극적인 임무 수행'을 시간과 공간을 엮어 생생하게 그려보는 작업이었다. 취재와 기록. 별스러울 것 없이 차곡차곡 쌓아가는 그 묵직함이 범람하는 매체들 사이에서 KBS가 해내야 하는 가치라고 봤다.

쉽진 않았다. 회사는 불편해했다. 결국 묵인했지만, 업무 조직도엔 한 번도 팀 이름을 제대로 올리지 못했다. PD들은 본업으로 다른 프로그램 제작을 겸하면서 시간을 쪼개 써야 했다. 스태프 없는 작업이었기에 자막도, 음악도, 후반 작업도 모두 온전히 연출자의 노동이었다. 윤선영, 김미래 두 PD가 그렇게 '그날 그곳'을 몸으로 버텨냈다. 특히 제작이 흔들릴 때마다 선배를 능가하는 뚝심으로 작업을 견인해낸 윤선영 PD는 이 프로젝트의 절반이었다. 메인 작가는 원고료 없이 관여했다. 사람을 찾고, 연락처를 수배하고, 놓치기 쉬운 뉴스를 퍼날랐다. 무시로 연락해대는 PD들에게 짜증 한 번이 없었다. 집필에 대한 부담까지 나눠진 김희정 작가는 이 책의 절반이다. 박고은 작가 역시 후반에 합류해 성실하게 제 몫을 해줬다. 결국 방송은 사람이 9할이다, 라는 말을 재삼 새긴다.

이렇게 1년을 꼬박 인터뷰를 진행해 유튜브 KBS 〈그날 그곳에 있었습니다〉 채널에 업로드했다. 어느덧 계엄을 정면으로 마주한 123명의 목소리를 담아낼 수 있었다. 기억과 증언에는 꾸밈이 없었다. 카메라 앞이라고 말을 덧대거나 윤색하는 것 없이 풀어내는 그날 밤 이야기에 몇 번을 울컥했다. 출연자들은 스스로를 드러내지도 않았다. 오히려 혼자가 아니라 든든했다며 곁을 지켜준 또다른 시민들을 추켜세웠다. 국회의원들 역시 예외 없이 그날 그곳을 지켜준 시민들에게 고개를 숙였다.

그 밤 이후 윤석열은 내란을 부정하고, 지지자를 선동했다. 품격 없는 혐오와 불신을 난사했다. 서로를 겨눠야 돋보이는 정치 현실 앞에 헌정 파괴를 막아낸 상식과 연대가 엷어지는 것 같다는 우려와 냉소가 번지고 있다. 그들과 우리 모두에게 다시 2024년 12월 3일 밤의 놀라운 이야기를 들려주고 싶다. 내란의 강은 아직 진하고 깊이를 알 수 없지만, 서로를 의지하며 버텨냈던 기억을 활자로 한 글자 한 글자 또렷하게 남겨둔다.

짧지 않은 작업에 지치거나 벽을 느낄 때마다, 그날 밤 KBS 앞의 고요와 적막을 떠올렸다. 계엄군이 진주해 당직 아나운서를 깨워 '구국의 결단' 어쩌고를 읽게 하는 드라마 같은 일은 없었다. 장악한 방송이라 우습게 봤는지, 한물간 방송이라 쉽게 여겼는지는 알 수 없다. 하지만 기록의 힘으로 KBS를 보여주는 제작자가 여러 명 있다는 것을 보여주려 다잡고 또 다잡았다. 우선 이 한 권의 책이 그 소심한 뒤끝의 시작일 거라 믿는다.

1년 내 투정을 일상처럼 받아준 아내와 언젠가 시민으로 자라날 아이들을 데리고 올 12월 3일에는 국회 앞을 다시 가봐야겠다.

"덕분에 민주주의를 지킬 수 있었습니다. 감사합니다, 모두."

비상계엄 1년 2025년 12월 3일 무렵
KBS PD 유종훈

12.3 그날 그곳에 있었습니다
계엄의 밤, 국회의사당에서 분투한 123인의 증언

ⓒKBS 〈그날 그곳에 있었습니다〉 제작팀·유종훈 PD 2025

초판 인쇄 2025년 11월 26일
초판 발행 2025년 12월 3일

지은이 KBS 〈그날 그곳에 있었습니다〉 제작팀·유종훈 PD

기획·책임편집 이연실 편집 주다인 이정은
디자인 백주영
마케팅 김도윤 양지연
브랜딩 함유지 박민재 이송이 박다솔 조다현 김하연 이준희
저작권 박지영 주은수 오서영
제작 강신은 김동욱 이순호 제작처 천광인쇄사

펴낸곳 (주)이야기장수
펴낸이 이연실
출판등록 2024년 4월 9일 제2024-000061호
주소 10881 경기도 파주시 회동길 455-3 3층
문의전화 031-8071-8681(마케팅) 031-8071-8684(편집)
팩스 031-955-8855
전자우편 pro@munhak.com
인스타그램 @promunhak

ISBN 979-11-94184-54-6 03300

- 이야기장수는 (주)문학동네의 계열사입니다.
- 이 책의 판권은 지은이와 이야기장수에 있습니다.
  책 내용의 전부 또는 일부를 재사용하려면 반드시 양측의 서면 동의를 받아야 합니다.
- 잘못된 책은 구입하신 서점에서 교환해드립니다.
  기타 교환 문의: 031-955-2661, 3580